河北农业品牌资源调研报告 | 2023—2024年度

王旭东　王琰琨　宗义湘　张　亮　王俊芹　王　芳　主编

中国农业科学技术出版社

图书在版编目(CIP)数据

河北农业品牌资源调研报告. 2023—2024 年度 / 王旭东等主编. --北京：中国农业科学技术出版社，2025.2. --ISBN 978-7-5116-7215-5

Ⅰ.F327.22

中国国家版本馆 CIP 数据核字第 2024YC4214 号

责任编辑　李　娜　朱　绯
责任校对　马广洋
责任印制　姜义伟　王思文

出 版 者	中国农业科学技术出版社
	北京市中关村南大街 12 号　　邮编：100081
电　　话	(010) 62111246（编辑室）　　(010) 82106624（发行部）
	(010) 82109709（读者服务部）
网　　址	https://castp.caas.cn
经 销 者	各地新华书店
印 刷 者	北京建宏印刷有限公司
开　　本	190 mm×270 mm　1/16
印　　张	21
字　　数	330 千字
版　　次	2025 年 2 月第 1 版　2025 年 2 月第 1 次印刷
定　　价	98.00 元

◆◇◆ 版权所有·翻印必究 ◆◇◆

《河北农业品牌资源调研报告（2023—2024年度）》
编　委　会

顾　问：苗冰松　赵邦宏
主　编：王旭东　王琰琨　宗义湘　张　亮
　　　　王俊芹　王　芳
副主编：马　磊　刘　霞　王丽丽　齐爱勇
　　　　樊梦瑶　王　哲
参　编（按姓氏笔画排序）：
　　　　于玉洋　马　明　王　虎　王正阳
　　　　王洪印　王海丰　牛　永　牛子续
　　　　邓光远　卢彦鸽　田　蜜　吕　悦
　　　　任　喆　刘　文　刘　畅　刘　雷
　　　　刘　颖　孙华峰　孙明慧　李　跃
　　　　李天宇　李佳彤　李泽林　李建朝
　　　　李春贞　李紫轩　杨　莹　杨天骄
　　　　杨书信　杨炜翰　连晴宇　宋政隆
　　　　宋梅雪　张　杨　张利雅　张佳佳
　　　　张家旗　郑　鹏　郑海光　赵　魏
　　　　赵壹聪　郝瑞春　胡鑫怡　袁宣宣
　　　　高军花　郭长泰　曹　坤　曹印泽
　　　　韩继强　雷金柏　廖志峰　魏红杰

项目支持

保定市农业农村局：提高全省农业系统品牌打造专业化水平项目

河北省教育厅人文社科重点研究基地：河北农业大学乡村振兴研究中心

河北省新型智库：河北农业大学乡村振兴战略研究中心

河北农业大学高端智库：河北省乡村振兴战略研究协同创新团队

国家特色蔬菜产业技术体系产业经济研究室

河北省现代农业产业技术体系设施蔬菜产业经济岗

河北省现代农业产业技术体系露地蔬菜产业经济岗

河北省现代农业产业技术体系食用菌产业经济岗

河北省现代农业产业技术体系苹果产业经济岗

河北省现代农业产业技术体系梨产业经济岗

河北省现代农业产业技术体系干果产业经济岗

河北省现代农业产业技术体系玉米产业经济岗

河北省现代农业产业技术体系薯类产业经济岗

技术支持

河北省农业品牌建设研究中心

河北农业大学河北农业品牌研究院

河北省农产品品牌协会

保定市农产品品牌协会

河北农篓农业科技有限公司

前　言

在全面推进乡村振兴、加快农业农村现代化的时代背景下，农业品牌建设已成为提升农产品附加值、增强产业竞争力的核心抓手。河北省作为农业大省，坐拥丰富的自然资源、深厚的农耕文化和多元的产业形态，孕育了一大批特色鲜明、底蕴深厚的农业品牌。从太行山麓的苹果飘香，到渤海之滨的梭子蟹肥美；从坝上草原的燕麦金黄，到冀南平原的辣椒红火，河北农业品牌正以蓬勃之势，谱写着新时代乡村振兴的华章。如何将这些资源优势转化为产业优势和市场优势，成为推动河北农业转型升级、实现乡村振兴的重要课题。为贯彻落实党中央关于农业品牌建设的战略部署，按照河北省农业农村厅要求，保定市农业农村局组织实施了"提高全省农业系统品牌打造专业化水平"专项工程，本书正是该项目的重要成果。

全书采用"典型引领+全域扫描"的立体观察体系，综合运用案例研究法、文本分析法、实地访谈法等多种研究方法，在河北省品牌资源总论基础上，通过图文并茂的呈现方式系统梳理了全省145个农业品牌资源。全书共分"总论""品牌资源典型篇"与"品牌资源分类篇"三部分。"总论"从河北省农业品牌资源现状出发，围绕河北省蔬菜、水果、食用菌3个特色优势产业品牌建设的现状和问题，提出相应品牌发展意见和措施，基于重点工作对河北省农业品牌整体提升提出对策建议。"品牌资源典型篇"精选35个农业区域公用品牌案例，从资源独特性、工艺传承性、市场渗透力、文化附加值、包装识别度、渠道创新性、可持续发展等层面深度解析其核心竞争力；"品牌资源分类篇"覆盖110个农业区域公用品牌，系统梳理其地理环境、产业规模、产品特性及市场布局，构建起覆盖粮油、果蔬、畜禽、水产等7大全品类品牌矩阵全景图谱，为读者呈现出河北农业品牌的全貌。

本书的完成，得益于河北省农业农村厅的统筹协调与各地市农业部门的全力支持，也得益于河北农业大学等科研机构提供的支持，更凝聚着坚守一线的部门管理人员、农技人员、合作社带头人及企业家的实践智慧。因篇幅所限，部分案例未能详尽展开，疏漏之处，恳请指正。

本书既是河北农业品牌资源的首次系统性普查成果，也是一部镌刻着燕赵农耕文明基因的品牌发展启示录。期待通过这 145 个品牌故事的立体呈现，为政府部门制定政策提供决策参考，为企业优化品牌战略给予实践指引，为消费者认知河北优质农产品构建价值坐标。

冀农品牌，未来可期。

编　者

2024 年 12 月

目 录

第一篇 河北省农业品牌资源总论

一、河北省农业品牌资源现状 ………………………………………… 3
二、河北省蔬菜品牌发展研究 ………………………………………… 5
三、河北省水果品牌竞争力评价研究 ………………………………… 13
四、河北省食用菌品牌建设研究 ……………………………………… 21
五、河北省农业品牌建设重点工作 …………………………………… 27
六、河北省农业品牌整体提升对策建议 ……………………………… 31

第二篇 品牌资源典型篇

安国中药材：地中瑰宝 ………………………………………………… 35
满城草莓：舌尖上的小确幸 …………………………………………… 41
宣化牛奶葡萄：千年传承，今朝珍果 ………………………………… 46
望都辣椒："椒"傲天下，鲜美万家 …………………………………… 52
易县磨盘柿：金扁玉柿 ………………………………………………… 57
蠡县麻山药：蠡县麻山药，人人都需要 ……………………………… 61
清苑西瓜：味道甜爽，一口清凉 ……………………………………… 67
保定苹果：太行山麓的硕果 …………………………………………… 73
沧州金丝小枣："蒙金土"
滋养出的"高甜"小枣 ………………………………………………… 77
泊头鸭梨："全国三最"，酸甜清脆 …………………………………… 83

青县羊角脆：纯"脆"好瓜，香甜万家 88

肃宁圆茄：致富"黑宝" 93

平泉香菇：山珍之王菇中皇后 97

承德国光苹果：个头小，经典老味道 103

兴隆山楂：一枚红果，百代兴隆 109

平泉黄瓜：小黄瓜闯出大市场 113

鸡泽辣椒：大厨的秘密武器 119

魏县鸭梨：11.8度甜，更适宜口感的梨 124

邱县蜂蜜红薯：细腻软糯如蜂蜜的好红薯 130

邱县文冠果：浑身上下都是宝 134

饶阳蔬菜：这么鲜，那么香，美味蔬菜到饶阳 139

冀州天鹰椒：天之椒子，香辣天下 144

山海关大樱桃：海风送果香，穿越山海的甜蜜 149

晋州鸭梨：天生甘露，落地酥碎，嚼后无渣 154

赵县雪花梨：孕育千年的神果 159

晋州黄冠梨：金色皇冠，甜蜜有范 164

鹿泉苹果：废弃矿坑培育出的"苹果王" 169

赞皇酸枣仁：东方睡果，让国人睡好觉 173

迁西板栗：栗中瑰宝，每一颗都是自然的馈赠 179

辛集黄冠梨：喜欢清甜，就吃辛集黄冠梨 184

威县威梨：威梨无比 189

浆水苹果：自然馈赠的宝石 195

内丘苹果：绿水青山中的"金苹果" 199

南宫黄韭：养一盆能吃的植物 203

万全鲜食玉米：原种原产地，香糯自然甜 208

第三篇 品牌资源分类篇

粮油品牌 217

  黄骅旱碱麦：海育天养，碱地好粮 217

蠡县红薯：人民的致富薯 218
围场马铃薯：从清代传承到世界纪录，小马铃薯的大产业
奇迹 219
皇室贡米：一品黄旗 220
武安小米：粒粒金黄 口口生香，传递大自然的味道 221
大名小磨香油：油香磨小名气大 222
曲周小米：每一粒都饱含阳光与山川的馈赠 223
大名花生："高油酸"的金豆豆 224
金穗盈仓：文安杂粮 225
藁城宫面：一碗宫廷面，一份健康情 226
藁城强筋面：藁优好麦，强筋中国 227
唐山大米：每一口都是自然的精华 228
唐山曹妃甸大米：天赋地赐，人间尚品 229
柏各庄大米：天时地利人和造就的舌尖传奇 230
滦州花生："红胖子"变成"金豆子" 231
滦南大米：清香四溢，入口滑爽 232
南和金米：女皇御封，南和金米 233
蔚州小米：皇家贡米 234
康保莜麦：源自坝上的金色瑰宝，健康生活的智慧之选 235
塞北马铃薯：天然好味道，品质誉九州 236
尚义燕麦：营养丰富，健康之选 237
南和犬猫粮——为宠物健康护航 238
藁城官米：官廷御用臻食好米 239

蔬菜品牌 240
围场胡萝卜：根正苗红，每一口都是自然的馈赠 240
永年蔬菜：中国蔬菜之乡 241
肥乡番茄：儿时的番茄 242
馆陶黄瓜：当年皇家稀罕物，如今百姓餐桌前 243
魏县杏鲍菇：肉厚似鲍鱼，口感赛嫩肉 244
永清蔬菜：京津冀的"菜篮子" 245

永清番茄：浓郁多汁，甜在心间 …… 246
永清胡萝卜：赤橙小人参，怡养八方人 …… 247
平山平菇："香"飘中华，"菇"动天下 …… 248
玉田包尖白菜：田园翡翠 舌尖传奇 …… 249
遵化香菇：北纬40°的鲜香传奇 …… 250
迁西栗蘑：栗下珍馐 …… 251
玉田供京蔬菜：小蔬菜成为"大产业" …… 252
隆尧鸡腿葱：尧耕圣地，葱香千年 …… 253
宁晋羊肚菌：菌中之王，晋如人意 …… 254
曲周种苗：小种苗托起大产业 …… 255
固安番茄：品质非凡味美，舌尖上的甜蜜 …… 256

水果品牌 …… 257
高碑店黄桃：又见黄桃熟，犹闻紫燕生 …… 257
顺平苹果：国宴佳品 …… 258
泊头桑椹：千年古桑·泊头椹好 …… 259
宽城苹果：国光经典，红星闪耀 …… 260
围场沙棘：从荒山野岭到致富"金豆豆"的生态奇迹 …… 261
双滦葡萄：葡香四溢，葡醉人心 …… 262
成安草莓：甜蜜的红宝石 …… 263
永年葡萄：串串晶莹，诉说甜蜜传奇 …… 264
饶阳葡萄：中国设施葡萄之乡 …… 265
武邑红梨：梨界的"红宝石" …… 266
漫河西瓜：切一刀脆响，咬一口汁淌 …… 267
冀州蟠桃：桃香浓郁，乃桃中佳品 …… 268
衡水饶阳厚皮甜瓜：甜蜜滋味，源自自然的馈赠 …… 269
安次甜瓜：甜蜜的象征 …… 270
新乐西瓜：瓜瓤甜、酿口沙，小巧酥脆顶呱呱 …… 271
元坊苹果：太行明珠里种出山地"苹果王" …… 272
元氏石榴："元"汁"元"味，"榴"连忘返 …… 273
唐山酸梨：酸甜好滋味 …… 274

乐亭大桃：桃香盛宴，一口惊艳 ⋯⋯⋯⋯⋯⋯⋯⋯⋯⋯⋯⋯⋯⋯⋯ 275
乐亭甜瓜：脆嫩多汁，邀您畅享甜蜜之旅 ⋯⋯⋯⋯⋯⋯⋯⋯ 276
威县葡萄：黄金纬度，甜在威县葡萄 ⋯⋯⋯⋯⋯⋯⋯⋯⋯⋯ 277
平乡桃：醉心甜 ⋯⋯⋯⋯⋯⋯⋯⋯⋯⋯⋯⋯⋯⋯⋯⋯⋯⋯⋯⋯ 278
隆尧小孟甜瓜：小孟瓜，甜万家 ⋯⋯⋯⋯⋯⋯⋯⋯⋯⋯⋯⋯ 279
邢台贡梨：奇果誉天下，无过马场梨 ⋯⋯⋯⋯⋯⋯⋯⋯⋯⋯ 280
金珠玉果：宣化葡萄 ⋯⋯⋯⋯⋯⋯⋯⋯⋯⋯⋯⋯⋯⋯⋯⋯⋯ 281
昌黎葡萄酒：渤海之滨的"馥郁酒香" ⋯⋯⋯⋯⋯⋯⋯⋯⋯ 282
沙城葡萄酒：沙城佳酿，葡韵流芳 ⋯⋯⋯⋯⋯⋯⋯⋯⋯⋯⋯ 283
深州蜜桃：千年香甜人"桃"醉 ⋯⋯⋯⋯⋯⋯⋯⋯⋯⋯⋯⋯ 284

干果品牌 ⋯⋯⋯⋯⋯⋯⋯⋯⋯⋯⋯⋯⋯⋯⋯⋯⋯⋯⋯⋯⋯⋯⋯⋯ 285
阜平大枣：红动中国，太行山下的甜蜜馈赠 ⋯⋯⋯⋯⋯⋯ 285
黄骅冬枣：百果之王，古今"贡"品 ⋯⋯⋯⋯⋯⋯⋯⋯⋯⋯ 286
宽城板栗：燕山深处"栗"久弥香 ⋯⋯⋯⋯⋯⋯⋯⋯⋯⋯⋯ 287
兴隆板栗：龙脉传承 ⋯⋯⋯⋯⋯⋯⋯⋯⋯⋯⋯⋯⋯⋯⋯⋯⋯ 288
涉县核桃：自然雕琢的醇厚滋味 ⋯⋯⋯⋯⋯⋯⋯⋯⋯⋯⋯ 289
青龙板栗：秦皇岛"人参果" ⋯⋯⋯⋯⋯⋯⋯⋯⋯⋯⋯⋯⋯ 290
遵化板栗：东方珍珠 ⋯⋯⋯⋯⋯⋯⋯⋯⋯⋯⋯⋯⋯⋯⋯⋯⋯ 291
临城核桃：小小绿宝石，成就大产业 ⋯⋯⋯⋯⋯⋯⋯⋯⋯ 292
邢台酸枣仁：失眠救星，邢台酸枣甲天下 ⋯⋯⋯⋯⋯⋯⋯ 293
清河山楂：酸甜交织的诗篇 ⋯⋯⋯⋯⋯⋯⋯⋯⋯⋯⋯⋯⋯ 294

畜禽品牌 ⋯⋯⋯⋯⋯⋯⋯⋯⋯⋯⋯⋯⋯⋯⋯⋯⋯⋯⋯⋯⋯⋯⋯⋯ 295
白洋淀咸鸭蛋：芯似蟹黄，油黄味美 ⋯⋯⋯⋯⋯⋯⋯⋯⋯ 295
唐县羊肉：鲜而不膻，金牌羊肉 ⋯⋯⋯⋯⋯⋯⋯⋯⋯⋯⋯ 296
献县肉鸭：鸭滋鸭味，舌尖美味 ⋯⋯⋯⋯⋯⋯⋯⋯⋯⋯⋯ 297
沧州海兴碱草羊：碱草山羊，越嚼越香 ⋯⋯⋯⋯⋯⋯⋯⋯ 298
隆化肉牛：隆化牛味，一步到胃 ⋯⋯⋯⋯⋯⋯⋯⋯⋯⋯⋯ 299
定州白鹅：林海间的"天鹅绒"美味 ⋯⋯⋯⋯⋯⋯⋯⋯⋯⋯ 300
邱县羊肉：味蕾上的盛宴 ⋯⋯⋯⋯⋯⋯⋯⋯⋯⋯⋯⋯⋯⋯⋯ 301
武邑羔羊肉：国宝羔羊，相约武邑 ⋯⋯⋯⋯⋯⋯⋯⋯⋯⋯⋯ 302

大厂牛肉：品质之选，味蕾盛宴 303
金羽珍馐：安次肉鸡 304
抚宁生猪：优质抚宁猪，健康新高度，生态养殖路，
　　致富新支柱 305
青龙绒山羊：肉质鲜红，营养丰富 306
石家庄太行鸡：太行山间的金凤凰 307
辛集深县猪：岁月沉积的美味传奇 308
肃宁裘皮：肃宁毛皮甲天下，举步可揽天下皮 309
昌黎皮毛：貂皮之乡 310

水产品牌 311
黄骅梭子蟹：一次"蟹"逅，一生守候 311
昌黎扇贝：海洋的瑰宝，味蕾的盛宴 312
曹妃甸对虾："对虾之乡"对虾香 313
曹妃甸河豚：味美鲜绝，品牌卓越 314
唐山河鲀：水中珍馐，鱼中之冠 315
玉田甲鱼：品味生态之美，共享滋补盛宴 316

中药材品牌 317
滦平中药材：传承皇家药庄荣耀，黄芩之香飘四方 317
隆化苍术：生态育好药，好药好疗效 318
涉县柴胡：草原之宝，中药界的珍品 319
安平白山药：山药山药，山中之药 320
冀州中药材：千年传承的本草智慧，续写健康传奇 321
青龙北苍术：青龙北苍术，道地好药材 322
巨鹿金银花：药食茶俱佳，有金有银有钱花 323

第一篇

河北省农业品牌资源总论

河北省作为我国农业大省，依托全国领先产能，形成梨、板栗、食用菌等特色优势产业。品牌是高质量发展的重要象征，加强品牌建设是满足人民美好生活需要的重要途径。近年来，河北省高度重视农业品牌建设，积极构建以区域公用品牌为引领、企业品牌为支撑、产品品牌为重点的农业品牌发展体系，推动特色农业由数量优势向品牌优势转变。截至2024年，河北省共培育出145个省级以上农产品区域公用品牌和120个省级以上企业领军品牌。全省农业品牌建设初具规模，品牌数量持续增长，但对标农业强省仍旧面临品牌数量不足、溢价能力弱、全国影响力有限等挑战。本篇从河北省农业品牌资源现状出发，总结河北省农业品牌资源的特征、品牌体系建设成效、带动产业发展的效应、政策支持体系建设以及面临的挑战，围绕河北省蔬菜、水果、食用菌三个特色优势产业品牌建设的现状、存在问题，提出相应的品牌发展意见和措施，基于河北省农业品牌建设重点工作，对河北省农业品牌整体提升提出对策建议。

一、河北省农业品牌资源现状

（一）农业品牌资源禀赋优势显著

河北省坐拥全国唯一的七大地貌复合生态系统，形成"平原粮仓—山地林果—坝上畜牧"三位一体的立体农业格局，依托独特的地理区位和农耕文化底蕴，形成了多元化的农业产业格局。作为全国重要农产品生产基地，粮食总产量连续八年稳定在700亿斤以上，粮食、蔬菜、果品产量稳居全国前六，其中梨、板栗、食用菌产量位列全国前三。拥有宣化牛奶葡萄、涉县旱作梯田等国家级农业文化遗产。培育出迁西板栗、深州蜜桃等具有千年种植历史的传统名品，共有86个特色农产品之乡，农业特色产业占全省农业总产值的75%，形成了蔬菜、中药材、食用菌、水果、杂粮杂豆、畜牧和水产品七大主导产业。此外，河北省粮食、蔬菜、肉类等产量稳居全国前列，是全国重要的"米袋子""菜篮子"供应基地，为品牌发展奠定了坚实基础。

（二）农业品牌体系建设初见成效

河北全省构建了地理标志、区域公用品牌、企业品牌协同发展的品牌格局。截至2023年4月，全省新增农业农村部地理标志登记产品57个，累计注册地理标志商标316件、地理标志产品77件。名特优新农产品培育成效显著，截至2024年10月共获认证96个，涵盖蔬菜、果品、畜牧等九大品类，培育省级区域公用品牌145个。产业集群建设加速推进，6个国家级优势特色产业集群入选，如河北鸭梨产业集群、燕山中药材产业集群等。部分品牌价值快速攀升，迁西板栗品牌价值从2009年13.82亿元增长至2024年35.97亿元，赵县雪花梨、魏县鸭梨等区域公用品牌价值逐步显现。

（三）农业品牌带动产业发展效应凸显

农业品牌建设成为县域经济发展新引擎，形成"一县一业"特色产业格局。特色产业成为县域经济支柱，以保定市阜平县为例，"老乡菇"品牌推动食用菌产业产值突破4.5亿元，直接带动2.6万户农户年均增收2万元。特色产业规模持续扩大，如鸡泽辣椒年产值达46亿元，占全县农业总产值的50%。品牌溢价效应显著，富岗苹果售价最高达100元/个，玉田包尖白菜地头价最高每颗14元，固安番茄价格最高达60元/千克。

（四）农业品牌政策支持体系日趋完善

河北省建立了"政府主导、企业主体、市场运作"的协同机制，实施"四个农业"发展战略，构建了多层次政策支持体系，先后出台《关于加快农业品牌发展的意见》《河北省农业品牌建设工作推进方案》等文件，明确品牌发展战略，创新推出品牌建设"十个一"工程，发布"河北农品·百膳冀为先"统一品牌标识。同时，组建"河北省品牌农业发展联盟""河北省农业电商联盟"等行业组织，整合社会资源提供延伸服务，为品牌建设提供全方位保障。

（五）河北省农业品牌建设面临挑战

尽管河北省农业品牌建设取得显著成效，但仍面临多重挑战。一是品牌数量与影响力不足，地理标志数量仅为山东的16%，区域公用品牌影响力指数落后江浙地区。二是品牌溢价能力较弱，如玉田包尖白菜品牌价值10.21亿元，约为山东金乡大蒜（218.19亿元）的1/20。三是全国影响力有限，枣产业产量虽全国第2，但品牌竞争力弱于新疆大枣，畜牧类品牌在全国声誉评价中没有上榜。同时还存在品牌定位模糊、文化叙事薄弱等问题，如拥有1 300年历史的赵县雪花梨还尚未建立完整的IP体系。

二、河北省蔬菜品牌发展研究

在加快建设农业强国，全面推进乡村振兴的时代背景下，推进蔬菜品牌建设工作既要保成果出亮点，又要谋长远添动力，既要出真招见实效，又要顺应新趋势凝聚新共识，不断探索创新、开拓前行，为实现农业农村现代化建设贡献力量。

（一）河北省蔬菜品牌发展现状

1. 品牌规模持续扩大

目前，全省建成一批在国内外市场具有较强竞争力的蔬菜品牌，数量不断增多，全省绿色、有机、地理标志认证蔬菜产品共1 100多个，入选全国名特优新农产品名录产品7个，培育国家级区域公用品牌2个，省级区域公用品牌32个，打造国家优势特色产业集群2个，建设国家级特色农产品优势区3个，分三批建设省级特色农产品优势区38个，联合北京市共建115个环京周边基地，打造省级著名商标近百个，给消费者树立了河北蔬菜质优物美的良好形象。

2. 品牌溢价能力不断提升

河北省蔬菜品牌建设有效促进农业增效、农民增收，品牌溢价能力不断提升，固安原味番茄等100个精品蔬菜溢价超20%。2023年，固安原味番茄价格为60元/千克、玉田包尖白菜价格为59元/颗、馆陶黄瓜价格为10元/根、永清"凝萃"无药黄瓜价格为8元/根。各蔬菜生产县依托品牌建设，实现农业增效、农民增收。以阜平县为例，该县依托"老香菇"品牌提高食用菌生产能力，全县食用菌规模园区近百个，栽培菌棒达7 500万棒，产值突破 4.5 亿元，直接带动农户 2.6 万余户，实现户均年增收 2 万余元。

3. 各地重视程度日益提高

各蔬菜主产区积极落实农业品牌培育"十个一"模式，发展了一批含金量较高的蔬菜品牌。馆陶县通过发展黄瓜特色产业，打造"馆陶黄瓜"品牌，建设精品蔬菜产业集群，培育了"金凤""魏徵""邯绿""凤亮""馆青"等一批驰名商标；饶阳县大力实施"饶阳蔬菜"品牌叫响全国计划，切实发挥好"中国蔬菜之乡"的名片作用，积极组织开展各类名优农产品展销会和网络营销活动，全方位、多层次、持续性的宣传品牌蔬菜产品；承德市持续打造推广"承德山水"区域公用品牌，打造了包含承德食用菌、承德马铃薯等多个产品矩阵，打造强有力的农产品产业集群品牌。

4. 品牌蔬菜供应京津市场能力增强

开展河北品牌农产品北京"六进行动"，推动品牌蔬菜进市场、进食堂、进超市、进饭店、进社区、进餐桌，拓宽河北省品牌蔬菜产品的销售渠道，提升河北蔬菜品牌在北京市场的知名度；连续 6 年举办京津冀蔬菜产业发展大会，2023 年达成蔬菜采购意向 51.3 万吨，涉及番茄、黄瓜等 20 多个品类，金额约 12.9 亿元，推动品牌蔬菜高端化、特色化发展；玉田县建成首个"供京蔬菜"区域公用品牌，以区域公用品牌推动蔬菜产业实现集群发展，促进河北蔬菜京津市场供应能力进一步提升，年产值 50 亿元左右，成为农民增收致富的重要产业。

（二）河北省蔬菜品牌建设问题分析

1. 蔬菜品牌数量与农业大省仍有差距

河北省蔬菜经营主体品牌建设意识缺乏，品牌注册数量与大省地位不相符。河北省蔬菜总产量居全国第 4 位，但河北省蔬菜地理标志认证数量远低于山东、河南等省份。以农产品地理标志产品为例，截至目前，河北省蔬菜类"农产品地理标志"认定数量 16 个（不含西甜瓜），分别是灵寿香菇、平泉香菇、崇礼蚕豆、任县高脚白大葱、隆尧泽畔藕、隆尧大葱、围场胡萝卜、滏河贡白菜、平泉滑子菇、磁州白莲藕、冀州天鹰椒、肥乡圆葱、南宫黄韭、鸡泽辣椒、深州黄韭、涿鹿紫皮大蒜。就蔬菜类地标产品数量来看，与山东（68 个）、河南（38 个）、湖北、江苏（37 个）等农业大省仍存在较大差距,在各省中居第 16 位(图 1-1),河北省仍有大量具有历史传承意义的蔬菜特色产品没有得到挖掘与放大。

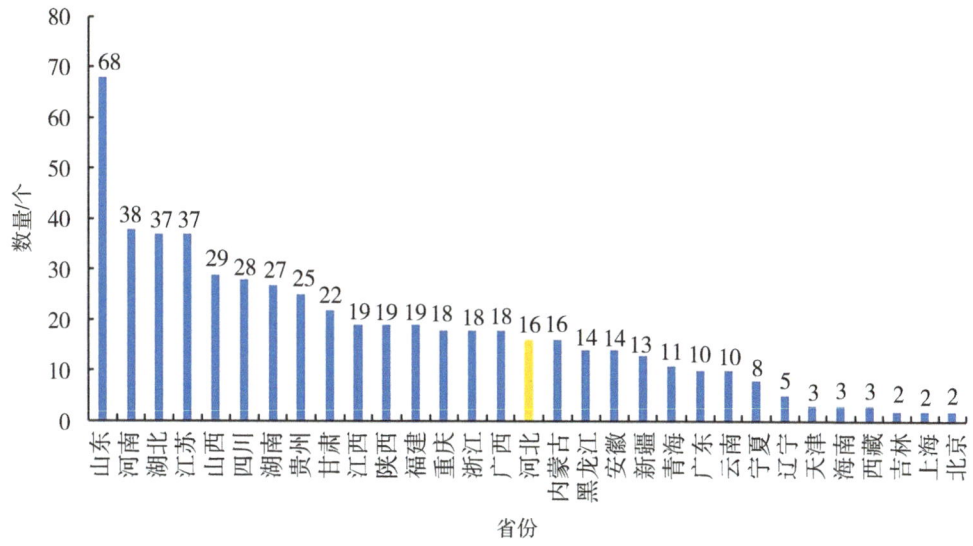

图 1-1　全国各省份蔬菜类"农产品地理标志"数量(农业农村部认定)

数据来源:全国农产品地理标志查询系统。

2. 蔬菜品牌价值及声誉偏低

农业农村部《2019 年中国农业品牌目录》入选的 31 个蔬菜类区域品牌中,河北省仅有玉田包尖白菜上榜,品牌价值为 10.21 亿元,影响力指数为 62.83,对比山东省金乡大蒜品牌价值突破 200 亿元、浙江省余姚榨菜品牌价值超过 70 亿元,分别约是玉田包尖白菜的 20 倍、7 倍(表 1-1)。近年来,河北省农产品区域公用品牌的数量逐年增多,但品牌价值和影响力还有待提高。

表 1-1　农产品区域公用品牌评估结果及影响力指数

省份	品牌名称	评估结果(亿元)	影响力指数
河北	玉田包尖白菜	10.21	62.83
山东	金乡大蒜	218.19	81.94
	章丘大葱	46.67	85.65
	昌邑大姜	25.05	72.75
	桂河芹菜	10.94	72.62
浙江	余姚榨菜	73.39	78.62

(续表)

省份	品牌名称	评估结果（亿元）	影响力指数
重庆	涪陵青头菜	33.42	77.45
福建	华容芥菜	19.06	74.26
河南	温县铁棍山药	12.33	74.38
海南	澄迈桥头地瓜	12.31	65.83
福建	建宁通心白莲	11.18	65.38
黑龙江	梅里斯大八旗洋葱	10.84	61.36

数据来源：中国农产品市场协会。

从浙江大学CARD中国农业品牌研究中心公布的"2022中国地理标志蔬菜产品品牌声誉前100位"榜单来看，河北省有3个地理标志蔬菜产品上榜，分别为鸡泽辣椒、迁西栗蘑、平泉香菇，排名分别在第44位、第58位、第84位。而山东省有13个蔬菜类地理标志产品上榜，品牌声誉最高位86.14，对比发现，无论是上榜数量还是品牌声誉值，河北省与山东省都存在较大差距，亟须提升蔬菜品牌宣传力度，持续扩大蔬菜品牌知名度和美誉度（表1-2）。

表1-2 地理标志蔬菜产品品牌声誉指数及排名

省份	品牌名称	品牌声誉指数	排名
河北	鸡泽辣椒	83.25	44
	迁西栗蘑	82.60	58
	平泉香菇	81.91	84
山东	章丘大葱	86.14	4
	马家沟芹菜	85.72	7
	金乡大蒜	85.71	8
	苍山大蒜	85.69	9
	胶州大白菜	85.41	11
	陈集山药	85.27	15
	潍县萝卜	84.26	25
	莱芜生姜	83.81	32
	安丘大葱	83.75	34
	曹县芦笋	83.72	35
	冠县灵芝	83.55	37
	安丘大姜	82.16	75
	苍山牛蒡	81.73	92

数据来源：浙江大学CARD中国农业品牌研究中心。

3. 蔬菜品牌科技含量较低

创新能力是品牌农业发展的重要驱动力，目前河北省蔬菜自主创新科技含量仍较低，特别是蔬菜保鲜、储存、加工技术自主创新科技含量低，大多数企业产品留在初加工阶段，精加工、深加工产品品牌和二次增值产品少，高科技名牌更少。另外，对于品牌包装设计不足，没有深入挖掘品牌优势，缺乏区域独创品牌、精品品牌和自主品牌。对于品牌文化内涵挖掘不够，缺乏品牌维护管理和长期规划，无法形成独特地域文化。整体而言，品牌附加值不高，品牌辐射拉动效应不明显，一些品牌存在"搭便车"、盲目跟风的情形。

4. 蔬菜品牌集群化发展动力不足

近几年，河北省重视蔬菜产业集群的建设，各蔬菜集群内部积极打造培育特色鲜明的国家级、省级区域公用品牌和知名企业品牌，但企业间、品牌间尚未形成合力，实现抱团发展。各蔬菜区域公用品牌多数处于无组织状态，缺少强势的龙头企业作为公用品牌农业产业的支撑，区域内部企业间恶性竞争严重，各自为战，相互压价。在集群品牌的打造过程中，大多数企业规模小、资金少，综合实力较弱，融资能力有限，生产设备陈旧，技术创新和产品研发能力弱，产品以初级加工为主，产业链条短，标准化、智能化、品牌化生产能力较低，导致产品附加值较低，可替代性大，缺乏竞争优势，高精尖发展能力不足。

（三）河北省蔬菜品牌发展趋势

1. 蔬菜品牌发展模式趋于集群化、专业化

在农业现代化进程中，品牌建设是重要的战略抓手，而产业集群则是品牌基业长青的沃土和根基，因此，蔬菜品牌的集群化、专业化发展是未来的发展趋势。蔬菜产业集群是蔬菜产业发展过程中较高级阶段的一种创新型的组织机构，包括生产基地、农资供应企业、下游龙头企业及相关企业、农产品加工销售企业、生产性社会化服务组织、金融服务机构以及相应的科研机构，打造区域内集群品牌有利于各主体形成合力，实现抱团发展。

2. 蔬菜品牌管理趋于制度化、标准化

制度建设对于蔬菜品牌的经营管理意义重大，必须逐步建立起与河北省农业农村现代化进程相适应的现代农业品牌管理体系。对于蔬菜品牌的标准化建设，应以区域公用品牌为重点，加强统筹规划，逐步完善品牌评价体系，加强公共服务和监管保护，推动蔬菜品牌健康有序发展。蔬菜企业品牌的标准化应引入现代经营管理理念和手段，对蔬菜经营组织种植、加工过程和环节，进行规范化、系统化改造和建设，形成可量化、可控制和可复制的新型蔬菜发展模式。

蔬菜产业集群相关参与主体详见图1-2。

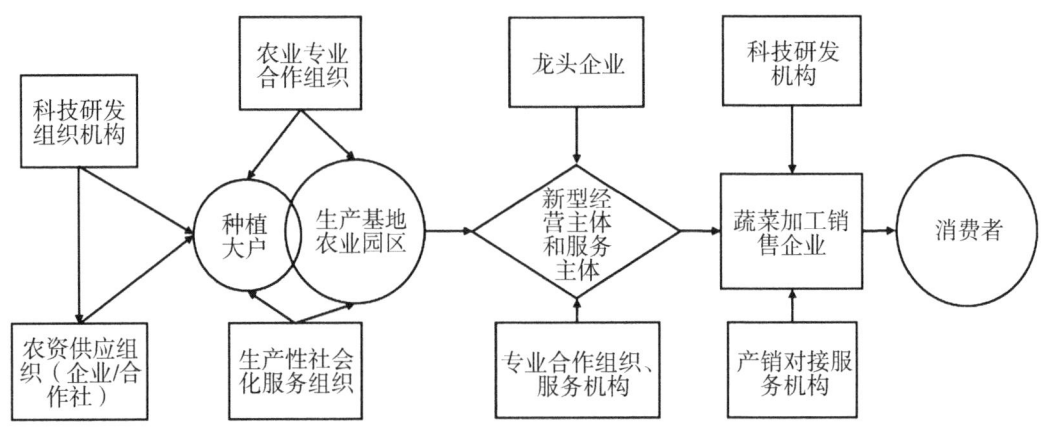

图1-2 蔬菜产业集群相关参与主体

3. 蔬菜品牌营销趋于数字化、智能化

当前，已经进入数字时代，品牌成长的主要因素正在发生变化，数字技术发展为品牌成长提供了新路径，实物商品网上零售额占社会消费品零售总额近四分之一，数字消费深刻改变了商业模式和消费生态，推动品牌主体适应数字时代变革，利用网络优势和资源优势推进品牌蔬菜的生产营销将成为一种必然。在当前及今后的一段时间，蔬菜品牌建设要顺应数字化、网络化、智能化发展趋势，积极利用电商、视频直播、社交网络、云展会等数字平台，创新拓宽营销渠道，加快孵化一批品牌蔬菜专业营销主体，塑强一批"互联网+"蔬菜品牌，进一步激发消费潜能，扩大蔬菜品牌消费。

4. 蔬菜品牌需求趋于个性化、特色化

随着城乡居民消费结构升级和消费需求分化提速，消费结构的演进日益呈现消费需求个性化、多样化、优质化、绿色化和品牌化趋势。专用化、方便化、特色化、精致化、安全化的品牌蔬菜产品日益受到社会青睐，对蔬菜品牌的需求由"大众经济"向"小众经济"转化。蔬菜品牌未来的发展应按照"小众经济"发展思路，依托地域独特的资源优势、历史文化，特别是土壤、气候条件和独特的种植经验，形成其他地区难以模仿复制、富有竞争力的名优特新品牌产品，再衍生其他关联产品或产业，促进蔬菜品牌乃至产业的成链聚群发展。

（四）河北省蔬菜品牌发展建议和措施

1. 明确品牌市场定位

品牌蔬菜生产成本和营销成本较高，产品销量相对较小，其市场定位是高收入群体，因此，河北省应依据环京津及进出东北交通要道的区位优势，围绕特色蔬菜优势区创建，把京津中高端市场作为河北省品牌蔬菜的主销市场，建设环京津精品蔬菜供应基地。明确市场定位，主攻京津中高端市场，充分利用京津加工销售蔬菜企业多、实力雄厚、需求量大的有利条件，有针对性地培育高端、特色蔬菜品牌，加强京津企业与河北省蔬菜基地的对接与合作，通过实施超市与基地对接、品牌蔬菜进社区、基地与加工销售企业合作等模式，使河北省优质品牌蔬菜逐步占领京津中高端市场，提高市场竞争力和美誉度。

2. 积极打造集群品牌

蔬菜集群品牌的发展需要政府、协会、企业、合作社、农户通力合作，打破传统的小企业、小农户各自为战，分散经营的小、散、弱的格局，聚力集群品牌力量，推动蔬菜产业集群朝着规模化、协作化的方向发展。首先，应充分发挥龙头企业的带头示范作用，尤其是已具有知名品牌的企业，汇聚各企业优势资源，在蔬菜特色优势产区大力开展生态种植，实现以龙头企业品牌带动集群品牌建设，不断增强集群品牌的知名度和竞争力。其次，各企业要积极与政府、行业协会等组织机构深化合作，构建合理的产业结构，共同来推动产业集群品牌建设。进一步提升集群品牌的生命力和吸引力，实现蔬菜产业提质增效、农民增收。

3. 提高品牌科技含量

优良的品质是蔬菜品牌影响力扩大、知名度提升的保障。政府应发挥组织引领作用，加大对蔬菜生产基础设施的投入，整合技术资源和人才资源，利用现代化技术，引导相关主体进行组织化、集约化生产。企业应加大对蔬菜生产科技创新的投入，创新初级蔬菜产品保鲜、冷链物流技术，创新蔬菜质量安全保障技术，依靠先进科技实现品牌蔬菜的安全性和健康性。推广应用新技术、新工艺，发展深加工产业，延长蔬菜产业链，提高产品附加值，提升蔬菜加工档次和产业化层次，提高品牌的科技含量和附加值。

4. 推进品牌产品标准化生产

标准化为蔬菜品牌建设奠定了坚实的技术基础。品牌建设涉及全产业链条各个环节，应当立足全局，构建蔬菜品牌建设标准体系。厘清品牌建设的关键技术环节，包括品牌策划、品牌定位、品牌传播等，利用基础标准、产品标准、方法标准、管理标准等多种标准，结合农业不同领域品牌建设需求迫切程度，制定蔬菜品牌标准梯次推进规划。同时，应当分行业、分领域制定一批蔬菜品牌评价标准，包括区域公用品牌评价标准、农业企业品牌评价标准、农产品品牌评价标准、集群品牌评价标准等。通过评价标准树立蔬菜品牌建设标杆，凸显特色、强化优势，用标准规范品牌评价行为，做到品质高标准、评价严要求，客观公正对蔬菜品牌建设成效进行评价，推动蔬菜生产全产业链条的转型升级。

5. 创新品牌营销手段

积极开展品牌宣传，定期组织大型品牌推介活动，组织蔬菜重点县和生产经营主体参加国际国内农产品博览会，参与国家和省级品牌评选和推介，广泛宣传，大造声势，提高品牌影响力。培育电商销售团队，加大品牌线上营销，推动生产企业在淘宝、京东等电商平台开设网上专卖店，探索建立特色农产品网络交易中心，利用众筹、预售、团购等电商方式，加强线上线下销售互动，推行订单销售，保证品牌蔬菜销售畅通。强化营销队伍建设，加强与京津等外地经销商合作，发挥京津冀蔬菜联盟作用，建立相对稳定的蔬菜销售渠道。拓展直销渠道，鼓励发展直销直营等短链条销售，减少中间流通环节，开展农超、农社、农餐、农校等对接模式，加快发展社区直营、直销专柜和高端宅配直销渠道。

6. 做好品牌发展的外部支持

良好的外部环境支持是蔬菜品牌建设的保障，从政府部门自身做好品牌的建设和维护，提供相应的优惠政策，吸引更多同类企业的集聚，逐步形成规模，发挥出规模效应和资源效应。相关科研院所和高校应进一步加快技术创新，利用先进的科学技术，为蔬菜产业结构的优化升级提供良好的支撑，提升蔬菜产业发展的技术性和先进性。行业协会应积极推介蔬菜品牌，树立行业典范，为品牌蔬菜发展造势、汇智、引资、聚能、创新，扭转行业间恶性竞争态势，形成"拳头效应"，引领产业健康有序发展。金融机构应该适当放宽融资和贷款的条件，帮助中小型企业解决融资难的问题，推动企业的稳定发展。

三、河北省水果品牌竞争力评价研究

依据从淘宝、京东、抖音等网络平台收集的数据，以地理标志品牌富岗苹果、深州蜜桃和宣化牛奶葡萄为研究对象，从品牌产品力、品牌市场力、品牌影响力3个方面对果品品牌竞争力进行分析，探索提高果品品牌竞争力的途径。

（一）河北省果品地理标志品牌发展情况

1. 果品地理标志数量较少，与其他果品生产大省还有较大差距

中郡研究所地理标志保护与发展调研课题组2020年发布的《第四次全国地理标志数量调研报告》显示：河北省果品类地理标志数量约50个，约占全国果品类地理标志数量1 676个（剔除重叠注册的）的3.2%，与山东、四川和福建等数量较多省份相比，还存在一定差距。农业农村部登记的果品地理标志数量显示，截至2024年末，河北省果品类地理标志数量为20个，仅占全国的2.08%，远低于其他果品生产大省，仅占山西省的33.90%，占山东省的17.70%（表1-3）。河北省地理标志品牌意识较弱，地理标志资源尚未得到充分挖掘。

表1-3 截至2024年末河北及其他水果生产大省地理标志数量

省份	河北	山东	山西	辽宁	甘肃
果品类地理标志数量/个	20	113	59	30	35

数据来源：农业农村部全国地理标志农产品查询网。

主要果品苹果、梨、桃、葡萄和草莓的地理标志数量与同为果品生产大省的山东还存在一定差距。截至 2024 年年底，河北省梨的地理标志最多，为 9 个，苹果的地理标志产品为 5 个，桃的地理标志产品为 4 个，葡萄和草莓分别为 2 个（表 1-4）。同期，山东省梨的地理标志为 13 个，苹果 16 个，桃 10 个，葡萄 3 个，草莓 9 个，河北省主要果品地理标志数量远低于山东省。

表 1-4　截至 2024 年末地理标志数量在主要果品的分布情况　　　单位：个

项目	苹果	梨	桃	葡萄	草莓	合计	登记/认定/注册单位
地理标志数量	3	2	2	1	2	10	农业农村部
地理标志数量	2	6	2	2	0	12	国家原质量监管检验检疫总局
地理标志数量	0	3	1	0	0	4	国家工商行政管理总局
合计	5	11	5	3	2	26	
实际	5	9	4	2	2	22	

注：晋州鸭梨、泊头鸭梨为重复登记，梨的实际地理标志数为 9 个；深州蜜桃为重复登记，桃的实际地理标志数为 4 个。

数据来源：全国农业农村部全国地理标志农产品查询网，河北省国家地理标志产品名录。

2. 果品地理标志区域分布结构不均衡

果品产业是河北省农业发展的三大支柱产业之一，果品地理标志涵盖 11 个地区，且分布不均衡。从果品地理标志数量来看，石家庄与邢台并列第 1，其次是张家口、衡水和保定并列第 2，数量最少秦皇岛，仅有 1 项地理标志产品，即卢龙石门核桃。张家口是河北省果品产量最少的地区，2023 年张家口果品产量为 29.1 万吨，占河北省果品产量的 2.49%，排名第 11 位，但果品地理标志数量却较多，仅次于石家庄。张家口地区地理标志品牌意识要强于其他地区（表 1-5）。

表 1-5　截至 2024 年末河北水果地理标志品牌区域分布情况　　　单位：个

	石家庄	衡水	张家口	沧州	邢台	邯郸	唐山	保定	廊坊	承德	秦皇岛	登记/认定单位
地理标志数量	1	2	4	1	5	1	2	3	1	0	0	农业农村部
地理标志数量	5	5	2	3	1	2	2	4	0	1	1	国家质检总局
地理标志数量	6	1	1	4	3	1	1	1	1	3	0	国家工商总局

(续表)

	石家庄	衡水	张家口	沧州	邢台	邯郸	唐山	保定	廊坊	承德	秦皇岛	登记/认定单位
合计	12	8	7	8	9	4	5	8	2	4	1	
实际地理标志数量	9	7	7	6	9	4	5	7	2	4	1	

注：石家庄的赞皇大枣，赵县雪花梨，晋州鸭梨，实际地理标志数量为9个。沧州金丝小枣、泊头鸭梨为重复登记，沧州实际地理标志数量为6个。深州蜜桃为重复登记，衡水实际为7个。阜平大枣为重复登记，保定实际为7个。

数据来源：农业农村部全国地理标志农产品查询网，河北省获得国家地理标志产品名录。

(二) 河北省果品地理标志品牌竞争力分析

1. 富岗苹果品牌竞争力分析

富岗苹果生长于太行山深处的河北省邢台内丘县，自然资源基础较好，光照、水、土壤等资源利于果树生长，自然环境优良。截至2020年年末，内丘县苹果园面积2 109.26公顷，苹果产量4.52万吨。富岗苹果是全国第一个实现全程可追溯的农产品，2020年成为河北内丘县区域公用品牌。

(1) 品质较高，品牌产品力较强

通过淘宝、京东和抖音三家网络平台，选取销售量前3名的3家富岗苹果店铺、3家陕西洛川苹果店铺和3家山东栖霞苹果店铺，对产品好评率进行统计发现，3家富岗苹果店铺的产品好评率分别为99%、99%和100%，高于3家洛川苹果店铺（88%、92%和92%）和3家栖霞苹果店铺（95%，83%和90%）。同时，通过对销售三种果品的淘宝、京东店铺调查显示，顾客在购买富岗苹果过程中均能得到比较满意的服务，且产品有地理标志标识和质量安全二维追溯码，给顾客提供了质量安全保证信息，而顾客在购买洛川和栖霞苹果过程中也能得到比较满意的服务，但产品均没有国家地理标志标识和质量安全二维追溯码。

(2) 价高量低，品牌市场力较低

富岗苹果、洛川苹果和栖霞苹果的市场定位均为中高端消费群体，但富岗苹果的价格远高于洛川和栖霞苹果。在淘宝选取了3种苹果销售量前 3 名的店铺，从销售价格、销售量等方面进行对比，同等果径的苹果，富岗苹果的价格远高于洛川苹果、栖霞苹果，但销售量较低（表 1-6）。同时，富岗苹果网络销售店铺数量远低于其他两种苹果。对淘宝、京东和抖音 3 家电商平台的调查显示，销售富岗苹果的店铺共 6 家且销售量比较低，洛川苹果月销量在 1 000 千克以上的店铺有 150 多家，栖霞苹果月销售量在 1 000 千克以上的店铺约 20 家，在抖音注册的销售栖霞苹果的抖音号有 60 多个，注册销售洛川苹果的抖音号有 80 多个。

表 1-6 三种地理标志品牌产品价格、销售量等情况

产品	果径/毫米	价格/（元/千克）	月销售量/千克	是否有二维追溯码	是否有地理产品标志
富岗苹果	80~85	24~41	600	是	是
洛川苹果	80~85	15~20	70 000	否	否
栖霞苹果	80~85	7~19	85 000	否	否

注：销售量分别是选取的 3 家店铺的月销售量的合计。

（3）回购率偏低，品牌影响力不足

通过调查销量最高的淘宝和京东平台店铺的评价和回购情况发现。淘宝平台中，富岗苹果评价 297 条，表示会回购的有 5 条，回购率仅 1.68%；洛川苹果和栖霞苹果评价数量多，回购率高，分别比富岗苹果高 3.77 个和 4.45 个百分点。京东平台中，富岗苹果消费者评价仅 8 条，给出具体好评的有 2 条，可以视为潜在回购顾客；洛川苹果消费者评价有 20 万条，给出具体好评为 21 337 条，潜在回购率为 10.67%。栖霞苹果评价有 10 万条，给出具体好评的有 6 589 条，潜在回购率为 6.5%（表 1-7）。此外，2018—2020 年的中国果品区域公用品牌价值榜上，陕西洛川苹果连续 3 年位居第 3，品牌价值分别为 72.88 亿元、73.10 亿元和 74.2 亿元，山东栖霞苹果分别位居第 3（品牌价值 53.43 亿元），第 4（品牌价值 62 亿元）和第 6（品牌价值 66.31 亿元），富岗苹果作为果品领域中国第 1 个驰名商标，品牌影响力有待提高。

表 1-7　淘宝和京东平台富岗苹果和其他两种品牌苹果的回购率

项目	淘宝平台			京东平台		
	富岗苹果	洛川苹果	栖霞苹果	富岗苹果	洛川苹果	栖霞苹果
总评价（条）	297	54 335	35 425	8	200 000	100 000
会回购（条）	5	2 960	2 161	2	21 337	6 589
回购率（%）	1.68	5.45	6.13	—	10.67	6.5

注：回购率是选取销量高的店铺，用表示会回购评价数/总评价条数，京东平台潜在回购率=具体的好评数量（会回购）/评价数量。

2. 深州蜜桃品牌竞争力分析

深州已有近 2 000 年蜜桃栽培史，深州蜜桃生长区域光热水土条件适宜，自然资源基础优越。自 2019 年，深州蜜桃种植面积逐步上升达 10 余万亩（1 亩≈667 平方米），年促农增收超过 10 亿元。2001 年深州市被国家林业局授予 "中国蜜桃之乡" 称号；2020 年 2 月被认定为第三批中国特色农产品优势区。

（1）品质较高，品牌产品力有待提升

根据京东和淘宝平台消费者的评价，深州蜜桃品质获得消费者的好评度较高于青州蜜桃和秦安蜜桃（表 1-8），但是受网上销售量小影响，评价条数少，同时，深州蜜桃店铺关于产品信息要少于青州蜜桃和秦安蜜桃，缺少地理标志标识和质量安全二维追溯码，且营销创新力度小于青州蜜桃和秦安蜜桃，品牌产品力有待进一步提升。

表 1-8　京东、淘宝平台深州蜜桃、青州蜜桃以及秦安蜜桃销售量前 3 位的店铺消费者的评价情况

项目	店铺	京东平台			淘宝平台		
		深州蜜桃	青州蜜桃	秦安蜜桃	深州蜜桃	青州蜜桃	秦安蜜桃
消费者评价总条数（产品好评率）	店铺 1	3（100%）	5 000+（78%）	7（85.7%）	8（100%）	9 391（97.6%）	5（100%）
	店铺 2	2（100%）	5 000+（93%）	3（66.7%）	6（100%）	7 271（97.6%）	9（100%）
	店铺 3	3（100%）	1 000+（82%）	1（100%）	7（100%）	993（95.8%）	5（100%）

（2）价格较高，品牌市场力有待提升

在京东、淘宝平台分别选取深州蜜桃、秦安蜜桃和青州蜜桃销售量最

高的店铺，调研销售价格。深州蜜桃三种规格的价格均高于秦安蜜桃和青州蜜桃（表1-9）。在品牌宣传方面，深州蜜桃以"桃花节"推介会、"桃王争霸赛"、腾讯网的深州蜜桃宣传片等传统宣传方式为主，借助新型网络平台（抖音、快手、橙心优选、生鲜优选等）的品牌宣传力度比较低。如对抖音平台调查显示，销售深州蜜桃的抖音号只有2个，月销量为14箱，远低于青州蜜桃的注册抖音号（112个）和月销量（2~41件）。对快手平台的调查显示，销售深州蜜桃的快手号有10个，月销售量在2~24件，秦安蜜桃的快手号（37个）和月销量（2~9件）。

表1-9 京东、淘宝和抖音平台深州蜜桃、青州蜜桃和秦安蜜桃的价格

平台	规格	深州蜜桃/（元/2.5千克）	秦安蜜桃/（元/2.5千克）	青州蜜桃/（元/2.5千克）
京东	大果	183	97	26.9
	特大果	241	108	38
	精选特大果	285	137	63
淘宝	大果	128	98	22.8
	特大果	188	118	26.8
	精选特大果	238	178	29.8

（3）回购率较高，品牌价值影响力较大

深州蜜桃回购率较高，品牌忠诚度较好。通过淘宝和京东平台调查销量最高店铺的评价和会回购情况。淘宝店铺中，深州蜜桃总评价21条，回购率95%；青州蜜桃评价条数17 655条，回购率仅为30.44%。秦安蜜桃总评价19条，回购率94.7%。京东店铺中，深州蜜桃总评价8条，回购率100%；青州蜜桃评价条数11 000条，回购率仅为24.9%。秦安蜜桃总评价11条，回购率100%（表1-10）。深州蜜桃回购率总体较高。

表1-10 淘宝、京东平台深州蜜桃、青州蜜桃和秦安蜜桃的评价及回购率

项目	淘宝平台			京东平台		
	深州蜜桃	青州蜜桃	秦安蜜桃	深州蜜桃	青州蜜桃	秦安蜜桃
总评价/条	21	17 655	19	8	11 000	11
会回购/条	20	5 375	18	8	2 740	11
回购率/%	95	30.44	94.7	—	24.9	100

注：回购率是选取销量高的店铺，用表示会回购评价数（具体好评数）/总评价数量。

3. 宣化牛奶葡萄品牌竞争力分析

宣化牛奶葡萄产区具有良好、独特的自然资源基础、文化资源基础和产业发展基础，品牌资源基础力雄厚。2016年宣化牛奶葡萄生态原产地开展产品保护工作，连续八年入选中国农产品区域公用品牌价值百强。

（1）品质和服务水平有待完善，品牌产品力有待提升

根据京东和淘宝平台消费者的评价，宣化牛奶葡萄的好评情况低于同为国家地理标志的户县葡萄（表1-11）。差评主要来源于坏果多。对京东和淘宝销售宣化牛奶葡萄和户县葡萄店铺的调查显示，销量越大的店铺对产品的介绍越详细，但整体而言，户县葡萄销量最大的店铺提供了比宣化牛奶葡萄更为详细的产品服务信息，如国家地理标志标识、葡萄产品参数、包装展示、产品展示、含有的矿物质和维生素、绿色食品证书、荣誉证书及卖家须知等。

表1-11　京东、淘宝平台宣化牛奶葡萄和户县葡萄销售量前3位的店铺消费者的评价情况

单位：条

项目	店铺	京东平台		淘宝平台	
		宣化牛奶葡萄	户县葡萄	宣化牛奶葡萄	户县葡萄
消费者评价总条数（产品好评率）	店铺1	32（87.5%）	500+（93%）	1 772（99.1%）	505（98%）
	店铺2	8（100%）	70（94%）	696（99.3%）	39（100%）
	店铺3	7（100%）	36（76%）	8（100%）	34（100%）

（2）价格竞争和宣传力度较弱，品牌市场力有待提升

通过调查京东、淘宝平台销量最高的宣化牛奶葡萄和户县葡萄店铺的销售价格。宣化牛奶葡萄价格均低于户县葡萄，但户县葡萄的销售量却高于宣化牛奶葡萄，淘宝平台宣化牛奶葡萄三家店铺的月销量分别为32件、13件和12件，而户县葡萄三家店铺的月销售量分别为51件、16件和16件（表1-12）。宣化牛奶葡萄以网络宣传片、组织开展"宣化牛奶葡萄LOGO设计征集大赛"、建立中国·宣化葡萄小镇、举行葡萄采摘节等为主，抖音和快手平台上宣传牛奶葡萄的宣化短视频共约234个，店铺数量均为0个，而户县葡萄的宣传短视频共约为350个，店铺数量共11个。

表 1-12　京东、淘宝平台宣化牛奶葡萄和户县葡萄销售价格

产品	京东	淘宝
宣化牛奶葡萄	店铺 1：95 元/3 千克（15.8 元/斤） 店铺 2：99 元/2.5 千克（19.8 元/斤） 店铺 3：101 元/3 千克（16.8 元/斤）	店铺 1：67 元/3 千克（11.2 元/斤） 店铺 2：87 元/3 千克（14.5 元/斤） 店铺 3：87 元/4 千克（10.9 元/斤）
户县葡萄	店铺 1：178 元/2 千克（44.5 元/斤） 店铺 2：236 元/5 千克（23.6 元/斤） 店铺 3：158 元/2 千克（39.5 元/斤）	店铺 1：178 元/2 千克（44.5 元/斤） 店铺 2：234 元/2.5 千克（46.8 元/斤） 店铺 3：117 元/2.5 千克（23.4 元/斤）

注：1 斤＝0.5 千克。

（3）品牌价值较高，回购率偏低，忠诚度有待提升

从淘宝平台和京东消费者的评价来看，淘宝平台消费者对宣化牛奶葡萄的总评价条数虽然很多，但表示会回购的为 0 个，对户县葡萄表示会回购的有 17 人，潜在回购率为 3.37%；京东消费者对宣化牛奶葡萄的总评价条数为 32 条，表示会回购的为 6 个，回购率为 18.75%，对户县葡萄表示会回购的有 105 人，潜在回购率为 20.79%（表 1-13）。从品牌价值看，"宣化牛奶葡萄"品牌自 2009 年起，连续 12 年进入全国农产品区域公用品牌价值百强榜，2019—2020 年果品区域公用品牌价值榜中宣化牛奶葡萄的品牌价值远远高于其他 5 个入选的葡萄品牌（表 1-14）。

表 1-13　淘宝、京东平台宣化牛奶葡萄和户县葡萄的回购率

项目	淘宝平台		京东平台	
	宣化牛奶葡萄	户县葡萄	宣化牛奶葡萄	户县葡萄
总评价/条	1 772	505	32	505
会回购/条	0	17	6	105
回购率/%	0	3.37	18.75	20.79

注：回购率是选取销量高的店铺，用表示会回购评价数/总评价条数。

表 1-14　2019—2020 年果品区域公用品牌价值榜中葡萄品牌价值　　单位：亿元

年份	宣化牛奶葡萄（河北）	临渭葡萄（陕西）	慈溪葡萄（浙江）	余姚葡萄（浙江）	合阳红提葡萄（陕西）	户县葡萄（陕西）
2019	20.42	15.33	15.17	8.95	5.98	10.19
2020	20.61	17.98	15.21	9.01	6.99	11.71

(三) 河北省水果品牌发展意见和措施

1. 挖掘历史文化资源，培育打造更多的果品地理标志品牌

政府应明确果品地理标志重点培育名单，加大地理标志的培育和申报力度，加强与农业农村等部门沟通，主动深入果品类农民专业合作社、农业产业化重点龙头企业调研，摸清特色果品情况，对尚未申请注册的符合地理标志标准的果品，协助组织申报材料，助力河北地理标志发展。

2. 建立完善的标准体系，提升地理标志果品质量

加强对地理标志的管理和使用，建立并完善产品技术标准体系、专用标识使用规则体系以及果品质量安全检测体系等。严格实施标准化生产，严格专用标志使用管理制度。通过技术创新，持续提升品牌形象，如最新外观专利设计、高科技防伪技术的应用等，提高品牌质量，提升市场辨识度和品牌影响力。

3. 加强地理标志品牌宣传，提高品牌市场力

品牌宣传应以竞争为导向，充分展现出果品地理标志的特色，例如将果品从品种选育、栽培管理到成熟采摘的生产流程制作成短视频，通过抖音、快手等线上平台推广，让更多的消费者能够直观体验到地理标志果品标准化的生产过程，加强与抖音、快手、京东、多多买菜、橙心优选、盒马生鲜及盒马集市等网络平台的合作。

4. 适应消费场景变化，创新营销方式

以果品质量为基础，以消费需求为导向，通过与消费者亲密互动来捕捉消费者的需求，讲好适合年轻消费群体的品牌故事，以满足不同消费场景的不同需求。例如，适应年轻人购物习惯，开发线上销售平台，如抖音、快手、小红书、B站等，创新营销模式。

四、河北省食用菌品牌建设研究

(一) 河北省食用菌品牌发展现状

国际标准化组织发布的《品牌评价—货币化品牌评价要求》中对品牌

的定义为:"与营销有关的无形资产,包括(但不限于)打算用来识别货物、服务和/或实体的名称、符号、标识、设计或其组合。能够在利益相关者意识中形成独特形象和联想、产生经济效益/价值。"从品牌的定义可以看出,品牌是一个复合性概念,承载着商品、服务等要素和品牌所带来的一系列的外部延伸,是一种能够带来经济效益的无形资产。食用菌品牌建设是指食用菌经营主体对食用菌产品进行品牌的塑造、营销和管理的行为过程。

1. 河北省食用菌品牌价值逐步增长

河北省是食用菌生产大省,是我国食用菌主产区之一,食用菌产量产值逐年增加,品牌价值逐年提高。2022年中国食用菌区域品牌价值的综合评估,在156个上榜品牌中,河北有4个品牌榜上有名,品牌价值为71.03亿元,占全国食用菌品牌价值1833.08亿元的3.87%,其中,平泉香菇(42.26亿元,排名第9)、遵化香菇(16.06亿元,排名第35)、阜平香菇(9.78亿元,排名第53)、迁西栗蘑(2.93亿元,排名第112),品牌平均价值17.76亿元/个,高于全国平均水平11.75亿元。2023年中国食用菌区域品牌价值的综合评估,在164个上榜品牌中增加了承德香菇、承德黑木耳、任丘灵芝、满香菇(宽城)、平山黑木耳5个品牌,品牌总价值154.71亿元,占全国食用菌品牌价值2290.44亿元的6.75%。其中,平泉香菇(72.28亿元,排名第6)、遵化香菇(31.35亿元,排名第20)、承德香菇(20.87亿元,排名第28)、承德黑木耳(10.37亿元,排名第52)、阜平香菇(10.05亿元,排名第55)、任丘灵芝(5.55亿元,排名第79)、迁西栗蘑(3.12亿元,排名第97)、满香菇(宽城)(0.62亿元,排名第145名)、平山黑木耳(0.5亿元,排名第149)(表1-15)。品牌平均价值17.19亿元/个,高于全国平均水平13.97亿元。河北省食用菌品牌总值实现了成倍增长,全国占比从3.87%提高到了6.75%,无论是数量还是质量都有了较大提升。但个体品牌价值差异性较大,超百亿的品牌还没有形成。

表1-15 2022年和2023年河北省食用菌区域品牌价值

2022年				2023年			
全国排名	全省排名	品牌	价值/亿元	全国排名	全省排名	品牌	价值/亿元
9	1	平泉香菇	42.26	6	1	平泉香菇	72.28
35	2	遵化香菇	16.06	20	2	遵化香菇	31.35

(续表)

2022年				2023年			
全国排名	全省排名	品牌	价值/亿元	全国排名	全省排名	品牌	价值/亿元
53	3	阜平香菇	9.78	28	3	承德香菇	20.87
112	4	迁西栗蘑	2.93	52	4	承德黑木耳	10.37
				55	5	阜平香菇	10.05
				79	6	任丘灵芝	5.55
				97	7	迁西栗蘑	3.12
				145	8	满香菇（宽城）	0.62
				149	9	平山黑木耳	0.5
合计			全省：71.03 全国：1 833.08				全省：154.71 全国：2 290.44

注：数据来自中国食用菌区域品牌价值的综合评估。

2. 形成了一批食用菌品牌，影响力较高

近几年，河北省食用菌龙头企业和合作社积极进行绿色产品认证、GAP认证、申请农产品地理标志认定。承德市现有60余家企业和合作社获得有机产品、绿色产品等认证，瀑河源食品有限公司获得GAP认证。平泉食用菌生产覆盖全县20个乡镇，近35 000户农户从事食用菌生产和销售，生产总量达到3 000多万盘（袋），被授予"全国食用菌行业十大生产基地""中国食用菌之乡""全国小蘑菇新农村建设优秀示范县"等多项荣誉称号。"平泉香菇""平泉滑子菇"获农产品地理标志认证，先后开发出了保鲜、盐渍、烘干、罐头、速冻、即食软包装、超微粉碎等50多种产品，其中，森源、润隆、菇芳源、百菇宴等多个商标获省著名商标称号。

遵化享有"河北省食用菌之乡""中国香菇之乡"的美誉，遵化香菇为地理标志证明商标和农产品地理标志产品。

阜平县采取统一建棚、统一品种、统一制袋、统一技术、统一品牌、统一销售，分户栽培管理的"六统一分"运作模式，实现香菇种植、销售、加工一条龙。注册了"老乡菇"品牌。随着香菇产业的发展，兴隆香菇生产标准不断提高，兴隆县注册了"官场源"牌香菇、"明学"牌香菇、"拨子"牌香菇、"首地"牌香菇、"洒河明珠"牌香菇、"冀兴达隆"牌香菇、"山里勤发"牌香菇和"健芬"牌香菇8个香菇品牌，7家合作社香菇通过绿色食品认证。

3. 品牌建设主体多元化，不同主体建设差异大

河北省食用菌品牌建设主体呈现出以下两个特点：一是河北省食用菌品牌建设主体类型众多，以农民专业合作社、食用菌企业、家庭农场、种植大户等为主的各类新型经营主体都逐渐建立了自己的品牌。目前，河北省食用菌已建立食用菌品牌的主体有百余家，如涞水县天河食用菌种植有限公司、张北县兴农食用菌农民专业合作社、平泉义达食用菌专业合作社、迁安市利益食用菌标准园等。二是从产业链看，种植、生产环节的经营主体大多建立了品牌，专业化加工、销售的经营主体品牌建设较少。河北省食用菌经营主体以种植为主，覆盖全产业链和专业化加工的主体很少，几乎没有以加工和销售为主的经营主体建立品牌。

(二) 河北省食用菌品牌建设存在的问题

1. 食用菌生产者和经营者的品牌意识薄弱

部分食用菌企业或合作社生产规模偏小、处于成长壮大阶段，实体大公司和有实力的股份制合作社非常少，企业或合作社更多关注规模的扩大和短期效益的提高，很少关注品牌建设。创建品牌需要投入财力和物力，有时可能还要承担风险，企业为了规避风险，创建品牌的意愿较低。河北省食用菌产品虽然品牌数量较多，但大多数品牌仅仅是一个标志，知名度不高，而且同一地区的厂家、种植大户和专业合作社对同一品种打造不同品牌，他们之间相互压价，造成恶性竞争。

2. 食用菌品牌经济附加值低，品牌效应不显著

河北省食用菌品牌普遍经济附加值低，缺乏消费者"忠诚度""利润增长"等一系列的价值延续，品牌效应不显著。河北省大多数地区食用菌品牌建设前后价格无明显区别，只有河北省平泉食用菌由于区域规模效应，掌握北方产地定价权，连同品牌效应，全市食用菌平均价格比其他同类食用菌基地县高出1~2元/千克，大多主产区、经营主体没有抓住品牌建设商机，稳固消费群体，扩展消费市场，增加区域（企业）竞争力。

3. 食用菌产品同质性强，品牌差异化定位难

产业或企业要创建自己的品牌，首先是该产品要有独特性、排他性、

差异性或显著的地理区域性。对于河北省食用菌产业来说，整体品种同质性强，消费者很难区分产品特点，多样化需求难以满足，导致市场缺乏创造品牌的原始推动力。消费者感觉蘑菇品质和风味都类似，没有太大区别，导致市场太"趋同"，增加了创建食用菌品牌的成本。

4. 食用菌品牌建设缺乏科学规划

品牌建设是一个庞大的工程，需要科学的战略规划。目前河北省很多食用菌企业、合作社对品牌建设的认识仅停留在做几次广告宣传即可，缺少合理规划。一个知名品牌培育不是短时间内完成的，是经过战略规划、战略部署、战略步骤，日积月累才形成的。

5. 品牌宣传力度不够

品牌知名度和美誉度的提高是品牌价值得以实现的必要前提，而知名度和美誉度的提高离不开对品牌的宣传。食用菌品牌宣传力度远远不够，仅限于推销食用菌；宣传技术和手段落后，仅限于散发品种简介资料；不重视品牌的推广宣传，没有利用媒体广告、公关和网络等工具来全方位的宣传品牌；不重视产品的外观设计包装，不能有效提升产品的价值。食用菌品牌的知名度低，无法与客户建立良好和稳固的联系，品牌溢价能力和增值效应较低。

（三）河北省食用菌品牌发展意见和措施

河北省是食用菌的生产大省，产品不仅常年供应国内市场，同时远销美国、日本、韩国、新加坡、荷兰等国。近年来，随着经济全球化发展、"互联网+"模式的推出，食用菌企业已从产品销售发展到品牌营销。加之，技术进步、科技发展使食用菌企业门槛略有降低，全国多个地区、多家食用菌企业如雨后春笋般崛起，食用菌产业遍地开花，对河北食用菌产业产生了很大冲击。购买者消费水平逐渐提高，品牌意识和对品牌的认知度大大提升，因此，品牌已成为了一个巨大的杠杆，将品牌做大做强则能撬动消费群体、利益资金。本部分从品牌建设、品牌经营以及品牌的竞争入手，旨在为河北省食用菌产业建立品牌提出相关对策建议。

1. 政府要加大对食用菌品牌建设的支持和保护力度

首先，政府应从资金、税收、技术、管理等方面对食用菌品牌建设提供支持。食用菌品牌建设需要较大的资金投入，政府应提供贷款等方面的优惠，政府财政部门和商业银行在资金等方面要适当采取倾斜政策。对于开发食用菌品牌的企业，政府要采取扶持政策，如减免税收、提供出口补贴、提供技术和信息服务等，为食用菌品牌建设保驾护航。其次，政府要采取保护食用菌品牌的措施。把品牌的培育和保护纳入法治化轨道，政府职能部门要加大执法力度，对假冒食用菌品牌行为要坚决查处打击，提高其违法成本。只有为食用菌的生存和发展创造一个良好的环境，食用菌品牌才能脱颖而出。

2. 以"企业+合作社+农户"的经营模式带动食用菌品牌建设

食用菌的品牌建设离不开规模化生产，小规模的农户生产很难创造出来品牌。因此在农户生产品种多而量少的情况下，企业引导农户专业化生产，通过合作社实现规模化，为食用菌品牌建设打下坚实基础。"企业+合作社+农户"的经营模式是食用菌品牌建设的基础条件。企业拥有市场、资金、技术和管理等方面的优势；合作社将农户组织起来，发挥中间连接作用，增强与市场的联系度；农户凭借种植经验，生产满足消费者需求的高质量食用菌。"企业+合作社+农户"的农业产业化经营模式，有效将农业的产前、产中和产后服务各环节有机统一起来，很大程度上可以促进食用菌品牌的建立。为此，政府需要培育壮大一批起点高、规模大、带动力强的食用菌龙头企业，并积极引导农户专业化生产。鼓励建立食用菌专业合作社，加强企业与合作社、合作社与农户的有机联系，带动农户的规模化生产。引导食用菌企业向园区集中，打造食用菌产业集群，通过产品配套和市场衔接，形成产、供、销一条龙全产业链条，创立一批在市场上叫得响、占有率高的河北省食用菌品牌。

3. 引进建设人才，全面构建品牌建设体系

食用菌的品牌建设不仅是建设品牌，更重要的是后续的推广和管理，否则不仅会浪费品牌这一无形资产，也会限制企业的长久发展。因此，在加强食用菌品牌意识，创建食用菌区域品牌的基础上，更应该注重品牌建设人才的引进。食用菌品牌建设离不开品牌管理人才。在人才培养方面，首先选拔具有品牌管理潜力的人才，其次对他们进行专业化的培训，使他们从理论上掌握品牌的真正内涵、战略手段和管理方法，最后理论联系实

际，发挥他们的优势。在人才引进方面，加大资金投入力度，吸引国内外具有品牌管理能力的优秀人才，让他们发挥潜质，带动一批食用菌品牌管理者。构建一套全面的品牌建设人才体系，让培养和引进的人才为河北省食用菌品牌建设出谋划策。

4. 加大食用菌品牌的宣传力度

食用菌品牌建设需要加强对食用菌品牌的宣传力度。尽管老话常说"酒香不怕巷子深"，但在现代信息社会中，"酒香也需吆喝好"，如果不重视推广宣传，再好的产品也不会被消费者认知。企业和合作社应该找准产品品牌定位，利用合适的媒介和合适的方式对食用菌产品进行宣传。品牌宣传是品牌建设必不可少的一部分，可以借助报纸、杂志、电台、电视等传统传播媒体，还可以运用网络信息平台对食用菌网络营销传播，同时还可以通过举办公益活动、文化节等活动宣传品牌。广告是最常用的宣传手段，可以从多方面营造品牌。网络宣传是最有发展潜力的宣传途径，通过网络宣传品牌，可以打破时空限制，向更广的范围宣传品牌，提高传播效率。

五、河北省农业品牌建设重点工作

（一）强化品牌赋能，培树品牌形象

分层次推进农业品牌建设，作响、做优区域公用品牌，做大、做亮企业领军品牌。

1. 提升区域公用品牌

一是以市、县为主体，聚焦主导优势产业，结合当地特色产品，推动区域公用品牌培树提升，加强产业规划、品牌设计、市场定位、营销策划、宣传推广等环节，通过开展品牌评选发布、宣传营销等活动，提升区域公用品牌整体形象和知名度。二是坚持标准引领，做好品牌授权、品牌准入、品牌保护等相关工作，建立有稳定质量、鲜明特色和文化内涵的区域公用品牌发展之路。

2. 服务企业领军品牌

重点围绕河北净菜、衡沧蔬菜、雄安新区农业品牌和旱碱麦、葡萄酒

等产业，举办企业领军品牌评选、宣传推介、产销对接等活动，组织参加中国农民丰收节、中国国际农产品交易会、各类全国性农业博览会等大型活动，将品牌和产品推向全国。进一步增强服务意识，落实服务措施，提升服务效果，切实服务好企业领军品牌，做好企业领军品牌宣传，助力企业品牌提升知名度，搭建产销对接平台，扩宽企业产品销售渠道。

（二）聚焦宣传重点，扩大品牌影响力

精准分析受众，策划宣传内容，匹配宣传渠道，精确投放时间，评估宣传效果，优化推广策略，扩大宣传实效。

1. 持续深化重点渠道的品牌宣传

一是继续以电视、广播、报纸等传统媒体平台和高铁站、机场、地铁站、公交站牌等人口密集场所投放品牌宣传为重点，利用"六进"活动、品牌发布会、农业展会、节庆活动、产销对接等形式展示推介品牌农产品。二是大力利用新媒体、短视频等平台，通过线上直播、开设专栏、制作专题节目等形式进行区域公用品牌、特色农产品品牌宣传和服务。鼓励各市县进一步加强线上宣传，通过图文、话题互动、视频、直播等形式多渠道、跨圈层传播，宣传典型案例，讲述品牌故事，推广特色农业品牌，扩大河北农业品牌的影响力和知名度。三是开展我为家乡农产品代言等社会活动，通过数字化手段链接在北京的河北籍名人传播河北农业品牌，利用名人效应传播产品，推介家乡特色。

2. 加强面向重点地区的品牌推介

围绕全省重点打造的优质农产品品牌，对消费人群进行地域差异、消费习惯、消费水平定位研究，形成细分市场品牌宣传推介策略，加强面向京津冀、大湾区、江浙沪等重点消费市场宣传推广，提高品牌溢价能力和品牌影响力。一是重点提升河北农业品牌在京影响力，利用高铁站、地铁站、户外广告等宣传平台播放品牌广告或宣传片，借助电视、广播、报纸、新媒体等渠道，播出河北农业品牌专题节目，宣传在京农产品展销活动，邀请网红现场直播河北净菜进京"六进"活动，推广河北农业品牌，提升在京影响力和知名度。二是对在省外举办的河北农业品牌万里行、品牌农产品展销等活动，借助当地电视、广播、报纸、户外广告、新媒体等渠道，通过网络直播、图文报道等形式进行宣传，提高河北农业品牌在当地的知名度和影响力。

3. 强化宣传效果评估　优化品牌推广策略

邀请第三方，针对宣传项目设定评价目标，从宣传内容匹配度、宣传形式适宜度、宣传推广曝光度、目标受众覆盖率和互动度等维度，进行专业、科学、客观的宣传效果评估。积累经验，总结不足，制定改进措施，为优化品牌推广策略提供数据支撑，进一步提升品牌宣传效果，扩大品牌影响力和知名度。

（三）拓展产销对接渠道，助力品牌市场消费

强化对消费人群的细分研究，调研我省品牌农产品省外市场，精准定位市场需求，匹配品牌农产品种类，举办各类产销对接活动，拓展农产品产销对接渠道。

1. 开展河北净菜进京"六进"活动，拓宽在京销售渠道

以"河北净菜"品牌打造为抓手，结合地方实际和品牌农产品时令特征，推广河北净菜、衡沧蔬菜、雄安新区农业品牌等河北省优质农业品牌和旱碱麦、葡萄酒等单品品牌，深入开展各类产销对接、宣传推介、品牌发布等活动。一是以北京市场需求为导向，加大调查研究力度，及时了解品牌主体、地方群众、渠道商等不同市场主体实际需求及情况反馈，做好跟踪服务，持续完善活动流程，不断优化活动内容，确保多方主体受益。二是各市县要利用在京拥有成熟渠道及营销模式的个人、渠道商或第三方平台，举办"进社区大集""我为家乡农产品代言""河北品牌农产品展销""品味河北""脱贫地区产销对接"等宣传对接活动。积极参加"京津冀品牌农产品展销会""全国优质农产品展销周"等大型活动，提高我省品牌农产品市场占有率和影响力。三是联合北京团委、青联等部门开展河北农业品牌进社区、净菜大集、河北农品社区团购等促销费活动。四是创新活动形式。结合地方农产品品类特征和区域特色，可开展"时令鲜蔬""火锅食材""道地中药材"等特色活动、"旱碱麦""葡萄酒""板栗"等单品活动、"文化节""消费季""年货节"等消费热点时机专题活动，充分发挥主观能动性，创新开展其他活动。五是在巩固既有销售渠道

的基础上，继续深入挖掘农批市场、大型商超、餐饮行业等潜在资源，加强进社区、进餐桌、进食堂、进饭店，拓宽线上线下群众购买渠道，拓展河北品牌农产品"专柜专销""直供直销""社区联供"等销售形式。

2. 举办品牌农产品万里行活动，建立重点地区产销对接平台

一是加强市场调研，充分了解各大城市消费习惯、市场需求和竞争情况，针对性调整品牌种类和营销策略，满足高端市场需求，补强南方市场短板。二是选择上海、深圳、成都等同我省农业互补性强、市场匹配度高的城市，组织具有市场竞争力龙头企业深入开展产销对接和宣传推介活动。三是联合目标城市农批市场、大型商超、供应链企业等重点客商，共同开拓市场，完善销售渠道，建立稳定供应关系。

3. 支持优质产品销售，助力脱贫地区发展

一是支持脱贫县结合当地产业特色和优势，培育提升优质农产品品牌，树立农业品牌形象。二是支持脱贫地区品牌出村进城，鼓励自主举办产销对接、专题推介等活动，积极参加中国国际农产品交易会脱贫展、推介品鉴会、各类农业展会等展销推介活动。三是组织开展线上助农活动，支持开设脱贫地区特色品牌"金牌"店铺，促进线上营销。为脱贫地区农产品找卖点、找出路，实现精准对接，提高品牌价值。

4. 推进农业电商发展，促进农产品上行

一是与京东、美团、抖音、东方甄选等知名电商、直播带货平台深化合作，组织开展线上线下对接、电商销售及直播宣传活动，助力河北品牌农产品销售。二是支持发展县域农业电商，结合地方特色资源，创新线上消费场景，促进品牌主体市场开拓，策划品牌消费和直播宣传等活动，争取促销活动资源，促进线上大宗交易。三是培育农业品牌电商示范市、县（市、区），重点支持优质农产品集中供应能力示范、优质品牌农产品线上营销促销、农业电商促进品牌发展示范、线上网络销售渠道拓展、电商助农五大场景，促进品牌农产品上行。

六、河北省农业品牌整体提升对策建议

(一) 强化政策支持与制度保障

整合财政、税收、土地等政策资源,设立农业品牌专项基金,重点支持地理标志认证、品牌培育及技术研发。深化京津冀协同机制,扩大"六进行动"覆盖范围,推动品牌农产品规模化进入京津市场。建立省级地理标志保护名录,严厉打击假冒伪劣行为,完善质量追溯体系。建立省级地理标志保护名录,严厉打击假冒伪劣行为,完善质量追溯体系。

(二) 推动产业集群化发展

以区域公用品牌为引领,促进产业集聚和资源整合。通过"政府引导+市场主导"模式推动跨区域协作,打造全产业链集群。以龙头企业为核心,整合分散资源,打造跨品类的特色产业集群。建设太行山中药材、冀东沿海水产等跨区域产业带。推动成立省级农业品牌联盟,统一品牌标识与标准。支持龙头企业牵头制定行业标准,避免同质化竞争。

(三) 深化科技创新与标准化建设

强化技术研发与成果转化,推动全产业链提质升级。围绕生产、加工、流通等环节加大智能装备、保鲜技术、精深加工等领域的攻关力度,建设省级农业技术研发中心,整合高校、科研院所资源建立产学研协同创新平台。加大保鲜、冷链物流技术研发投入,突破蔬菜初加工瓶颈。推广数字化果园管理系统,建设全产业链标准化体系。支持产学研合作,建立省级农业技术创新中心,重点开发功能性食用菌产品。加强国际认证对接,支持企业获取 GAP、HACCP 等国际资质认证,推动"净菜分级""果径标识"等标准化模式。

(四) 创新数字化营销模式

瞄准京津中高端市场,开发差异化产品。构建"线上+线下"立体渠

道：线上依托电商平台、直播带货扩大覆盖面，线下拓展社区直营、高端宅配等短链销售。建立省级品牌电商孵化中心，培育专业营销团队。定期举办"河北农品博览会"，提升品牌曝光度。布局社区团购、会员制农场等新零售模式，推动品牌进入高端商超及国际赛事供应链。深化数据应用，建立消费者需求数据库，实现精准化营销转型。

（五）加强品牌文化挖掘与人才培育

挖掘历史文化资源，将地域特色融入品牌故事。实施品牌人才培育工程，引进国内外品牌专家，组建省级智库联合高校培养专业化运营团队；建立省级品牌智库，引入专家提供战略咨询。深化"放管服"改革，简化品牌认证流程，完善维权快速响应机制。加强京津冀协作，推动品牌互认、检测互通、资源共享。

第二篇
品牌资源典型篇

安国中药材：地中瑰宝

安国中药材主要集中在祁州镇、大五女镇、郑章镇等平原地带，种植面积稳定在 15 万亩左右，依托农户、合作社与企业联动，年产药材超 10 万吨，产值突破 20 亿元。主要品种包括菊花、山药、紫菀、知母、白芷等 30 余种，其中"祁菊花""祁山药"获国家地理标志认证。通过"数字药都"建设，推动智慧农业与中医药产业融合，成为华北地区重要的中药材种植、加工和流通枢纽。

安国中药材品牌标志

一、品牌基本情况

1. 资源环境特色

安国古称"祁州"，位于河北省中部，地处京、津、石三角中心地带，属于温带季风气候区，四季分明，光照充足，雨量适中。该地区地势平坦，土壤肥沃，河流纵横，拥有得天独厚的自然条件，非常适合中药材的种植。这里的自然环境特别适合多种中药材的生长，尤其是那些喜温暖湿润气候的中药材。特有的土壤成分和气候条件有利于中药材有效成分的积累，从而保证了中药材的高品质。安国市是全国重要的中药材集散地，适宜种植的中药材品种达300多种，常年种植面积较大，形成了较为完整的中药材产业链，是中国最大的中药材批发市场之一。

2. 品牌成就

安国中药材品牌，作为国内外知名的中药材品牌，其品牌价值正在不断攀升，备受瞩目。安国市委和市政府积极实施"以药兴市、科技兴药"的发展战略，这一战略的实施极大地推动了中药材产业的快速发展。安国中药材凭借其卓越的品质和信誉，获得了多项国家和省级的荣誉称号，其中包括"中国国家地理标志产品"和"中国安国中药材之城"等。这些荣誉的获得，充分证明了安国中药材在行业中的领先地位和卓越品质。

此外，安国中药材还通过了多项质量认证，如良好农业规范（GAP）认证等，这进一步证明了其在生产过程中的严格标准和高质量要求。目前，安国中药材品牌已经完成了商标注册，这标志着其品牌影响力在持续增强，品牌地位在不断巩固。安国中药材品牌的发展，不仅为当地经济带来了巨大的推动力，也为全球中药材市场提供了高品质的产品，赢得了广泛的认可和赞誉。

3. 主要经营主体情况

安国市有河北省中医药研究院，还有产品供应规范（GSP）认证的饮片企业和符合良好生产规范（GMP）标准的药品生产企业。为保障药材质量，安国市还充分依托河北省中药材追溯网络平台，利用互联网+、物联网、区块链等技术，实现了中药材质量可控制、来源可追溯、产销有效衔接。目前，安国数字中药都的数字本草平台已有近30万名实名注册会员，年销售额超过10亿元。作为国家中药材流通追溯体系试点，该市逐步将本地"八大祁药"种植基地、101家GMP认证的中药饮片生产企业、66家GSP认证的中药饮片经营企业，以及1 000多个中药材经营户纳入质量追溯体系。安国为全国中药材标准、化机械化、规范化和可追溯化发展提供了安国模式,并被列为"科技部中药材 GAP 研究基地""全国中药材示范基地"和"中国药材之乡"。

二、独特性及优势

1. 流传久远的加工技艺

自明初兴起的安国药材加工业,经过数百年生产实践,从选料、配方到工艺流程等各个环节,积累了丰富经验,有许多独到之处。经过加工的药材形、色、味、性明显变化,药效显著,精湛的加工技术赢得"药不经祁州没药味"的美誉。

安国的药材炮制工艺,作为该地区最具传统特色的技艺之一,历来注重药物的疗效。在药材的选择上,追求地道之品;在炮制过程中,强调方法的得当。药工们将药材炮制的质量与治疗救人的使命紧密联系起来。在药材炮制作坊中,常可见到诸如"修合无人见,存心有天知""人命至重,贵于千金""法效雷公、术遵岐伯"等警句,用以自我警醒,这种做法代代相承。安国的炮制工艺主要遵循水、火及共制法,具体包括炒、煨、焙、煅、蒸、煮和法制等多种方法。这些方法各有其独特功能,有的能够改变药物的性质,有的则使药物质地变得软脆,还有的能够降低药物的毒性。例如,在炒制方面,有单独炒制和加入辅料共同炒制之分。单独炒制包括炒黄、炒焦、炒炭等方法;而加入辅料炒制则有土炒、麦麸炒、砂炒、盐炒、姜炒、蛤粉炒、滑石炒、酒炒、醋炒等。安国的药工们依据长期积累的经验,将中药炮制的理论编成易于记忆的歌诀,使之得以流传。这些歌诀包括:"酒制升提而散寒,姜制和中而去痰,醋制入肝易收敛,盐制走肾而软坚,麸炒健脾咨鼓气,土炒守中助脾官,米泔水制去燥性,蜜制甘缓补益元,砂烫炮鼓打松脆,滑石烫制吸油干。"对于炒制的程度,也有相应的口诀:"炒黑入血炭止血,炒焦消化开胃宽,清炒数粒爆香味,炒炭存性最关键。"

2. 丰富的种质资源与先进的种植技术

安国中药材的种质资源丰富,拥有 300 多种适宜种植的中药材品种。

其中以"八大祁药"为代表，分别为祁菊花、祁山药、祁紫菀、祁白芷、祁沙参、祁薏米、祁花粉、祁芥穗。安国市境内土壤普遍肥力高，保肥保水性能良好，加之典型的亚热带季风气候，非常适宜花果类、根茎类等多种中药材的生长。

安国中药材的种植区域位于华北平原的腹地，这里拥有肥沃的黑土和黄土，富含多种微量元素，为中药材提供了丰富的营养来源。这些微量元素的存在不仅有利于中药材有效成分的积累，还能提高中药材的药效。此外，该地区四季分明，夏季炎热多雨，冬季寒冷干燥，这种温差有助于中药材积累更多的活性物质，从而使中药材具有更好的药用价值。

安国中药材的栽培技术融合了传统智慧与现代创新。传统上，安国药农根据药材的生长特性和本地的气候条件，发展出了一套适合当地环境的栽培方法。现代技术的应用，如智能温室、精准灌溉、土壤改良等，进一步提升了药材的质量和产量。这种传统与现代相结合的栽培方式，是安国中药材独特性的重要体现。

安国中药材种植

3. 优势产业集群注入新活力

安国市药业产业集群，作为河北省内备受瞩目的省级智慧产业集群，同时也是河北省战略性新兴产业示范基地，经过多年来的积累和发展，已经成功打造了一个完整的全产业链，涵盖了从中药材的种植、中药饮片的加工、中成药的制造，一直到中药的流通，以及文化康养旅游等多个环节。安国市致力于创新中药研发，推动药企的集聚效应，建设数字化市场，传承康养文化的精华，并且努力保障人民的健康。通过强化科技、产业、质量、文化和服务等多方面的支撑，安国市的药业产业集群实现了持续而健康的产业发展。

在产业集群内，核心企业有药都制药集团股份有限公司与河北安国中药材集团有限公司等。这些企业及行业协会在中药材的研发、种植、加工、销售等环节中扮演着积极角色，共同构筑了一个集生产、加工、销售于一体的完整产业链，并实现了科研、工业与贸易的有机结合。河北安国药业集团有限公司，一家有着超过半个世纪历史的中药企业，其前身可追溯至1958年成立的河北省安国制药厂。明朝万历年间该厂由49家历史悠久的药堂联合组建而成，包括永和堂、通仁堂等。这些传统药堂拥有数百年的历史，它们继承并发扬了传统药行在选材上的精细和操作上的严谨。河北安国药业集团有限公司在本行业中处于领先地位，不仅在中药材的研发、种植、加工、销售等环节表现出色，还积极拓展国内外中药材市场，成为安国中药材产业的支柱。通过持续的技术创新和质量提升，安国中药材的品牌影响力不断增强，赢得了市场的广泛认可和高度评价。

三、历史及文化

1. 历史渊源

安国中药材种植历史悠久，东汉时期已开始种植。唐朝时，安国中药材种植业进一步发展，成为著名产地。宋元时期，种植技术提升，珍贵品种广泛种植。安国药王庙纪念的是中医药名人邳彤，他随刘秀征战时，常常为当地百姓行医治病，百姓念其恩德，便修皮王神阁供奉。多年后，一位自称祁州南门外人士治好了宋朝秦王的病，朝廷欲赏赐，却遍寻不到其踪迹。此处恰巧又是皮王神阁所在之处，朝廷便大肆宣扬神灵现身为秦王治病，修建药王庙以祭祀，历朝扩建，药王庙成为全国闻名的药神庙宇。在历史上的名人故事和历史事件中，安国中药材也扮演了重要的角色。例如，明代名医李时珍在其著作《本草纲目》中多次提到安国的中药材，对其品质给予了高度评价。此外，安国还与一些历史名人有着密切的联系，比如清代著名医学家吴鞠通就曾在安国学习和研究中药学，为当地的中药材种植和使用带来了深远的影响。

2. 文化内涵

在安国，中药材不仅仅是一种商品，更是深深植根于当地人民日常生活的一种文化符号。安国的许多文化传统和习俗都与中药材密切相关。例如，在农历新年期间，人们会用各种中药材熬制汤剂，以祈求家人健康平安；在端午节，人们会佩戴艾叶和菖蒲，以驱邪避疫；在中秋节，则有使用中药材制作月饼的习俗。

3. 相关的文化传统

药膳文化：安国地区的药膳文化极为繁荣，民众依据季节更迭及个人体质差异，精心挑选适宜的中药材与食材进行搭配，烹制出既可口又具备特定药理作用的佳肴。

药市文化：每年定期举办的中药材交易会，吸引了众多来自全国各地的药商及游客。在交易会上，除了中药材的交易活动外，还设有多种展示中药材文化的环节，包括中药材知识的专题讲座以及中药材艺术品的展览等。

药茶文化：安国的居民酷爱炮制药茶以供饮用，此法既可养生，亦可治疗疾病。药茶的种类繁复多样，每一种均具备其特有的疗效。

安国中药材不仅是医药领域的一种重要资源，更是承载着深厚历史文化底蕴的地方特色产品。通过不断的传承和发展，安国中药材已经成为中国乃至世界药材文化宝库中一颗璀璨的明珠。

满城草莓：舌尖上的小确幸

珠圆玉润莓正红，何来神笔添异彩。

灿若星辰秀芳容，含露涤翠春满城。

满城草莓主产区位于保定满城区南韩村镇和满城镇，种植面积3.27万亩，总产量7.78万吨，已有50多家种植专业合作社，6 000多户草莓种植户，年产值10.7亿元，是中国草莓主产区之一。满城草莓香甜爽口，色香俱全，素有"水果皇后"之称。

满城草莓品牌标志

一、品牌基本情况

1. 便捷的交通优势，成就满城草莓香飘万里

保定市满城区位于河北省中部，太行山东麓，距离保定市区10千米，距北京和天津150千米，距雄安新区50千米，107国道、京广铁路和京昆、荣乌、保沧、保阜4条高速公路穿境而过，地理位置优越，交通十分便捷。地处华北平原和太行山脉的交汇处，是草莓的最佳生产地带。鲜果主要销往保定、北京、天津、石家庄、内蒙古、山西及东北三省等地。

2. 得天独厚的自然资源，滋润满城草莓香甜爽口

满城区拥有丰富的地下水资源，西北有马连川水库、龙门水库，南水北调中线工程经过满城区，界河、漕河、龙泉河等三条主要河流过境，为满城草莓生长提供了优质的水资源。满城区属浅山丘陵地区，得天独厚的自然资源非常适合草莓生长，西依巍峨雄壮的太行山脉，东临一望无际的华北平原。全年平均气温12.9℃，日平均气温15.7℃，年日照时数2 412.7小时，无霜期190天，年降水量546.5毫米。土壤以褐土为主，通风透气、土层深厚、土壤肥沃，土壤pH值6.8~8.1，有机质含量平均值16.1克/千克，能够满足草莓生长所需的营养物质。

3. 悠久的种植历史，取得多项盛誉美称

满城草莓有70多年的种植历史，是全区的优势特色主导产业。1986年就被农业部[①]确定为"全国优质草莓生产基地县"；2000年，胡锦涛同志来满城视察，并参观满城镇韩家佐村的草莓种植基地，对满城草莓产业带动农民致富给予了充分肯定。2012年，满城选送的红颜和甜查理在第七届世界草莓大会上分别获得银奖和铜奖；2013年，满城草莓入选"河北骄傲——代表河北的100张名片"，并跻身河北十大特色农产品之列；2015年，荣获中国园艺学会草莓分会颁布的"中国草莓之乡"称号；2016年，满城草莓通过了农业部农产品地理标志认证；同年在第十一届中国草莓文化旅游节中获得金奖2个（白雪公主、粉红公主），银奖3个（京桃香、京藏香、京怡香），优秀奖2个（京泉香、红颜）；2017年，满城草莓被评为"全省十佳农产品区域公用品牌"；在第十二届中国草莓文化旅游节上，"白雪公主""粉红公主"获金奖；2018年，满城草莓被认定为河北省第一批特色农产品优势区；2019年，"红颜"在第十七届中国草莓文化旅游节上斩获金奖；2023年12月，满城区农业农村局申报的"满城草莓"

---

① 2018年3月国务院机构改革，组建农业农村部。

被农业农村部评为全国名特优新农产品。

4. 丰富的产品类型，激活了"舌尖上的味蕾"

草莓部分鲜果用于加工，主要加工产品是草莓酱、草莓酒、草莓汁及速冻草莓。全区有保定绿源食品厂、明花食品厂、东马罐头厂、玉川酿酒厂、陉阳驿速冻厂等草莓加工企业。其中明花食品厂生产的草莓酱曾获"轻工业部博览会银质奖"；玉川酿酒厂生产的"壮牌"草莓酒曾获"澳门国际博览会金奖"，并被河北省政府定为"河北省名优果酒"。

二、独特性及优势

1. 味觉盛宴，甜蜜密码

与普通草莓相比，满城草莓果形美观，果实均匀饱满呈圆锥形，汁多味美，酸甜可口，香味馥郁，单果重20~50克，被誉为"果中皇后"。每一颗都是大自然的馈赠，每一口都是春天的味道，可以一年四季供应全国各地的消费者享用。满城草莓可溶性固形物含量占比≥10%，维生素C含量≥63毫克/100克，可滴定酸含量占比≤0.9%，钙含量≥14毫克/100克，是一种营养价值很高的水果，有极高的食用价值，草莓果肉中富含多种营养物质，含有大量的糖类、果胶、蛋白质、有机酸等；含有多种人体所需的钙、铁、钾、锌等微量元素和矿物质，有利于身体生长发育和增强人体抵抗力。主栽品种"红颜"果肉细腻，酸甜适口，香气浓郁，品质上佳。

2. 绿色兴农，引领健康新风尚

20世纪90年代初，满城草莓掀起了一次以地膜覆盖、设施栽培为变革的"白色革命"，满城草莓以有机肥和生物肥为主，整个生育期禁用农药，用蜜蜂传粉，既能确保草莓味道鲜美，又能保证草莓的食用安全。长期聘请河北农业大学专家教授担任满城草莓特色主导产业发展项目的技术顾问，对满城草莓新品种、新技术引进以及田间生产进行指导。近年来，满城草莓获得草莓科研项目30多项，其中4项获得省部级以上奖励，12项获市级奖励。沃土园区的草莓2020年通过了中国绿色食品发展中心的绿色食品认证。

3. 经典永流传，传承匠心品质

满城草莓始种于20世纪50年代，进入80年代后已有了相当的规模，品种更新加快，成为全国草莓主产区，进入21世纪，满城区壮大草莓优势产业，积极打造精品草莓示范基地，发展规模化种植，实现了标准化、安全化生产、产品质量可追溯，推广了一批批适应时代发展的新品种、新技术，现代农业焕发生机。

三、创新与发展

1. 技术标准化

满城草莓长期以科技为引领，坚持以科技创新推动草莓产业发展。依托力实草莓"博士农场"，强化与高等院校、科研院所对接合作，开展抗逆优质草莓新种质资源培育，筛选新品种，示范推广选育品种和高产栽培技术，构建具有满城特色的绿色草莓生产体系，进一步提高了草莓产品的产量和质量。近几年来，先后开展了15项新技术的示范和推广，开展的12项科技攻关中有4项在国内处于领先地位。

2. 销售品牌化

满城草莓大力推进品牌发展战略，强化"满城草莓"公共品牌管理。迄今，"中国草莓之乡·满城文化节"已连续举办5届。通过举办文化节让满城草莓的知名度得以广泛传播，中国地理标志认证、中国草莓之乡、区域公用品牌得以并行推广。满城十分重视企业品牌的培育，有"沃土""力实力""明花"等品牌，其中"明花"牌罐头、"孙村沃土"牌草莓成为河北省名牌产品。

3. 产品标准化

现代农业产业园区助力草莓发展。位于满城区南韩村镇的满城草莓小镇是满城唯一一个集种植、养殖、贮存保鲜、观光采摘于一体的高效益、多功能农业循环经济示范园区。园区建立了新型农业科技大棚，采用无土栽培技术，绿色防控技术防治病虫害，总面积1 500亩，拥有日光温室145栋、冷库3 500立方米、连栋育苗温室3 000平方米、牛舍15 000平方米、办公区2 000平方米、库房1 000平方米、饲料加工车间600平方米、饲料青贮池6 000立方米。园区为迎合消费者的购买需求，建立了电商平台，通过抖音、快手平台、微信短视频大力宣传满城草莓，同时还推出了抖音、美团团购来吸引大小朋友来草莓小镇了解、品尝、采摘草莓，体验休闲旅游乐趣。使园区的农产品销往全国各地，大力促进草莓销量增长，增加了草莓种植户的收入，提高了满城草莓知名度，成为满城区乡村振兴发展的支柱产业。满城"瀚隆""孙村"园区先后被评为河北省四星级休闲采摘园，入选保定市发布的休闲农业旅游线路，成为京津冀市民近距离休闲旅游、体验现代农业的首选地。

宣化牛奶葡萄：千年传承，今朝珍果

宣化牛奶葡萄主产区位于河北省张家口市宣化区和怀来县一带。宣化牛奶葡萄的种植面积占宣化地区葡萄栽培总面积的85%以上，种植面积1 500亩，年平均产量2 300吨，产值3 400万元。果粒形似牛乳，晶莹剔透，皮薄肉脆，清甜中透玫瑰清香，以"刀切不流汁"闻名。传承全球农业遗产"漏斗架藤"技艺，结合北纬40°黄金产区昼夜温差优势，采用有机种植，零农残品质纯净。自明代贡品至巴拿马国际金奖，始终以匠心守护天然风味，现代冷链锁鲜，传递塞外古城千年甜蜜馈赠。

宣化牛奶葡萄品牌标志

一、品牌基本情况

河北张家口宣化区位于河北省西北部，东南邻近首都北京，地处冀西北山间盆地至宣化盆地的北缘，平原、河川与山地、丘陵面积各半。位于北纬40°31′的宣化古城，是一条高品质葡萄的生长线。这里四季分明，光照充足，生产的牛奶葡萄果实大如牛的乳头，皮薄、肉厚、汁足，素有

"刀切不流汁"之美誉，在古代是专供皇宫的果中佳品。宣化牛奶葡萄拥有极佳的生长地理条件、气候环境，以及独特的土壤水源条件，当地传统民风民俗促进了农产品良好品质的形成，同时也体现了当地文化价值和地区特色。宣化牛奶葡萄的种植面积占宣化地区葡萄栽培总面积的85%以上，种植面积1 500亩（1亩≈666.67平方米，全书同），年平均产量2 300吨，产值3 400万元，为宣化当地果农创造了非常可观的收益。

自2007年开始，国家质检总局①批准宣化牛奶葡萄产品为生态原产地保护产品，准予其使用生态原产地产品保护标志，实施保护。2009年，宣化牛奶葡萄作为全国葡萄类区域公用品牌代表，受到持续关注和评估。2010年在全国1 522个中国农产品区域公用品牌中，宣化牛奶葡萄脱颖而出，蝉联"中国农产品区域公用品牌百强"奖；2011年荣获"中国消费者最喜爱的100个农产品区域公用品牌"奖；2012年荣获"最具影响力中国农产品区域公用品牌"奖。2013年，在农业部分布的全国第一批19个中国重要农业文化遗产名单中，河北宣化传统葡萄园排在第1位，同年6月，宣化城市传统葡萄园被联合国粮农组织评选为"全球重要农业文化遗产保护试点基地"。2016年，宣化牛奶葡萄荣获"河北省十大林果品牌"，2019年成功入选"中国农业品牌目录2019农产品区域公用品牌"。目前，"宣化牛奶葡萄"共斩获世界级荣誉称号1项，国家级奖项5项，省级及各类专业奖项近50项，2020年品牌价值达到20.61亿元，傲居葡萄类果品之首。

宣化牛奶葡萄的运行模式主要依赖于生态特色品牌建设、多媒体宣传和互联网营销这三种渠道。宣化的传统葡萄园作为打造生态特色品牌主要集中在宣化春光乡的3个城中村，现存千亩，采取合作社+农户，以架下采摘为主，不仅是宣化牛奶葡萄历史文化的重要载体，更大大提升了宣化牛奶葡萄的品牌价值。通过线上的互联网营销，为宣化牛奶葡萄拓展了销售渠道，得以推向全国各地。宣化牛奶葡萄的种植和发展，不仅丰富了当地的农业文化，也为宣化的乡村振兴注入了强劲动力。

宣化的牛奶葡萄有着较长的经营历史和相对较大规模，经营主体在政

---

① 2018年3月，国务院机构改革，组建国家市场监督管理总局，不再保留国家质量监督检验检疫总局。

府的支持下，通过多样化的销售渠道不断扩大种植规模，为宣化地区的葡萄产业发展作出了卓越贡献。宣化牛奶葡萄的龙头企业张家口红园葡萄种植专业合作社，作为宣化牛奶葡萄主要的生产经营单位之一，不仅保留了宣化牛奶葡萄的种植特色，还在进一步地探索新的种植技术和市场拓展方式，为宣化地区农业发展和农民增收作出了积极贡献。

二、宣化牛奶葡萄的独特性及优势

优越的地理位置和自然条件。宣化位于河北省西北部北纬40°31′，东经115°2′，属于大陆性温带季风性气候，宣化的传统葡萄园地处冀西北山间盆地，地下水源丰富，灌溉条件良好，正因为这独特的地域特殊性才造就了宣化牛奶葡萄丰富的口感。宣化牛奶葡萄种植区域日照充足、四季分明、无霜期短、昼夜温差大、光照时间集中且降水量少，这些地理特点使宣化牛奶葡萄具有皮薄、肉厚、汁水充盈的独有品质。宣化的土壤多为轻质和沙质冲积物淡栗钙土，富含碳酸钙，这种土壤类型极适合葡萄根系的生长和养分的吸收，促使了牛奶葡萄品质和含糖量比一般葡萄都高出许多。宣化牛奶葡萄高品质、好味道，国内其他葡萄栽种园也想引进宣化牛奶葡萄这一品种，然而事实证明宣化牛奶葡萄一旦离开这片种植土地，种出的葡萄虽然果形相似，口感和品质却远不及在这片土壤生长出的牛奶葡萄。

独特的栽培技术。宣化的牛奶葡萄采用了漏斗架式、马蔺绑条和空心埋土法等世界独一无二的栽培技术，至今已有1 300多年的历史。漏斗式棚架是一种古老的传统架式，具有深远的文化内涵。这种架型为葡萄枝条越冬埋设保护提供了便利，巧妙地将空气用作防寒材料，既保温又保湿且透气性良好。该架式最大的优点便是稳定性高、涵养水源、节约土地、采光均匀，这一优势造就了牛奶葡萄的产量可观、品质卓越的特点。果农还可在葡萄架周围种植蔬菜瓜果和花卉，既满足了日常需要，也极具观赏性。别具一格的优美环境也造就了文人墨客们聚于葡萄架下把酒言欢、吟诗作乐、赏月观景的文化传统。明代大画家徐渭曾在宣化生活过一段时日，留下一幅清末淡雅的"墨葡萄"无疑是对宣化葡萄的艺术赞美。不少诗人也留下了许多脍炙人口的诗篇。此外，还有出土上架、抹芽定枝、绑梢摘心、疏花疏果、冬季修剪、埋土防寒等栽培管理工序也缺一不可，只有对宣化牛奶葡萄的精心呵护才成就粒大皮薄、果实酸甜的优质宣化牛奶葡萄。

宣化牛奶葡萄的独特栽培技术不仅使其果实具有优良的品质和独特的风味，也形成了别具一格的景观，成为当地农业文化的重要组成部分。同时，这一技术也是宣化牛奶葡萄能够长期保持其特色和声誉的关键因素之一。

丰富的营养价值和独特口感。 宣化牛奶葡萄富含维生素、蛋白质、氨基酸及矿物质，不仅可以为人体补充所需营养还可以促进消化，同时牛奶葡萄含有丰富的花青素，具有抗氧化的作用，有利于我们的皮肤健康，成为现如今女性食补的佳品。宣化的牛奶葡萄具有果粒光洁玉润、果实饱满、肉脆多汁、清爽不甜腻的独特品质。含糖量一般为14%~16%，含酸量一般为0.37%~0.42%，甜酸适中，出汁水率高达84.7%，且有独特香味，品一下唇齿留香，只能在宣化地区的这片土壤种植才能汇聚这独特口感。

独特的品种特性。 宣化牛奶葡萄呈椭圆形，形状似奶牛的乳头，由此得名牛奶葡萄。原产于阿拉伯半岛，属欧亚种，唐代引入我国。宣化牛奶葡萄黄中带绿、粒大皮薄、肉脆多汁，糖酸比例适中，果穗大，单果重量在550克以上，最大穗可达1400克，颗颗满足，让人口口生津。

三、宣化牛奶葡萄产品历史及文化

宣化牛奶葡萄有着悠久的文化历史，其栽种发展史更是一部历经沧桑、不断进步的奋斗史。根据现存的史料记载，自唐代宣化地区就已经开始种植葡萄，距今已有1300余年。经中国农业博物馆的研究员证实，宣化葡萄在张骞出使西域时通过"丝绸之路"引进，这一发现又将宣化葡萄的种植历史向前推进了500年。

宣化的葡萄最早种植于宫廷和寺庙内，作为帝王、贵族餐桌上的珍稀佳果。经唐代到辽代后，葡萄的种植已经从于宫廷和寺庙向当时社会中的大户人家和水土富饶的农户人家延伸，这时的宣化葡萄种植规模已向外扩展。考古人员在挖掘出的辽代墓葬中发现了一串干瘪的葡萄和鸡腿杯中盛放的棕红色液体，经研究人员鉴定为葡萄酿造的果酒。足以见得，在辽代宣化人不仅掌握了种植葡萄的栽种技术，并且学会了冬天存放葡萄的保鲜技术和酿酒工艺。元代，宣化葡萄的种植面积已初具规模，元太宗极重视葡萄的种植，还欲派遣万户农民到大漠区域开垦田地、栽种葡萄，种种迹象表明，宣化葡萄在当时种植面积之广，栽种技术之高且已远近闻名。明代之后，引河水入城，宣化葡萄的品质有了明显提升。后又建成被称为第二条丝绸之路的"张库大道"，使宣化葡萄走出国门，销往蒙古国和俄国。民国初年，种植面积不断扩大，新中国成立后，宣化葡萄不仅供应我国京、津、沪、南方各省以及香港，还远销英国等国家。直至今天，宣化牛奶葡萄因其栽培技术、种植面积以及独特口感已经成为宣化地区一张响当当的文化名片。

宣化葡萄的文化如其栽种历史一样源远流长。在悠久的历史长河中，宣化葡萄以其独特的魅力赢得了众多显赫人物的青睐与赞誉。从辽代的萧太后到金代的大诗人刘迎，再到元代的丘处机道长，以及明代的徐渭乃至清代的慈禧太后与光绪皇帝，他们在品尝了宣化葡萄后，无不为其鲜美的口感与独特的风味所折服，留下了赞不绝口的佳话。

尤为值得一提的是著名剧作家曹禺先生，他童年时期曾在宣化度过，对这片土地怀有深厚的情感。1988年9月，为了庆祝"第一届宣化葡萄节"，曹禺先生欣然提笔，赋诗一首："遍尝宣化葡萄甘，鲜嫩如乳滴翠颜。秋凉塞外传悲角，八十年梦尽风霜间。"这首诗不仅表达了他对宣化葡萄的深厚情感，也寄寓了他对过往岁月的感慨与怀念。

明代多才多艺者徐渭，同样与宣化有着不解之缘。他在此地居住期间，不仅留下了许多珍贵的书画作品，还以葡萄为题材创作了著名的《墨葡萄》图，并附上了深情的诗作。这些作品不仅展现了徐渭高超的艺术造诣，也体现了宣化葡萄在他心中的独特地位。

此外，宣化牛奶葡萄还伴随着一系列富有传奇色彩的故事在民间广为流传。邋遢和尚与葡萄农的偶遇、嘟噜财主的趣事、白葡萄王的传说以及闯王与葡萄宴的佳话等，这些故事不仅生动有趣，更蕴含了深厚的文化内涵和人们对美好生活的向往与追求。它们与宣化牛奶葡萄一同成为这片土地上不可或缺的文化符号和历史记忆。

自1915年起，宣化牛奶葡萄便踏上了荣耀的征程，那一年，它代表民国政府参加了巴拿马万国物产博览会，并成功摘得"荣誉奖"的桂冠，从此在国际舞台上崭露头角。在接下来的15年里，宣化牛奶葡萄更是屡获殊荣，其卓越的表现赢得了国家层面的高度赞誉。值得一提的是，2013年是一个具有里程碑意义的年份，这一年，"宣化城市传统葡萄园"被农业部正式评定为中国重要农业文化遗产，紧接着又被联合国粮农组织评定为全球重要农业文化遗产。这一殊荣不仅是对宣化牛奶葡萄种植技艺和文化价值的肯定，更是对其在全球农业文化遗产领域独特地位的认可。如今，宣化牛奶葡萄已成为宣化乃至河北省的一张亮丽名片，吸引着国内外众多游客前来品尝、观赏和体验其独特的文化魅力。

望都辣椒："椒"傲天下，鲜美万家

辣椒三都望都最棒，三十万儿女奔小康，
望都的羊角椒那是响当当，美丽的乡村越来越漂亮。

望都辣椒主产于保定市望都县，辣椒作为该县特色传统产业，全县3.8万亩辣椒均实现了标准化种植，比重达到100%。主要种植品种为本土品种望都辣椒，优良品种种植面积3.8万亩，良种覆盖率达100%。望都县大约拥有5 000多户辣椒种植户和30多家农业合作社，年产值突破10亿元。望都辣椒以产量大、色红、肉厚、味香、久放不坏著称。辣椒营养价值很高，堪称"蔬菜之冠"。

望都辣椒品牌标志

一、品牌基本情况

1. 资源环境特色

望都辣椒是河北省望都县的特产，望都县位于保定市西南部35千米的冀中平原。位于麓坡水区的太行山北麓。该地区地形平缓，呈由西北到东南逐渐变缓的特点。望都县海拔30~50米，地表坡度京广铁路西1/600，铁路东1/1 000，望都县属温带季风气候，大陆性季风气候显著，四季分明，水资源充足，土壤中微量元素含量较高，是辣椒生产的理想地区。望都辣椒是一种以本地资源优势为依托的特色产业，带动了当地的经济和社会发展。目前，全县已有超过30 000户农民，5 000多亩，每亩收益约5 000元，其种植效益比大田作物高3倍。

2. 历史传承与荣誉称号

望都辣椒史称"蓁椒"，已有500多年种植历史。相传，明朝洪武年间（1368—1398年），明太祖朱元璋四太子朱棣为燕王，并派他率兵北征。燕王扫北，逐鹿中原，过后留下一片焦土。为了补充人丁，恢复生产，统治者从山西省洪洞县迁来一批百姓。他们带来了家眷、牲口和生产工具，也带来了辣椒种子。自此山西的辣椒在望都开花结果，逐渐形成望都辣椒的独特风味。明末清初，随着资本主义的萌芽和商品经济的发展，农民对辣椒的种植开始以自给转向大规模种植的商品化生产。到清末，望都辣椒有了较高的声誉和广泛的影响，以其优质的品种和较大的种植规模赢得了"辣都"的誉称。

望都辣椒制品历史悠久，清朝后期就有辣椒油产品出现，20世纪50年代已驰名京津。20世纪60年代，县内有王朝臣辣椒油、汤状元辣椒油等数家作坊。80年代辣椒油厂家多达数十家。1984年经商业部谷物化学研究所鉴定，望都辣椒油完全符合国家卫生标准，被评为河北省优质产品，第三年被指定为中南海佐餐用品，望都辣椒油摆上了国宴餐桌。2002年，被命名为"河北辣椒之乡"。2010年，望都辣椒荣获中国地理标志认证，并先后获得绿色、有机、HACCP等多项认证，并于2017年被认定为省级区域公用品牌。目前，望都已经有"贺老汉""羊角""老闷"等多个省级名牌产品，并出口到美国、欧洲、日本、俄罗斯、墨西哥、非洲等20多个国家和地区，望都辣椒占到了日本辣椒总进口量的50%。如今，望都已经是"全国辣椒出口示范基地"，享有世界声誉。

3. 主要经营主体情况

目前全县辣椒企业128家，相关从业人员达1.2万人，总产值18亿元以上。全县辣椒产业集群内省级龙头企业3家，市级龙头企业9家，加工方式以粗加工为主，深加工为辅，主要有辣椒干、丝、碎、圈、面、酱、酥、油、粉九大系列80多个品种。产品品牌有"羊角""悦客""贺老汉""盛世口福""康辣美"等40多个省市知名品牌，其中省级名牌4家（羊角、贺老汉、康辣美、望都辣椒）。政府支持望都辣椒产品品牌建设，设立望都辣椒品牌建设专项资金，以年度拨付定额资金等形式，重点支持辣椒产业集团牵头打造望都辣椒区域性公用品牌。

二、独特性及优势

1. 蔬菜之冠——维生素C含量极高

望都辣椒以其卓越的营养价值著称，被誉为"蔬菜之冠"，它不仅含有丰富的维生素和蛋白质，还有胡萝卜素以及铁等多种微量元素。尤其值得一提的是，辣椒中维生素C含量在众多蔬菜中独树一帜。据研究显示，每千克辣椒中的维生素C含量高达1 050毫克，比茄子中的维生素C含量要多35倍，比番茄中的维C含量多出9倍，甚至比大白菜的维生素C含量还要多3倍，比白萝卜中的维生素C含量多2倍，对于增强免疫力、促进伤口愈合等方面都有显著的效果。因此，无论是作为日常饮食中不可或缺的调味品，还是作为补充营养的天然来源，望都辣椒都是一个值得推崇的优质选择。

2. 形状独特，酷似羊角

望都辣椒的成熟果实呈现出鲜明的羊角形状，这是其最为显著的特点之一。这种形状不仅美观，还赋予了辣椒独特的韵味。除了形似羊角外，望都辣椒的粗细也适中，大约与手指相当，这使得它在烹饪和食用时更加方便。

3. 发挥技术资源优势，做强精深加工链条

望都实施了辣椒创新行动，充分发挥科研院所的技术资源优势，建立辣椒院士创新中心，做强精深加工链条。用小小的辣椒打造大产业，助力望都的乡村振兴。望都主动加强与农业院校、科研院所的联系和合作，通过聘请知名专家教授对辣椒产业提供技术支持，破解产业发展瓶颈，延长产业链，提高附加值。同时，鼓励科技人员通过技术承包、技术参股、领办、创办等形式承办基地，示范种植，引领发展。望都通过与中国热带农业科学院、湖南农业大学、中国园艺学会辣椒分会、河北农业大学合作，已实现辣椒产量和质量双丰收，并将辣椒深加工作为辣椒产业发展方向，探索辣椒科研成果的商业化转化，形成"技术—供应—销售—服务"四位一体的完整闭环，输出优质的辣椒及深加工产品，形成研、产、供、销一体化模式，致力于实现辣椒全产业链提质升级，辣椒产业价值进一步释放。充分发挥龙头企业、辣椒专业合作社等社会化服务组织的引领带动作用，推行"工厂化集中育苗""托管式育苗"模式，缓解农村劳动力矛盾、节约生产成本，提升辣椒集约化、标准化、专业化生产水平。

4. 色泽鲜红，不易褪色

望都辣椒的色泽呈鲜红色，不仅为菜肴增色添彩，还能让人食欲大增。此外，望都辣椒在烹饪过程中，因其色泽稳定，不易褪色，成为许多美食佳肴的理想调料。

5. 口感丰富，有丰富的层次感——辣、香、甜

望都辣椒在口感上具有丰富的层次感，既有辣椒的辣味，又有香料的香味，同时还有一定的甜味。这种丰富的口感使得望都辣椒在烹饪中具有很高的可塑性，可以搭配各种食材，创造出丰富多样的美食。望都辣椒在烹饪过程中，能散发出一种独特的香气，这种香气既能提升菜肴的风味，又能激发人们的食欲。这种浓郁的香气来源于望都辣椒中的挥发性成分，如辣椒素、香豆素等，这些成分在加热过程中挥发出来，使望都辣椒具有独特的香气。

三、历史及文化

大约 500 年前，第一粒辣椒种子埋在望都，开始生根发芽；五百年后的今天，这里的辣椒产业遍地开花，椒香飘天下。望都是千年古县，战国建邑，秦时置县。望都历史悠长久远、文化底蕴深厚，追根溯源则要从中华人文始祖尧帝的母亲说起。史料记载，尧帝居住在今顺平县的尧山，尧母庆都居住在都山，尧帝思念母亲，常常登尧山望都山，"望都"因此得名。

辣椒的大面积种植，促进了望都县辣椒产业的蓬勃发展。说起望都辣椒加工，就不得不提到一个人——王朝臣，被誉为望都辣椒油的创始人。他于 20 世纪 50 年代，利用望都辣椒为主料，通过反复研制、改良配方，开发出了品质纯净、色泽红透、香气清馨、辣味浓郁，色香味俱全，营养丰富，四季可用的辣椒油，并通过自我形象包装等广告促销手段引发关注、扩大销量，注册商标"王朝臣辣椒油"，产品驰名京津保等地，开创了望都辣椒产品市场化品牌化的先河。

以王朝臣辣椒油为先驱，进入 20 世纪 90 年代后，乘着改革开放的浪潮，望都辣椒加工企业蓬勃涌现。2020 年 6 月望都县成立了辣椒产业发展服务中心，2021 年 10 月成立望都辣椒产业发展集团，营造良好招商环境，接纳海内外客商，推动望都辣椒产业发展。望都辣椒以各种形式走遍全国，"红"遍世界，香飘天下！

易县磨盘柿：金扁玉柿

易县人民世代耕耘传承着磨盘柿的种植技艺和文化。他们用勤劳和智慧培育出了这一颗颗甜蜜的果实让磨盘柿成为易县的一张闪亮名片。

易县磨盘柿品牌标志

一、品牌基本情况

1. 资源环境特色

易县，地处太行山北端东麓，总面积达 2 534 平方千米，地貌以山地为主，是河北省著名的生态大县和果品之乡。这里日照充足，水利资源丰富，无霜期长，褐红色土壤为磨盘柿的生长提供了得天独厚的自然条件。

2. 品牌成就

易县磨盘柿的栽培历史可追溯至数百年前，是当地农民世代相传的宝贵财富。改革开放以来，易县磨盘柿产业迅速发展，从零星种植到规模化经营，逐步形成了集种植、加工、销售于一体的完整产业链。近年来，易县以"公用品牌+企业品牌+产品品牌"的模式，构建了磨盘柿品牌体系，注册了"易柿红""太行珍果"等商标，并通过国家地理标志产品认证，品牌影响力不断提升。

3. 主要经营主体情况

易县磨盘柿产业主要分布在狼牙山、安格庄等乡镇，以多个特色村庄为核心种植区。目前，易县拥有磨盘柿种植专业合作社数十家，生产加工企业十余家，供销加工户上千户，从业人员超过万人。通过"公司+合作社+农户"的发展模式，全县磨盘柿种植面积 11 万余亩，年产量约 17 万吨，产值 3 亿多元。在产业发展中，易县坚持在规模化、标准化、品牌化、产业链建设等方面持续发力，与文化、旅游等服务业深度融合，传统产业成为乡村振兴的新动能。

二、独特性及优势

1. 口感优势

易县磨盘柿的口感独特，令人回味无穷。其果实饱满，平均单果重达 250 克，大的可达 500 克以上，果皮橙黄色，皮薄有光泽，果肉淡黄色，质地松软，纤维少，汁多且甜。这种"质松，纤维少，味甜汁多，清汤无核"的特点，使得易县磨盘柿成为可以"吸"的柿子，为消费者带来了全新的味觉体验。轻轻咬开一颗饱满的柿子时，清甜的馨香立即扑面而来，甘甜的汁水止不住地往嘴里钻，充盈着味蕾，带来一路的甘甜与清爽。这种独特的口感让易县磨盘柿在众多柿子品种中脱颖而出，深受消费者喜爱。

2. 品质优势

易县磨盘柿不仅口感出众，其品质也极为上乘。首先，磨盘柿的营养价值丰富，富含蛋白质、糖、脂肪、钙、磷、铁、维生素及多种微量元素，尤其是可溶性固形物含量高达 21.4%，这使其具有较高的营养价值。其次，磨盘柿还具有多种保健功能，如补脾、健胃、润肺、止咳等，对治疗胃病、出血、咳嗽等病症均有一定疗效。此外，得益于其独特的地理环境和种植技术，易县磨盘柿的优质果品率高达 85% 以上。

磨盘柿

3. 产业优势

易县磨盘柿产业在当地经济发展中占有重要地位，具有显著的产业优势。首先，磨盘柿是易县山区农民的主要收入来源之一，通过种植磨盘柿，当地农民实现了增收致富。其次，易县政府高度重视磨盘柿产业的发展，通过优化种植结构、搞好精深加工、创新加工工艺等措施，不断推动磨盘柿产业的转型升级。例如，易县采取"龙头企业+合作社+基地+农户"的运作方式，扩大种植新品种；采用技术手段冷藏脱涩，延长货架期；研发新优产品如柿干、柿饼、冰柿等，满足市场需求。此外，易县还积极运用新媒体、新技术、新模式进行销售推广，提升了易县磨盘柿的知名度和影响力。这些措施使得易县磨盘柿产业逐渐做大做强，推动了当地农业经济的快速发展。

三、历史及文化

易县磨盘柿不仅是当地农民的致富果，更是承载着深厚历史文化底蕴的传统果品。自古以来,易县就是柿子的主要产区之一,当地人民与柿子结下了不解之缘。古医书曾记载"柿子味甘性寒具有清热润肺、生津止渴的功效"。易县磨盘柿作为柿子中的佼佼者,更是以其独特的风味和卓越的品质,赢得了人们的喜爱和赞誉。

蠡县麻山药：蠡县麻山药，人人都需要

小小麻山药，富农"金棒棒"
沙土中的"黄金"，健康生活的守护者
千年传承的养生圣品，创新引领的健康新风尚

蠡县麻山药常年种植面积保持在 8 万~10 万亩，总产量高达 25 万吨，总产值超 16 亿元，是蠡县农业的支柱产业。

蠡县麻山药品牌标志

一、品牌基本情况

独特的资源禀赋，孕育了蠡县麻山药"绵软细腻"。蠡县隶属于河北省保定市，地处黄淮海平原腹地，自古有"九州咽喉地，神京扼要区"之称。据《蠡县水利志》等文献记载，潴泷河蠡县段多次泛滥决口，经长期冲淤形成了土层疏松的砂壤质潮土，土壤上虚下实，温差大，土层深厚，保水、保肥、供养能力强，富含钾、磷、钙、铁、锡等矿物质，加之蠡县

地处于暖温带季风气候，四季分明，年平均气温适宜，降水量充沛，阳光充足，共同孕育了蠡县麻山药的独特品质和细腻口感。与其他山药相比，蠡县麻山药食之温润可口，且有淡淡的麻感，根须细密且长，皮薄质脆，肉质细嫩，黏液浓稠，掰开能拉出细丝，入口香甜，营养丰富，食药兼用。近些年来，蠡县麻山药产业迅速发展，种植品种主要有棒药、紫药、铁棍山药、小白嘴等，

二、独特性及优势——珍稀药食同源，独特口感与健康效益并蓄

1. 蠡县沃土，麻山药的天然摇篮

蠡县隶属于河北省保定市，地处黄淮海平原腹地，气候为暖温带季风气候区，四季分明，气温适宜，降水充沛，有利于麻山药的生长和药用成分的积累。蠡县的砂壤质潮土，土壤透气性好，浓度高，为麻山药的生长提供了良好的基础。潴泷河蠡县段长期冲淤，因祸得福，形成了土层疏松的砂壤质潮土，上虚下实，温差大，有利于麻山药的储存和养分的积累，这些自然条件共同孕育了药食兼用，味香甜可口的麻山药。

2. 千年传承，蠡县麻山药的种植史诗

麻山药的学名是薯蓣，其别名又有延草、玉延、野山薯等，人称"神仙之食"，当地流传着一句顺口溜，春天"挖战壕"，夏天"埋银条"，秋天"刨金条"，冬天"数钞票"，可见麻山药作为蠡县当地标志性产品，成为当地农业增产、农民增收的一条新路。蠡县麻山药栽培历史源远流长，种植记载可上溯至2000多年前，不仅是中国国家地理标志产品，更因其独特的品质与丰富的药用价值闻名遐迩。蠡县于2002年3月和2003年10月相继被授予"河北山药之乡"和"中国山药之乡"称号。2005年，蠡县麻山药被正式批准为国家地理标志保护产品，2005年，蠡县麻山药被原国家质检总局批准为"地理标志保护产品"；2007年9月1日国家质监总局在北京钓鱼台国宾馆举行了"中国质量万里行出征仪式"地理标志保护

产品现场展示活动。2012年11月,蠡县麻山药作为中欧10+10地理标志互认互保试点项目之一,正式获得批准保护。

3. 蠡县麻山药药食同源,是国家首批公布的食药两用食品

"秋冬吃山药,胜过吃补药",蠡县麻山药作为一种药食兼用作物,富含多种氨基酸、钙、维生素、锌,蛋白质含量高达1.5%,且含糖量很低,不到15%。尤其值得一提的是,中国人普遍缺硒,而蠡县麻山药硒含量是其他产品的数十倍,可以充分满足补硒的需求,具有很高的营养和保健作用,被历代医学家视为滋补珍品。《本草纲目》中概括了麻山药的功效:益肾气,健脾胃,止泻痢,化痰涎,润皮毛,适合制作各种保健食品,还能加工成150多种名贵中成药。蠡县土壤、气候等自然条件优越,应用独特的传统工艺,使该县产出的麻山药营养丰富,蛋白质含量高,含糖量低,味道鲜美,有很强的食用、药用功能,是国家首批公布的食药两用食品。

蠡县麻山药掰开能拉丝

4. 高产栽培和冷藏保鲜技术,提升了蠡县麻山药高质量发展水平

传统蠡县麻山药采用块茎切断繁种育苗的方式,虽然简单,但长时间使用会导致麻山药的抗病力减弱,出苗率慢,产量提升困难。因此蠡县推广了零余子繁种技术,即利用山药豆(零余子)进行繁殖。这种方法繁殖系数高,复壮效果好,管理简单,显著提高了麻山药的抗病力和产量。麻山药的收获季节相对集中,仅靠收获季节销售市场很难全部消化,因此麻山药的后期储存至关重要,目前麻山药的储存有窖藏和冷藏保鲜两种,麻山药适宜的贮藏温度为16℃左右,相对湿度为70%~80%,并需保持适当的通风环境。对麻山药进行窖藏和鲜储主要为了错开生产、销售时间差,对麻山药进行鲜储是重要的利润源。

三、历史及文化——千年文化底蕴,时代匠心传承的农耕瑰宝

1. "麻山药"名字的由来

蠡县麻山药距今已有近3 000年的历史,麻山药在唐代以前叫作薯蓣,但到了唐代宗的时候,因为皇帝叫李豫,为避讳而改为薯药,到了宋代,又因为宋英宗叫赵曙,为避讳而再次改名为山药,到了宋英宗时期才正式确立了此名字,其名称的变化与变迁背后其实是中华文化的传承与变迁。蠡县麻山药因其食之温润,有淡淡的麻感,因此命名为"麻山药"。

2. 诗歌颂赞,蠡县麻山药的种植史诗

在历史的长河中,麻山药始终伴随着人们生活,并产生了千丝万缕的联系,还与很多名人产生了"互动"。唐朝诗圣杜甫的《发秦州》中就有诗句中提及山药,"充肠多薯蓣,崖蜜亦易求",寥寥几字便将山药块茎肥厚多汁,甜绵软糯,又自带黏性的特点形容得淋漓尽致。著名爱国诗人陈与义有诗名为《同杨运干黄秀才村西买山药》,表达了诗人对其深深的喜爱。其诗云:"潦缩田路宽,委蛇散腰脚。胜日三枝杖,村西买山药。岗峦相吞去,远木互前却。天阴野水明,岁暮竹篱薄。田翁领客意,发筐堆磊落。玉质缃色袭,用世乃见缚。屠门几许快,夜语寻幽约。石鼎看云翻,门前北风恶。"宋代大诗人陆游在《服山药甜羹》诗中说:"老住湖边一把茅,时沽村酒具山药。从此八珍皆避舍,天苏陀味属甜羹。"陆游写的与山药有关的诗有很多,并不是只有这一首,只是此诗可一窥放翁那闲

适的心境，因此单独列出以飨读者。

宋美龄是精致生活的代表人物。传说宋美龄到老都没有明显的老年斑和白发，整整活到106岁，保养秘诀就是经常饮用美龄粥。宋美龄有一段时间忧心国事，茶不思饭不想，日渐消瘦，大厨们想尽办法，变着花样为宋美龄改善伙食。

大厨用上等的麻山药、糯米、粳米和豆浆，再放几粒枸杞点缀色彩，做出了一碗香浓软糯的美龄粥，清淡简朴，营养丰富。宋美龄食用几天后果然胃口大开，心情愉悦，这粥也被命名为"美龄粥"。

蠡县麻山药的历史一直延续至今，如今每逢重大节日，亦或是探亲访友、探望老弱病孕等，赠送麻山药已然成为一种习俗。蠡县人民世代相传，凭借独特的种植技术和对品质的不懈追求，使得蠡县麻山药成为享誉四方的名优特产。

四、创新与发展

1. 科技赋能，助力蠡县麻山药"开疆拓土"

山药作为大众喜爱的美味佳肴，蠡县人种植麻山药，不光乐于在本县"安营扎寨"，还善于走出去"开疆拓土"。蠡县作为全国麻山药栽培的主产区之一，种植规模和产量均排在全国前列，形成了以蠡县为中心的面积达30万亩的全国最大的山药种植基地。蠡县麻山药产业的发展不仅局限于种植环节，还延伸到了加工、销售、冷藏保鲜等全产业链，麻山药生产及深加工已成为蠡县特色产业，深加工产品主要有麻山药粉、麻山药露、麻山药酒、麻山药脆片、麻山药罐头等，通过发展"电商+特色产业"新业态，助力蠡县麻山药产业实现了快速发展。目前，蠡县有电商2万余家，网络年销售额超70亿元，带动了周边一批农民从事麻山药种植、加工和销售。这种"互联网+"的发展模式为蠡县麻山药产业的健康持续发展提供了强有力保障。

2. 精心呵护，每一步都至关重要

蠡县麻山药的栽培过程至关重要，蠡县人民传承了千年之久的麻山药栽培技术，主要包括以下环节。

（1）播前准备。选择适宜的土壤是种植蠡县麻山药的前提，不仅要保水保肥能力强，有机质含量高，而且土壤的透气性要好，最适宜为砂壤土。

（2）精选种源。优质种子奠定丰收基础。

（3）田间管理。包括化学除草、整枝去杈、早搭架、中耕松土和水肥管理。近两年来，蠡县麻山药专业合作社负责人与河北农业大学教授进行种植对比，采用浅埋滴灌水肥一体化技术，不仅节水节肥，还能进一步提高产量。

（4）病虫害防治。病虫害是影响麻山药产量和品质的关键因素之一，特别是线虫是影响麻山药品质的主要病害，防止线虫主要方法为倒茬和土壤施肥，可用淡紫拟青霉等药物治疗。

（5）采收及储藏。麻山药的采收一般在地上茎叶全部枯萎后采收，收货时要注意少损伤少折断，避免影响采收质量和提高经济效益。麻山药采收完毕后，后期储藏更加重要，可直接影响到农民种植效益，储藏的麻山药可实行错季销售，使山药农民得到了可观的收入。

清苑西瓜：味道甜爽，一口清凉

清苑西瓜主产区位于河北省保定市清苑区，种植面积达 15 万亩，年产量 60 万吨，年产值达 16 亿元，涉及全区 7 万多人，13 000 余户。清苑西瓜以其独特的清凉与甜蜜，在炎炎夏日中独树一帜，成为消暑解渴的佳品。

清苑西瓜品牌标志

一、品牌基本情况

1. 资源环境情况

清苑西瓜，产于河北省保定市清苑区。清苑区位于冀中平原西部，毗邻京津、紧邻雄安，是传统的农业大区，目前是河北省种植西瓜面积最大的地区。清苑区光照充足，年日照时间长，作物通过光合作用将无机物转化成有机物，然后运送至果实内部，合成可溶性固形物和糖分并均匀分布在瓜瓤中，提升了果实的品质与口感。从土壤来看，土壤以砂壤质脱沼泽潮褐土为主，砂地土壤昼夜温差大，有利于糖分累积，所产的西瓜糖分含量高。土壤中的微生物丰富且活跃，有效促进土质疏松透气，为瓜果的优质高产提供了坚实基础，有利于清苑西瓜的根系生长，使植株更加健壮。从水质来看，清苑区位于唐河故道，是国家水源保护区域，水质清澈无污染，水源充沛，且雨热同期，非常适宜西瓜的糖分累积。

清苑区西瓜产地具有得天独厚的自然优势，使得这里的西瓜品质好，产量高，并带有明显的地域性特征。

2. 获得荣誉称号

近年来，清苑走品牌化发展之路，以提升"清苑西瓜"的影响力。2004年，清苑区荣获"河北省西瓜特产之乡"称号；2010年，当时的清苑县被确定为"农业部西瓜标准园建设示范县"；2018年，清苑区被评为河北省清苑西瓜特色农产品优势区；2021年"清苑西瓜"被评为河北省区域公用品牌，清苑西瓜由保定市清苑区农业技术推广中心完成了"清苑西瓜"商标注册，南王庄村被农业农村部评为全国乡村特色产业亿元村；2022年，清苑西瓜在河北省西甜瓜擂台赛上获得金奖；同年12月，清苑西瓜被全国名特优新农产品名录收集登录。

3. 主要经营主体情况

清苑西瓜区域公用品牌对5个经营主体进行了授权，即清苑县南王庄李素环瓜果蔬菜专业合作社、河北宏泽食品有限公司、清苑吉祥胤家庭农场、河北水润佳禾农业集团股份有限公司、保定市益田美果蔬专业合作社。截至2022年，清苑区西瓜专业合作社56家，家庭农场12家，西瓜品种21个、品牌10多个。同时，与顺丰、鹏程、万达等多家企业合作，共同推动京津冀地区的农超对接项目，确保清苑西瓜能够广泛覆盖市场，直达千家万户。

二、品牌的独特性及优势

1. 科技支撑强

清苑区长期聘请国家西甜瓜产业技术体系、河北农业大学专家团队，积极引进国内外西瓜新品种、发展新技术、获得新成果。清苑西瓜产业重视科技支撑作用，相继建成"太行山农业创新驿站""河北省农业创新驿站""博士农场"和"国家西甜瓜产业技术体系石家庄试验站清苑示范县"，引进了超越梦想、甜王、京研系列等10多个国内外西瓜新品种，通过对种子、品种的筛选和技术创新，从原来一亩地种一茬，到现在的三茬甚至四茬。

清苑区打造了唐河故道两侧砂土土质西瓜种植廊道，着力推动大棚西瓜生产中的创新技术应用，如蜜蜂授粉、测土配方施肥、水肥一体化、大棚五膜覆盖等新科技成果在清苑率先落地转化。

在种植技术方面，引进滴灌、喷灌等节水设备，探索西瓜微灌制度；引进棚室智能化管理系统；建立天气预警系统，对灾害性天气做到早知道、早防范；通过物联网技术，实时传递西瓜的生长、管理以及收获情况，在西瓜成熟期增加昼夜温差，促进糖分积累和下茬瓜坐果。

同时，大棚改造也是瓜田主抓的一个工程。将竹木大棚改为钢架大棚、在棚内铺设滴灌设施，改造后的大棚，安全、采光好，并可以通过遥控器控制风机和水帘对大棚进行降温。

2. 果实品质优

清苑西瓜品种丰富、瓜型规整美观、圆润饱满，以椭圆形居多，蒂部向里凹、皮薄多汁，瓜皮最厚不超过0.08厘米，呈淡黄绿色，瓜瓤粉红偏橙色，瓤肉无白色肉带。切开后色泽鲜亮，沙粉感强，口味清甜，其含糖量达14%以上，从西瓜中心到瓜瓤外侧甜度较均匀，几乎不存在甜度递减，每一口都是满满的甜蜜与满足。品质优良，成熟度好，不软不趴不倒瓤，不会快速氧化，是落地好瓜。清苑西瓜的藤蔓叶片宽大肥厚，光合反应速率和效率较高，使西瓜生成的可溶性固形物和糖分多。

正所谓"凉争冰雪甜争蜜，消得温暾顾渚茶"。清苑西瓜以其独特的清凉与甜蜜，在炎炎夏日中独树一帜，成为消暑解渴的佳品。让人在品尝之余，不禁沉醉于这份来自大自然的馈赠之中。

3. 产业规模大

西瓜作为当地特色产业，近年来发展稳定，为引导西瓜产业科学有序发展，区政府制定出台了《保定市清苑区西瓜特色产业发展规划》，结合清苑区域特色、气候特点和资源禀赋，按照"因地制宜、合理布局、规模经营、形成优势"的原则，重点打造以唐河古道两侧沙土土质西瓜种植廊道，目前已形成了以东闾乡南王庄村为中心，辐射带动周边张登、温仁、李庄、大庄、冉庄等7个乡镇、70余个村庄的西瓜特色产业种植区。截至目前，清苑区已经形成以南王庄为中心，辐射带动周边7个乡镇、76个村庄的西瓜特色产业种植区。该区西瓜种植面积达15万亩，年产量60万吨，年产值达16亿元，涉及全区7万多人，13 000余户。

通过清苑西瓜区域公用品牌的打造，清苑西瓜品牌影响力不断扩大，产品主销京津保等大中城市，并远销东北、江南各省，经济效益显著。特别是2021年以来，通过举办西瓜节，清苑西瓜的市场知名度与社会影响力逐步提高。

4. 产品包装好

清苑西瓜种植品种丰富，结合清苑地理位置与文化底蕴，将标志整体风格定为版画，造型为健壮的农民推着瓜车的形象。图中的农民形象由清苑冉庄地道战中军民的形象延伸而来，体现了清苑人民的勤劳智慧。瓜车堆满西瓜，展现了清苑西瓜果品优质产量高的产品特征。

文字内容上，"甜爽""清凉"等字样直观地描述了产品的特点和口感，强调了其甜爽、清凉的独特风味，让人一听就能感受到产品的清凉解暑效果。

产品包装是一个精心设计的绿色长方形纸箱，其深绿色的外观给人一种清新自然的感觉，与产品本身的清新特质相呼应。纸箱表面印有清晰的

清苑西瓜广告语

品牌标志,既传达了产品的信息,又增添了包装的视觉吸引力。

清苑西瓜产品包装盒

三、历史与文化

"先有清苑县,后有保定府。"清苑是宋太祖赵匡胤故里。这里地处河北省中部,西倚太行山,东临白洋淀,三面环绕古城保定,自古就是"北临三关,南通九省"的畿辅首县。全区耕地86万亩,独特的气候和沙壤土质条件适宜西瓜种植,是全国闻名的西瓜种植基地。

据《读史方舆纪要》载,五代时,东壁阳城是屯军之地,附近方圆数百里都有农民种西瓜。赵匡胤带兵打仗路过瓜园,口渴难耐之下让将士们吃了瓜园的西瓜，摸口袋才发现没带一文钱。看瓜老农看他气度不凡，爱兵如子，心生敬意，便约定西瓜钱来日再取。赵国胤登基后回归故里，让当地官员陪同找到瓜田主人，还钱并赐福报答解渴之恩。老农留太祖众人吃瓜就麦饭，清甜的西瓜和清香的麦饭得到太祖赞誉，太祖与民同乐、诚实守信，受到百姓爱戴。瓜甜人诚信，"清苑西瓜"的品牌故事自此展开。

单从名字便知，西瓜并非中原物产，而是由西域而来。唐五代时期，清苑属燕云十六州范围，也正是这个原因，清苑地区才能有机会最早接触西瓜。"西瓜"这个词最早见于五代时期胡峤所著《陷房记》一书，书中这样记载："多草木，始食西瓜。云契丹破回纥得此种，以牛粪发棚而种，大如中国冬瓜而味甘。"到南宋中期，南宋官员洪皓出使金国归来时，带回了西瓜种子，开始在中原地区和杭州等地种植。洪皓在他随后所著的《松漠纪闻》中写道："西瓜形如扁蒲而圆，色极青翠，经年则变黄，其类甜瓜，味甘脆……予携归。"

"清苑西瓜"因原产于保定市清苑区而名，我国自古就有西瓜栽培的历史，河北清苑种瓜堪称历史悠久。据《清苑县志》记载：清苑种植西瓜已有400年历史，明清时就享誉京华。

保定苹果：太行山麓的硕果

生于太行，凝结自然爱意。
兴于科技，成就安全优果。

保定地处太行山北部东麓，京津冀腹地，环抱河北雄安新区。目前，保定全市苹果种植面积近 18.6 万亩，年产果品 19.5 万吨，总产值 9 亿元。广泛分布于保定市顺平县、满城县、唐县等 18 个县（市、区），其中分布在山区县 14.4 万亩，占苹果总面积的 77.4%。

保定苹果品牌标志

一、品牌基本情况

保定是全国最早引种并繁育红富士苹果的区域之一，苹果栽培种植历史悠久，早在明朝弘治十八年（1505 年）的《易州志》中便有记载。2018 年，保定市林业局为首批"保定苹果"品牌使用企业颁发授权书，品牌建设序幕由此拉开。2019 年，保定苹果区域公用品牌在市场上逐渐得到认可，品牌知名度和影响力不断提升。2020 年，"保定苹果"正式获批地理标志证明商标。2023 年，在全省推进苹果产业高质量发展现场会暨山地苹果鉴评推介活动中，保定选送的多个苹果品种荣获"果王"和"金奖"称号，全市荣获奖项位居全省第一。

在第五届河北省苹果果品鉴评会中，保定市推出的"保定苹果"获得了多个奖项，包括富士组、王林组各一枚金奖，王林组两枚银奖，国光组一枚银奖，富士组三枚铜奖，王林组三枚铜奖，共计11枚奖项，占全部奖项的42.3%。在第十六届亚洲果蔬产业博览会果品品鉴活动中，保定顺平县多家企业和合作社的苹果产品也表现优异，如王林苹果、瑞雪苹果、富士苹果等均荣获"全国水果口感大赛暨全国苹果口感大赛"金奖。

二、独特性及优势

1. 优越的自然生态环境，为保定苹果提供适宜生长区域

一是土壤条件优势。保定地区的土壤多为砂壤土和壤土，土壤结构透气性好、排水性强，有利于苹果根系的发育和养分的吸收。土壤中富含多种矿物质和微量元素，为苹果的生长提供了丰富的营养基础。二是水资源丰富。保定地区水系发达，有众多河流和地下水资源，为苹果生长提供了充足的水源，既保证了生长过程中的水分需求，同时还通过灌溉和调节土壤湿度等方式，改善了果园的自然生态环境。三是气候适宜。保定地区属于温带大陆性季风气候，四季分明，雨热同期。春季温暖多风，有利于苹果的萌芽和开花；夏季高温多雨，为苹果的快速生长提供了良好的条件；秋季凉爽干燥，有利于苹果的着色和糖分的积累；冬季寒冷干燥，有利于苹果的休眠和病虫害的防治。四是光照充足。保定地区光照资源丰富，年日照时数长，光照强度大，有利于苹果叶片的光合作用，提高了果实的糖度和品质。

2. 科技支撑，保障了保定苹果的优良品质

近年来，保定苹果产区依托河北农业大学的技术支持，不断引进和推广先进的栽培技术，在矮砧密植的基础上，采用国际先进的"三优"苹果栽培体系，亩均植株111株，打造了适合太行山区的高品质苹果。"三优"

苹果矮砧密植栽培技术是河北农业大学教授引进日本"富士"苹果品种，研发适合本土种植的砧木和栽培管理技术而形成的一套集优良品种、优良矮化砧木、优化技术为一体的矮砧密植栽培技术体系。这种栽培技术体系具有树冠矮小、结果较早、优果率高、易于通风、便于机械化作业等优点，提高了苹果的产量和品质，增强了保定苹果的市场竞争力。

3. 优良的种质资源，造就保定苹果优良品种

保定苹果依托河北农业大学的研发与繁育优势，不断引进和推广优良品种。苹果栽植品种主要为富士，约占73.2%，其次是王林与红星，分别占8.1%和8%，此外还有嘎啦、金冠、斗南、乔纳金、信农红、国光、蜜脆、元帅等少数分布。"三优富士"矮砧密植栽培模式就是重要的成果之一。保定苹果通过多年的选育和繁育，形成了独特的遗传优势，使得其果实在风味、口感、营养价值等方面均表现出色。

4. 精细化管理，确保了保定苹果的质量

首先，从建园、整形修剪、水肥管理到花果管理、病虫害防治等各个环节都严格按照标准执行，以确保苹果的品质和产量。在生产过程中积极推广绿色生产技术，减少化学农药和化肥的使用量，采用生物防治和物理防治等方法控制病虫害，保证了苹果的安全性和环保性。其次，保定苹果生产从种植到采收都遵循一套严格的标准流程，包括品种选择、苗木培育、果园建设、田间管理、病虫害防治、果实采收和分级包装等环节，确保保定苹果生产的规范性和一致性。在果实采收后，保定苹果还经过严格的分级包装和质量控制流程，确保每一颗苹果都符合标准并达到最佳的品质状态。

三、历史及文化

1. 历史悠久

保定苹果的栽培历史源远流长，最早可追溯到明朝弘治十八年（1505

年），在《易州志》中便有关于苹果的记载。《群芳谱》有云："苹果，出北地，燕赵者尤佳。"这表明保定地区早在几百年前就已开始种植苹果，且品质上乘。到了现代，保定更是成为全国最早引种并繁育红富士苹果的四大城市之一。

2. 科研人员背后支持

保定苹果产业的发展，离不开科研人员和地方政府的支持。河北农业大学孙建设教授等苹果专家团队，通过不懈努力，使保定苹果产业焕发出新的生机。他们研发的"三优富士"矮砧密植栽培模式，推动了保定苹果种植基地的现代化转型，提高了果品质量，为保定苹果品牌化发展提供了技术支撑。

3. 农耕文化与民风民俗

保定苹果产业的发展，与当地的农耕文化和民风民俗紧密相连。果农们世代相传的种植技艺和辛勤劳动，孕育了保定苹果独特的品质和风味。在苹果收获季节，举办各种庆祝活动，如苹果文化节、采摘节等，这些活动丰富了人们的文化生活，促进了苹果的销售和品牌传播。同时，保定人民还善于将苹果融入到日常生活中，制作苹果干、苹果酱、苹果醋等食品，进一步提升了苹果的价值和知名度。

沧州金丝小枣："蒙金土"滋养出的"高甜"小枣

沧县现存枣树 19.8 万亩，金丝小枣主要分布于崔尔庄、高川、杜生、黄递铺、大官厅、大褚村等乡镇。全县小枣加工、流通等相关产业从业人数 10 万人，相关产业增加值 5 亿多元。

沧州金丝小枣

一、品牌基本情况

1. 育枣圣地沧县

沧州市位于河北省东南部，华北平原中东部的黑龙港流域，地处温带半湿润大陆性季风气候区，年平均温度为 12.1℃，年平均降水量在 500 毫米左右，光热充足。受近代三次黄河改道的影响，沧州地区形成了以沧县崔尔庄一带为中心独有的"蒙金土"，学名为中壤质黏潮土。这种土壤呈红色，上粗下细，有良好的通透性，保水保肥能力优良，同时土壤中铁、锌等微量元素含量高于其他土种，对于促进枣果糖分积累、提升果实品质起到了关键作用。得天独厚的环境条件，孕育出了品质优良的金丝小枣。沧州金丝小枣，又名西河红枣，国家地理标志产品，河北省沧州市著名特产。因掰开成熟小枣可见金黄色糖丝，故得名"金丝小枣"。2020年沧州市金丝小枣种植面积为1 500万亩，年产量36万吨，产值15亿元。金丝小枣的主产区包括沧县、献县、泊头、交河、盐山、河间等县市，其中沧县崔尔庄是沧州红枣的正宗代表。沧县现有百万亩枣粮间作，其品质、产量居全国之冠，被誉为"中华金丝小枣第一县"，是中国最大的红枣生产基地。

2. 品牌成就

沧州是我国栽培金丝小枣最早的生产基地，可追溯到商周时期，已有3 000多年的栽培历史。甚至早在20世纪80年代，金丝小枣就因品质卓越畅销国外，中国出口的红枣，一半都来自沧州，出口地区涉及东南亚、日韩、欧美等20多个国家和地区。沧州地区，特别是沧县，1996年沧县正式被中国特产之乡命名宣传活动组委会命名为"中国金丝小枣之乡"，2000年又被国家林业局命名为"中国名特优经济林金丝小枣之乡"。2003年，"沧县金丝小枣"在国家工商总局完成商标注册。2004年，原国家质检总局批准对"沧州金丝小枣"实施原产地域产品保护。2009年6月，"沧州金丝小枣"被国家工商行政管理总局商标局授予地理标志产品。2009年10月，沧州市被中国果品流通协会授予"中国枣都"的称号。2014年9月，沧州沧县、献县再次被国家林业局、中国经济林协会评为"中国金丝小枣之乡"。

3. 主要经营主体情况

沧州从事金丝小枣种植、采摘、加工与销售的超大规模的龙头企业已有15家，小型加工企业也有800多家，省级重点龙头企业包括沧州思宏枣业有限公司、河北沛然世纪生物食品有限公司、沧州美枣王食品有限公司等一大批年加工能力1万吨以上的红枣加工企业。

党的十一届三中全会后，沧州金丝小枣的发展迎来快速增长。1987

年,由国家林业局与河北省联营的沧州金丝小枣良繁场在枣区兴建,这是当时全国唯一的金丝小枣繁育基地。随后,沧州各县相继成立了"红枣协会",大力推行"公司+基地+农户"的经营模式,相继制定了金丝小枣产品与生产的地方标准,实施标准化生产。目前沧县红枣及干坚果食品加工产业已达到百亿产业规模,并入选省级107个重点县域特色产业集群。全市已形成以沧州崔尔庄红枣批发市场为龙头,以沛然、枣香村等加工企业为骨干,辐射全市1 000多家加工企业、摊点的金丝小枣产业化格局。

二、独特性及优势

1. "高甜"的天然维生素丸

甜度极高,可拉出金黄糖丝。与市面上常见大枣不同,金丝小枣的味道更加甘甜,它果皮薄、果肉厚、果核小,成熟小枣的含糖量高达65%,比其他品种枣的含糖量高出15%左右。正因为它含糖量高,所以剥开半干红枣时可拉出缕缕金黄糖丝,在阳光下闪闪发光,这是金丝小枣独有的现象。

金丝小枣富含多种维生素和矿物质,被称为"天然维生素丸",其维生素 P 含量为百果之冠,维生素 C 含量比苹果高70多倍。除此之外,还含有维生素 B_1、维生素 B_2、烟酸、维生素 E 等多种维生素,钙、铁、磷、镁等矿物质,经常食用可延缓衰老,使肌肤变得细腻红润。

日食三枣,长寿不老。金丝小枣历来被人们视为上等滋补佳品,明代李时珍在《本草纲目》写道,枣有"润心肺,止咳,补五脏,治虚损,除肠胃癖气"的功效,对于气虚、贫血、脾胃虚弱等症状有良好的治疗效果,民间有"日食仨枣,长寿不老"之说。现代医学也证实,金丝小枣中含有的三天萜化合物具有较强地抑制癌细胞的作用。此外金丝小枣还能够降低胆固醇、保护肝脏、预防骨质疏松等,其药用价值让人赞叹不已。我国民间也流传着这样的谚语:"五谷加小枣,赛过灵芝草。"

枣汁加工反渗透脱盐处理。金丝小枣采收后的加工方式主要包括晾晒、烘干和制作枣汁。其中枣汁加工工艺十分独特,特别是加工用水的处理，由于沧州地区多为盐碱地，含盐量较高，因此需要采用反渗透脱盐处理的加工用水，要求脱盐率≥98%，电导率<2，pH值为4.90~5.01。这种特殊的水处理方式保证了枣汁的纯度和口感，以确保产品质量。

2. 金丝小枣发展历程

金丝小枣真正的发展还要从改革开放说起。党的十一届三中全会以后，沧州金丝小枣产业得到了党和政府的大力支持，1980年实行土地承包责任制以后，群众种植小枣的积极性空前高涨，枣民们大面积应用"枣粮间作"的种植模式，生产成效显著。沧县、献县等红枣种植大县出现人均收入上千的情况，一时间成为全省致富的先进典型。

1988年，沧州政府在开展大量调研后开始推广密植模式，县、乡、村技术推广网络逐步建立健全，技术推广力度进一步加大，"金丝小枣优质丰产配套技术"日臻完善，金丝小枣的生产趋向产业化集约化，实现了规模、效益同步增长。到2005年，全市金丝小枣基地面积达到历史最大规模，为192万亩。另外，小枣加工、流通企业开始迅猛发展，沧县红枣产业在总体上完成了量上扩张，该时期小枣生产加工企业数量攀升，沛然、好想你等一批地方特色品牌均于此时期成立。

2019年，沧县崔尔庄镇的红枣交易市场成为全国最大的红枣交易市场，市场年交易量达7亿千克，交易额达到40亿元。

2020年，沧州市实施金丝小枣资源保护等六大工程，小枣良种覆盖率达到90%以上，无公害小枣基地80万亩，全市具有一定规模的小枣加工企业达到100家以上，进一步提升了金丝小枣的品质与口碑。

3. 品牌发展规划

品牌是产业之魂，是市场之基。2022—2024年，沧州市以做出高品质、好口碑的沧州"金字招牌"为目标，全面加强农业品牌建设。在金丝小枣生产过程中，建立了严格的质量标准和生产流程，从种植、管理、采摘到加工，每一环节都有明确的规范和要求，保障了产品的一致性和稳定性。

沧县将金丝小枣区域公用品牌定位为高品质、绿色健康、具有地域特色的农产品品牌，通过积极参加各类农产品展销会和博览会，提高沧县小枣的知名度和曝光度。同时充分利用线上线下销售渠道拓展市场，线上搭建电商平台，开展网络营销活动；线下与大型超市和零售商合作，开设专卖店和专柜。

为突出金丝小枣的悠久历史、独特风味和文化底蕴，当地人民也为它设计了专属的广告宣传语，如"沧县金丝小枣，甜润千年，营养万家。"突出了沧县金丝小枣的悠久历史和丰富的营养价值，以及其给人们带来的甜蜜享受；又如"品味沧县小枣，领略千年枣香"强调小枣的独特风味和沧县深厚的枣文化底蕴，引发人们对沧县小枣的向往；"沧县小枣，自然的馈赠，舌尖的甜蜜"传达出沧县小枣是大自然赐予的美味，能给人们的味蕾带来美妙的体验。

近年来，沧州金丝小枣产业持续快速发展，产值稳步增长。以 2022 年为例，沧县红枣及干果食品加工产业集群营业收入达到了 108.6 亿元，实现利润 9.4 亿元。目前，沧县已投资 5 亿元建设中国（沧州）红枣商贸示范区，目标建成全国单体最大库容红枣期货交割库，用创新驱动发展，促进小枣产业从百亿集群向千亿集群迈进。

沧州金丝小枣产业的产业链条也日臻完善，包括良种选育、枣树种植、精深加工、仓储销售等多个环节，这一产业群不仅成功入选河北省 107 个县域特色产业集群，还吸引了众多企业的参与和投入。例如，在 2023 中国（沧县）红枣及干坚果休闲食品博览会暨产业发展大会上，吸引了 276 家企业参展，拓宽产品的销售渠道，加强金丝小枣产销对接，进一步助力金丝小枣畅销全国走向国际市场。

三、历史及文化

沧州金丝小枣在国内外享有盛名，美味传承千年，与其悠久的栽培历史息息相关。

沧州栽培金丝小枣的历史可以追溯到商周时期，《诗经》中就有"八月剥枣，十月获稻，为此春酒，以介眉寿"的记载。据民间传说，在沧县黄递铺有一"挂甲树"，是汉代刘秀在此歇息时，将甲胄挂在这株枣树上而得名。南北朝时沧州献县人刘仲思经过多年尝试成功引种培育出一种果皮紫红、果味甜美的小枣品种，时称"仙枣"，又叫"仲思枣"，也就是如今的金丝小枣。隋大业二年（606年）九月，信都郡守挑选了400粒仲思枣进贡朝廷，隋炀帝品尝后绝口称赞，遂使仲思枣扬名天下，成为果中珍品。

相传在1737年秋天，乾隆到沧州狩猎，路过献县时见满目红枣随风飘摇，遂喜上眉梢，上前摘取一枚，掰开时金丝闪耀，入口甜如含蜜，便称赞道，"沧州自古草泽之地，然金丝小枣风味殊佳，如是者鲜矣！"乾隆将该地上百亩枣园封为"御枣园"，并下令扩大种植，使得沧州枣业进一步发展。

沧州小枣不仅是大自然赋予的甘甜果实，更是中华文化的深邃象征。清代名臣纪晓岚是沧州人，他笔下曾多次以枣为媒，借物言志，将枣的质朴无华、坚韧不拔与中国文化的精髓紧密相连。在《食枣杂咏》中，纪晓岚以枣喻人，阐述了做人需质朴诚恳、不可华而不实的人生哲理，这恰如中国文化所倡导的谦逊内敛、重实质轻浮华的精神风貌。

枣树幼时带刺，成年后虬劲苍老，它虽生于平凡，却以坚韧不拔之姿屹立于世，恰似中华民族历经沧桑而屹立不倒的坚韧精神。而金丝小枣的甜美与营养，又如同中华文化源远流长、博大精深，滋养了一代又一代华夏儿女。

泊头鸭梨:"全国三最",酸甜清脆

泊头是享誉中外的鸭梨主产区,鸭梨种植历史悠久,是中国著名的"鸭梨之乡"。全市鸭梨种植面积25万亩,年产量50余万吨。种植面积和产量均居全国县级首位,产品内销全国各地,年出口量8万吨,出口创汇8 000余万美元,鸭梨出口量占全省的70%左右,位居全省第一。

泊头鸭梨品牌授权使用主体

一、品牌基本情况

1. 资源禀赋

泊头鸭梨,因果实近梗部位有鸭头状突起而得名,口感清脆多汁、味道酸甜适中,被誉为"天生甘露"。泊头鸭梨以栽培面积最大,栽种最早,品质最好而驰名中外。泊头市位于河北省东南部,自古以来便是享誉中外的鸭梨主产区,素有"鸭梨之乡"的美称。属暖温带湿润大陆性季风气候,光照资源充足,平均日照时长达7.6小时,对于梨树的生长、果实发育和内部有机质的转化十分有利。泊头是河北省重点梨产区中唯一位于典型冲积平原上的梨区，多条河流的长期冲击使得泊头形成了疏松湿润的潮土土种，是根系发达、喜湿耐碱的梨树的理想土壤。

2. 品牌成就

1991年，泊头市举办了全国首届鸭梨节，时任全国政协副主席的王任重亲笔题词，将泊头誉为"中国鸭梨第一乡"。1994年，泊头鸭梨被中国绿色食品发展中心认证为绿色食品，成为第一个在鸭梨方面被认证的绿色食品。泊头市也正式被中国百家特产之乡命名委员会命名为中国"鸭梨之乡"。2004年9月27日，泊头鸭梨被国家市场监督管理总局批准实施原产地域产品保护。2009年国家工商总局认定泊头鸭梨为国家地理标志证明商标。2010年，泊头市编写的《泊头鸭梨标准化栽培技术规程》和《泊头鸭梨等级》两项地方性农业标准被提升为省级标准，得到了广泛推广。2012年9月，泊头市通过了国家级出口农产品安全质量标准示范区验收，成为河北省唯一的水果示范区。2020年7月27日，泊头鸭梨入选中欧地理标志第二批保护名单。

目前泊头市梨树种植面积达25万亩（鸭梨种植面积15万亩左右），常年产量50万吨（鸭梨25万吨左右），种植面积和产量均居全国首位。鸭梨产业已成为泊头市的支柱产业，也是农民增收的重要途径。全市从事鸭梨种植的家庭有5.5万户，从业人员10万余人。2023年，鸭梨产业产值占到泊头市农业总产值的36%。

3. 主要经营主体情况

目前，全市现有果品企业和合作组织500余家，现从事梨产业生产经营的组织中，国家级龙头企业2家（泊头东方果品有限公司和泊头亚丰果品有限公司）。其中，泊头东方果品有限公司的鸭梨出口量连续多年在河北省位列第一，生产的果品畅销到美国、加拿大、澳大利亚、欧盟、东南亚等十几个国家和地区，年出口鲜梨6万吨，创汇1 000万美元。

省级龙头企业有3家（泊头市庞龙果品有限责任公司、泊头市金龙果品有限公司、泊头市龙胜果品有限公司）。金马果品合作社、汇利农产品合作社为国家级农民合作示范社。除此之外，有 28 个果园通过了检验检疫机构出口基地备案，面积达 19 634 亩。其中，7 个基地梨园 5 000 亩已完成 GLOBAL-GAP 认证。"玉晶""金马""泊洋""亚丰"等品牌等被评为河北省著名商标。

二、独特性及优势

1. 独特性

泊头鸭梨以三个"全国之最"闻名遐迩。

第一个就是"栽培面积最大"。说起种植面积，泊头市在历史上一直是鸭梨的主要产区，明代梨树的种植就已经十分广泛了。党的十一届三中全会之后，泊头市委、市政府采取了"以果兴农"战略，采取了东果西移、发展幼树等措施，有效地增加了梨树的种植面积，到 20 世纪 80 年代末期，鸭梨种植面积达到 10 万亩。1991 年开始更是以每年 4 万亩以上的速度增加，1994 年末全市鸭梨种植面积达到了 24.5 万亩，种植面积在全国县市中排名第一。

栽种最早。泊头鸭梨是我国资料记载中栽培时间最早的鸭梨，可追溯到 2 000 年前的汉代，《史记·货殖列传》中写道，西汉时"淮之北，常山以南，河济之间，千树梨"，"河济之间"具体指的就是山东、河南和河北的中南部，而今天的泊头市（原交河县）依傍黄河，正处于这一地区，是梨树的集中种植区，可见泊头鸭梨种植早在西汉时期就已开始，且有相当规模。

品质最好。泊头鸭梨具有清咳消痰、润肺滋肾、明目怡神的功效，被《中国果树志》列为梨中上品。与其他梨相比，泊头鸭梨果实大、果形美，肉质白嫩清脆，给人更加美观的印象。它最大的特点是多汁性，咬下一口，有一种清脆的声响，可以感受到梨汁的丰富和清新，并且泊头鸭梨味道酸甜适中，它含有适量的果酸，使得甜味中带有一丝酸味，甜而不腻平衡了整体的口感，让人回味无穷。除此之外，泊头鸭梨皮薄核小，可食用率高达 90% 以上，食用价值较高。

2. 品牌发展历程

新中国成立初期，泊头鸭梨种植面积为 800 公顷，年产鸭梨 400 万千克，占河北省梨果总产量的 30%。由于品质优良，在 20 世纪 50 年代时期，泊头鸭梨曾以"天津鸭梨"的名称从天津港出口至国外，人们耳熟能详的"天津鸭梨"，原产地即为泊头。

1982 年，国家推行农村联产承包责任制，泊头鸭梨的生产面积和产量迅速增加，1985 年，农牧渔业部确定泊头市为梨果生产基地，成为国家 4 个重点梨果生产基地之一。"运河牌"鸭梨同年被列为国宴特供果品。

泊头鸭梨的发展也经历过挫折，1990 年前后，由于部分果农盲目肥水促产，梨园的亩产量高达万余斤（1 斤＝0.5 千克，全书同），但价格却严重缩水，从两三元一斤降至几毛钱一斤。在意识到品质的重要性后，泊头市政府制定了鸭梨种植的标准化生产技术规程和质量标准，逐步走上了标准化生产的道路，优果率则从原来的不足 50% 提升至 94% 以上。

到 1994 年末，全市鸭梨面积已发展到 24.5 万亩，产量达到 15 万吨，收入 1.8 亿元，占全市农业总收入的 40%。出口商标也由当年的"天津鸭梨"一种，增加到"中华鸭梨""津泊鸭梨""河北鸭梨"等 10 余种，其中"中华鸭梨"跻身于香港超级市场，被誉为"千金"，畅销不衰。

目前，泊头鸭梨已出口美国、加拿大、欧洲、东南亚等 30 多个国家和地区，2022 年泊头市出口梨 8 万吨，出口创汇 8 000 余万美元，鲜梨出口量占全省的 40% 以上，位居河北省第一。

3. 品牌发展规划

泊头市率先在全省实施果品标准化生产，为确保梨果的品质，泊头市严格按照"六统一"的生产管理模式（统一修剪、统一施肥浇水、统一疏花疏果、统一套袋、统一病虫防治、统一采摘储存），实行"龙头企业+合作社+基地+科技+农户"五要素捆绑机制，来确保梨果的品质。

泊头鸭梨品牌经过专业的品牌策划设计，为"泊头鸭梨"提炼出了"鲜梨飘四海，厚德惠三农"的口号，泊头鸭梨积极实施"走出去"战略，组织企业参加"德国柏林国际果蔬展""香港亚洲果蔬展""中东迪拜果蔬展""廊坊交易博览会"。

当地也十分注重泊头鸭梨的品牌宣传，通过举办鸭梨节、梨花节、采摘节、休闲观光一日游等活动，吸引各地游客前来参观。邀请王蒙等大批文化名流来到泊头参加大型梨园笔会，大大提高了泊头鸭梨的知名度。利用中央电视台、河北电视台、新浪网、报纸等新闻媒体平台对泊头鸭梨种植、加工、销售、质量追溯等环节的主要做法和成功经验进行报道和宣传，严格管控产品质量。

三、历史及文化

河北省东南部，京杭大运河两岸，有一个历史悠久的地方——泊头。几乎所有的中国美食家都知道，这里的鸭梨口感最佳，素有"中国鸭梨看河北，河北鸭梨看泊头"的说法。

泊头的梨文化底蕴深厚，它承载着燕赵文化的基因和符号，反映着当地特有的民风民俗和生活方式。走进泊头市文庙镇尹庄村，古村静谧，古树沧桑，关于鸭梨的典故还在流传。

相传，乾隆乘船"南巡"，从北京出发，路过泊头市文庙镇的尹庄化城寺时偶感风寒，咳喘不止，便靠岸整顿以作休息。上岸后见古寺古朴清幽，便决定借宿寺中，等身体好些再继续行程。寺中住持闻讯前来拜见时，正见随行御医劝解乾隆一定要喝药治病。寺中住持精通中医，主动上前说道："让我来为皇上看一看吧，我不才也通些医术，在泊头这一带，梨子可是好东西，润肺止咳是一流的。"

得到乾隆允诺，主持立即吩咐人去取梨子熬成梨汁，乾隆吃了熬得酥软的梨子，又喝了热乎的梨汤，浑身发汗，顿时感觉舒服了许多。连续几日喝梨汁、品脆梨，乾隆大赞鸭梨入口甘甜，沁人心脾。打那以后，泊头鸭梨就进了宫廷成为贡梨。

青县羊角脆：纯"脆"好瓜，香甜万家

棚菜吟

鲜荣青青住暖棚，风寒雪冷照常生。

阳光沐浴人勤护，但愿长天日日晴。

青县羊角脆主产区位于河北省沧州市青县，羊角脆种植面积 4 万亩，年产量 31.3 万吨，产值达到 12.9 亿元。其核心产区在青县清州镇、曹寺乡、盘古镇、木门店镇四个乡镇。青县羊角脆以其独特的品质和悠久的历史背景而闻名，不仅香甜酥脆，还富含多种营养成分。

一、品牌基本情况

1. 资源环境情况

青县羊角脆，产于河北省沧州市青县。青县位于华北平原东部，南运河畔，气候属温带半湿润大陆性季风气候，四季分明，光照充足。地势平缓，西高东低，海拔最高 7.5 米。热能资源富足，4—5 月这段时间的日照充足，温度适宜，并且有一定的昼夜温差，利于光合产物的积累。产地土壤多为潮土或盐化潮土，耕层为中壤土或砂壤土，抑制了土壤有害微生物的繁殖，且土壤中营养元素全面、比例协调，土壤质量评价达到 II 级。水源质量符合国家标准，重金属含量低。这种独特的自然环境为青县羊角脆的生长提供了有利的条件，使青县羊角脆成为区域性极强的地方特产。截至 2023 年底，青县甜瓜种植面积 7.2 万亩，其中羊角脆面积 4 万亩，年产量 31.3 万吨，产值达到 12.9 亿元。其核心产区在青县清州镇、曹寺乡、盘古镇、木门店镇四个乡镇。

2. 获得荣誉称号

2015年6月,"青县羊角脆"正式成为国家地理标志保护产品,不仅标志着其在全国范围内独一无二的品质与地位得到了国家层面的认可,也极大地提升了"青县羊角脆"市场知名度与社会影响力;2016年9月,在京津冀首届蔬菜产销大会上,"青县羊角脆"入选河北省十大地方特色蔬菜;2018年12月,青县被认定为河北省青县羊角脆甜瓜特色农产品优势区,且青县是目前全国规模最大的羊角脆甜瓜生产基地,青县羊角脆成为青县一张独具特色的农业"名片";2019年1月,青县被省政府认定为河北省特色产业先进县;2022年青县羊角脆获得农业农村部农产品质量安全中心"全国名特优新农产品"证书,得到了在品质、安全、营养等方面的全面认可,也提高了其在全国农产品市场上竞争力和影响力。

3. 主要经营主体情况

青县司马庄绿豪农业专业合作社作为青县羊角脆的品牌持有人,自1997年成立以来,已发展成为一家集特色蔬菜种植、加工销售、特色果蔬采摘体验、特色餐饮服务及会议接待等多业态的新型农业经营主体。除此之外,青县羊角脆的核心生产经营主体还包括青县根枝叶蔬菜种植专业合作社、青县广旺农业专业合作社、青县镇西蔬菜种植专业合作社。他们对产品特色进行精准定位,聚焦特色农产品,满足大众多元化消费需求,努力创建"第一农产品"。

二、独特性及优势

1. 独特的栽培技术

青县羊角脆的栽培条件独特,栽培方式也具有高要求。在河北农业大学、河北省农林科学院、中国农业科学院蔬菜花卉研究所等科研院校专家、教授的指导下,积极推动了有机肥代替化肥、嫁接、绿色防控、套袋等标准化生产技术，保证了蔬菜产品质量安全。

首先，青县羊角脆的品种是选用早春耐低温、夏季耐高温的优良品种，如精选羊角脆 T01 等，并选择甜瓜嫁接专用南瓜品种作为砧木，如新土佐等。这些品种本身具有优秀的遗传特性，能够在多种环境条件下保持良好的生长态势和果实品质，是口感甜、脆的基础。

其次，具备科学的栽培管理方法。其育苗过程在日光温室或加温温室中进行，采用多膜覆盖大棚，并且在羊角脆的生长过程中对温度有一定的要求，利于果实糖分积累。使用优质有机肥，提高土壤肥力，为羊角脆提供丰富的营养基础。同时实施了"塑封牌入棚工程"，为种植户提供详细的生产技术规程和农药使用指导，确保生产过程的规范化和标准化，进一步保障产品质量。

再次，青县羊角脆按照"预防为主，综合防治"的方针，以生物防治和物理防治为主，保障果实的安全和品质。其具体措施例如：设置防虫网、使用黄色色板诱杀害虫、进行闷棚处理利用高温进行灭菌灭虫、利用自然天敌对蚜虫进行控制。这些方法不仅有效控制了病虫害，还减少了农药残留，保持了羊角脆的天然风味。

最后，通过观察果皮颜色等生理指标判断羊角脆的成熟度，在最佳采收期进行采摘，确保果实达到最佳口感。

2. 清甜爽脆的口感

相比于市场上的同类品种，河北青县的羊角脆口感上更为清脆。它依靠独特的资源优势和技术优势，不仅有效积累了果实的糖分，还使羊角脆的肉质更加紧实，具有清甜爽脆的独特口感。

青县羊角脆属薄皮甜瓜，是早熟、高糖、脆肉品种，其果实长锥形，一端大，一端稍细而尖，弯曲似羊角。平均果长 25～35 厘米，单瓜重 500～1 000 克。连续结果能力强，单株结果 6～10 个。成熟后，果实灰白色，肉色淡绿，瓜瓤橘红色，极为美观。肉厚 2 厘米左右，果实香甜，酥脆可口，蕴含了丰富的维生素和营养物质，含有丰富的苹果酸、葡萄糖、氨基酸、甜菜茄以及维生素 C 等多种营养成分。青县羊角脆顶着"瓜中小鲜肉"的名头，皮薄肉厚，一口咬下，"咔嚓"一声，十分爽脆。

青县羊角脆依靠产品特色逐步提高市场占有率，扩大各方面销售渠道。青县羊角脆销售市场广阔，不仅在省内大受欢迎，还涵盖了北京、天津、河南、山东等地，且随着市场的不断开发，广东、海南、浙江等地市场销售量也在逐步增加。全县每年通过直接销售和网络电商平台，销售青县羊角脆礼品装超过20万箱。

3. 创新驿站打造

2019年，依托河北省蔬菜产业创新团队成立了青县甜瓜创新驿站，提供了从生产到销售的全套技术支持。使青县羊角脆较其他地区具有产量高、皮薄甘甜等多种优势。

在生产实践中，驿站积极推行一系列严谨的标准化作业流程，其中包括了沧州市特色标准如《绿色食品（A级）春季大棚羊角脆甜瓜生产技术规范》等，以及河北省级标准《地理标志产品——青县羊角脆》的严格执行，确保了生产过程的科学性和产品质量。

为了进一步推动青县甜瓜产业的创新发展，青县甜瓜创新驿站组建了一支由11名精英专家构成的全方位技术团队，他们不仅注重种植技术革新、设施优化和农机智能应用领域，还致力于保鲜技术与加工处理等各个方面，有效延长了甜瓜的保鲜期，提升产品的新鲜度与品质。这些努力共同助力打造出了具有鲜明特色和强大市场竞争力的青县羊角脆甜瓜品牌，引领整个甜瓜产业向更高水平发展。

三、历史与文化

青县羊角脆作为河北省青县的特产，种植历史悠久，不仅是一种美味的水果，更是一种承载着地方文化和历史的产品。中国自古以来便是栽培甜瓜最早的国家之一，拥有超过3000年悠久的栽培历史。早在公元前1世纪的典籍《氾胜之书》中，便详细记载了关于瓜类作物的培育技艺，而随后在4—6世纪，贾思勰所著的《齐民要术》更是系统地阐述了从选种、播种、嫁接技术，到种子处理以防病害、病虫害防治策略，以及轮作制度和施肥管理的全面农业生产智慧，这些宝贵资料对于后世农业技术发展具有深远的影响。

对于其作用功效，羊角脆作为夏令消暑瓜果，其果肉具有止渴清燥的作用。祖国医学确认甜瓜具有"消暑热，解烦渴，利小便"的显著功效。《奇效良方》中记载，"古时有一男子患脓血恶痢，疼痛难忍，以水浸甜瓜后食数枚，即愈"。羊角脆的植株及果实的不同部位也具有不同的功效。

羊角脆的历史可以追溯到宋代，至今已有1 000多年历史。当时的羊角脆被称为"小西葫"，对于羊角脆名字的由来，还有一段历史故事。民国十九年的《青县志·兵事篇》记载，"元世祖至元十年（1273年），遭蒙古军一千人屯田清州"。到元世祖至元十五年（1278年），忽必烈为实现其祖父成吉思汗、父亲托雷遗愿，重修盘古庙并前来祭祀期间，视察蒙古军士垦荒种植的甜瓜，品尝后甚为高兴。当得知甜瓜的名字叫小西葫时半晌无语。只见忽必烈仔细端详手中状似羊角、形似西葫、肉色淡绿、瓜瓤橘黄、味香质脆、口感独特的瓜型，抬头望北，思付片刻，言道："就叫羊角脆吧！"金口玉言，于是更名。原来，胡人是古代汉人对匈奴、鲜卑、蒙古、契丹、女真等外族歧视、排斥的蔑称。胡字含有未开化的流民、野蛮之意。蒙古人很忌讳"胡"字、"葫"音。称雄中原的元朝始皇，自然从维护统治阶级地位考虑问题，哪怕是一个瓜名。于是，羊角脆由于其形态与特质，留下了元初北方民族与中原文化融合的时代印记，也是民族团结和谐的物证与载体。

肃宁圆茄：致富"黑宝"

肃宁圆茄主产地窝北镇、万里镇是蔬菜生产专业乡镇，肃宁县常年圆茄播种面积达 2 万亩，年产量 18 万吨，其中核心种植区面积达 6 000 余亩，7 家种植专业合作社授权使用"肃宁圆茄"区域公用品牌。目前，肃宁圆茄占北京新发地蔬菜批发市场茄子销量的 70%，主要种植品种"京茄黑宝"也成为农民致富的黑宝。

肃宁圆茄品牌标志

一、品牌基本情况

1. 中国圆茄之乡

肃宁——"中国圆茄之乡"，属暖温带半湿润半干旱性季风气候，四季分明、光照充足、土地肥沃、水源丰富。常年圆茄播种面积达 1 万余亩，其中核心种植区面积达 6 000 余亩，年产 9.4 万吨左右，畅销北京、保定、沧州等地。销售旺季，肃宁每日向北京供应圆茄 10 万斤，占北京市场份额的 70% 以上，走向北京的千家万户，深受市民的喜爱。肃宁利用自身土地、气候以及地理优势，发展圆茄种植产业，带动了 2 000 余户农民增收，主要种植品种"京茄黑宝"也成为农民致富的黑宝。

2. 荣誉称号

经过多年发展，肃宁圆茄获得了行业内外的一致认可。2016 年 8 月，肃宁被中国蔬菜流通协会授予"中国圆茄之乡"荣誉称号。2023 年是肃宁圆茄发展的重要一年。这一年，"肃宁圆茄"入选省级区域公共品牌名单。同年，肃宁圆茄主要种植地垣城南村因圆茄产业发展成绩突出，被河北省农业农村厅评为第二批省级农业产业"一村一品"示范村；在"衡沧蔬菜品牌创意设计大赛"上，肃宁圆茄品牌喜获河北省农业农村厅颁发的"杰出创意奖"；全县种植圆茄规模最大的合作社——天康果蔬专业合作社被授予"沧州时蔬"区域公用品牌使用单位。

3. 主要经营主体情况

肃宁县圆茄协会是"肃宁圆茄"区域公用品牌的注册人，对该商标享有专用权。目前，肃宁县天康果蔬种植专业合作社、肃宁县艳伟果蔬种植专业合作社、肃宁县财华果蔬种植专业合作社、肃宁县爱芳蔬菜种植专业合作社、肃宁县名禾蔬菜育苗专业合作社、肃宁县鑫鼎果蔬种植专业合作社、肃宁县国权蔬菜种植家庭农场已被批准可以使用"肃宁圆茄"区域公用品牌。

天康果蔬种植专业合作社是肃宁县最大的圆茄种植合作社，也是"黑宝"圆茄的最早引种者。2011 年，该合作社率先引进"黑宝"圆茄进行种植，并积极引导种植户发展标准化生产。合作社为农民提供技术培训，发展设施农业，与大型连锁超市建立直供关系。一系列举措不仅提升了农产品的质量和市场竞争力，还有效促进了当地农民的增收和经济发展。天康果蔬种植专业合作社自 2014 年正式成立以来，获得"北京物美集团蔬菜集配中心""北京农产品流通协会推荐优秀基地"等称号。

二、独特性及优势

1. 适宜的地理环境

肃宁县雨热同季，年平均气温 12.3℃。作为喜温作物，圆茄种子发芽的最适温度为 12~20℃；低于 10℃ 或高于 24℃，则会延迟发芽和降低发芽率。4 月初，肃宁平均气温为 18℃，达到适温条件，使得圆茄发芽率高。圆茄幼苗生长的最适温度为 15~23℃。当地 4 月底至 5 月初，平均气温稳定在 20℃，促使肃宁圆茄苗齐芽壮，根茎不断延伸生长，植株生长旺盛。5 月中旬至 6 月底，肃宁平均温度达 22℃，逐渐升高的气温有利于肃宁圆茄营养输送，提高叶片完全舒展，促使圆茄叶片肥厚，枝茎粗壮。肃宁县年平均日照 2 911.6 小时，为沧州地区之冠，长时间光照可以使茄苗生长旺盛。肃宁圆茄充分利用光能资源，光合作用旺盛，将转化、合成的维生素等营养物质不断输送，使得肃宁圆茄肉质细嫩，茄果个大，品质好。

由于圆茄不耐干旱，所以需要种植在保水能力较强的土壤中。肃宁圆茄的整个生育期对水的需求量较大。在成株期，圆茄遭遇干旱缺水，会导致花粉发芽能力下降，造成落花落蕾。肃宁水资源丰富，县域无行洪河道，有排涝主干河道 4 条（小白河东支流、小白河西支流、于家河、古洋河），支渠 8 条，能够满足肃宁圆茄生长期对水的需求。肃宁县地处太行山山前平原与黑龙港低平原的过渡地带，降水多集中每年的 6—8 月，约占全年降水量的 80%。

肃宁圆茄肥量需求较大，适宜在肥沃土壤种植。肃宁县地处华北平原中北部，属海河水系黑龙港流域洪积冲积平原，地势开阔平坦，无山峰丘陵。县内土壤主要为壤质潮土，其发育的母质均为近代河流冲积物，土壤质地砂黏适中，保水能力强，土壤中富含氮、磷、钾、硼等营养成分。经过优质土壤培育的肃宁圆茄须多且深。发达的根系充分吸收营养，新陈代谢旺盛，促使植株长势强，茄果肉质细腻，促使肃宁圆茄维生素 C、钙、铁等营养物质的积累。

除适宜的气候环境，肃宁的地理位置也影响着圆茄的销售。肃宁位于雄安新区正南 50 千米，是与雄安新区不接壤的县（市）中距离最近的；地处京津石三角中心位置，距北京、天津、石家庄均为 150 千米；境内有 G337、G240 两条国道，六条高速公路纵横环绕，京九、朔黄两条铁路在肃宁交汇设站。肃宁逐渐纳入首都"一小时经济圈"，成为京津冀协同发展中重要的交通枢纽。便利的地理位置有利于肃宁圆茄扩大销售市场，实现清晨采摘、下午在北京商店上柜销售，确保了产品的新鲜度和快速流通。

2. 皮薄肉厚

肃宁圆茄形状匀称、个大、近圆球型。新鲜的肃宁圆茄果皮黑亮饱满无褶皱、光泽度高。

肃宁圆茄纤维少，少有不好咀嚼的硬块，肉质细腻，同时具有皮薄、果脐小、子少的特点。烹饪后，肃宁圆茄肉质鲜嫩，既有茄子本味的甘甜，也吸收其他食材的香味。入口软糯易嚼，适宜老人幼儿等牙齿不好的人使用。

3. 技术支撑

肃宁圆茄种植品种主要由国家蔬菜工程技术研究中心（北京市农林科学院蔬菜研究中心）、北京京研益农科技发展中心研发，"黑宝"是新一代圆茄品种，主要特点有早熟、株型紧凑、果型周正、商品性状佳、耐低温弱光以及适合早春保护地栽培。此品种深受京津冀市民的喜爱。肃宁圆茄种植技术主要依托肃宁县农业技术服务中心提供技术支持，同时还与河北省农林科学院、河北农业大学等科研单位高等院校建立了良好的合作关系。肃宁县农业技术服务中心定期邀请河北省农林科学院经济作物研究所研究员到圆茄生产基地指导工作，重点开展茄子嫁接育苗技术、茄子新品种高效种植技术等新技术推广。肃宁县农业技术服务中心还利用新型职业农民培训、农民田间学校培训、带领园区负责人外出参观等多种形式进行培训，每年培训农民 1 000 人次以上。

平泉香菇：山珍之王菇中皇后

平泉香菇主产区位于河北省平泉市，全市食用菌基地7万亩，年产量达到63.5万吨，其中香菇产值超40亿元，稳居国内单品榜首。当前食用菌市场主体超过1 200家，其中龙头企业40余家，形成了协同有力、集群发展的产业生态。其菇形圆整、肉质紧实、口感鲜美、营养丰富，富含多种维生素与矿物质，享有"中国香菇之乡"的美誉。

平泉香菇品牌标志

一、品牌基本情况

1. 资源环境禀赋突出

河北省平泉市（县级市，承德市代管）香菇种植区位地处华北平原的燕山山脉，具有较好的资源禀赋优势。在土壤方面，平泉市涵盖棕壤、褐土、潮土、亚高山草甸土4类营养物质充足的土壤类型，促进了林业资源的聚集，当前全市共有265万亩林地，有丰富的适合"平泉香菇"生产的樟树、桦树、榛柴等硬杂阔叶树种原料资源。在气候方面，平泉市属于温带半湿润季风气候，寒冷期长，雨量集中，日照充足，四季分明，昼夜温差大，适合香菇等变温结实的菌类生长。"平泉香菇"于2022年被纳入农业农村部农业品牌精品培育计划名单，作为平泉市食用菌的主导产品，拥有食用菌基地7万亩，年产量63.5万吨，产值40.6亿元，占河北省总产量的18.8%，已成为全国最大的反季节香菇生产基地。

2. 历史传承悠久

平泉作为"中国食用菌之乡"，自古就是野生菌类的盛产地，素有"鸡鸣三省、菇香九州"的美誉。平泉市规模化种植香菇已有40多年的历史，据1979年民俗调查，当时的平泉县农科所梁希才采集了第一株野生香菇，进行分离驯化，为平泉香菇产业的发展奠定了基础。平泉有关部门曾在中国食用菌商务网、食用菌市场杂志社出版了《食用菌市场平泉专刊》。平泉市不仅在食用菌的种植和生产方面有着悠久的历史，还在科普教育、历史文化交流、产业推广等方面作出了积极的贡献。2019年9月建成的平泉蘑菇博物馆，是国内食用菌系列专题馆中建筑面积最大、内容最丰富的专题馆之一，总面积达到3 600平方米，分为科学展厅、历史、产业和文化展厅等三层展览空间。博物馆现存藏品数量上千件，包括玉石石雕、瓷器、木雕、各国蘑菇邮票、蘑菇标本、食用菌相关书籍、书画作品等类别，全面展示世界灿烂的菌菇文化，推动食用菌科学技术交流，助力中国由食用菌大国向食用菌强国迈进。

3. 荣誉盛名久远

平泉市先后被国家相关部门授予"全国食用菌行业先进县""中国食用菌之乡""全国食用菌行业十大主产基地市""中国特色产业集群50强""国家现代农业产业园""全国食用菌行业先进县""全国小蘑菇新农村建设优秀示范县""国家级出口食用菌质量安全示范区""国家级越夏食用菌产业集群"等多项国家级荣誉称号。2010年12月24日，农业部批准对"平泉香菇"实施农产品地理标志登记保护。2016年，平泉县在中国食用菌行业秋季博览会上，被中国食用菌协会授予"全国香菇出口优秀基地县"称号。2017年，平泉香菇登上了中国特色农产品优势区第一榜，并位列农业部等九部门于12月6日公布的中国特色农产品优势区（第一批）公示名单榜中第三。2017年12月，平泉香菇入选农业部等九部委第一批"中国特色农产品优势区"名单。2018年，在2017中国农产品区域公用品牌价值评估中，"平泉香菇"的品牌价值评估为13.36亿元。2019年11月，入选中国农业品牌目录2019农产品区域公用品牌。2022年10月，入选2022年农业品牌精品培育计划。

4. 经营主体活跃且多样

"平泉香菇"历经40多年的发展已经走出了一条独特的发展模式，成为全市最具优势特色、产业链条最完整、辐射带动能力最强、农民从中受益最多农业支柱产业。近几年，平泉大力发展食用菌循环经济，强力推进绿色食用菌产业发展。不断引进外地优良品种，发展自身特色新品种，形成了香菇、滑子菇、黑木耳、平菇等多品种相补充，长短周期相结合，多模式周年生产的发展格局。平泉市将区域公用品牌建设与"森源""润隆""瀑河源""菇芳源""百菇宴"等企业、产品品牌有机结合，探索"母子品牌"之路，通过区域品牌带动企业、产品品牌传播，同时在企业、产品品牌传播过程中体现"平泉食用菌"品牌特色，实现区域整合力量与品牌个性价值协同发展。平泉市培育流通市场主体超过1 200家，引进培育森源、金稻田等龙头企业40余家，其中，国家级1家、省级8家，形成了协同有力、集群发展的产业生态。培养各类食用菌经纪人3 000余人，建成食用菌购销点100余处，全市90%以上食用菌产品通过本土经销商销往国内外市场，牢牢掌握了市场主动权，平泉也因此成为北方最具产地定价优势的主产区之一。

二、独特性及优势

1. 产品工艺独特性

除了大自然的恩赐，平泉香菇的独特性主要体现在其高品质和科学化的优良种植技术上。平泉市先后与中国农业科学院、河北农业大学等10余家科研院所和高校建立产学研合作关系，先后成立了食用菌科研所、食用菌研究会、生产力促进中心等4家科研机构，建成国家食用菌改良中心、食用菌院士工作站、河北省食用菌加工工程技术研究中心、河北平泉食用菌产业技术研究院等科研平台，累计研发推广新品种、新技术、新模式145个，取得各项专利63个、省级科研成果13项，"良种+良法+良技"成为平泉香菇高品质的强大支撑，科技创新也成为引领平泉香菇产业高质量发展的新动能，为打造世界级食用菌产业集群奠定坚实基础。香菇工艺的品质提升，得益于平泉市在食用菌种植上的科技创新，包括种源维护、一级种筛选和优良个体的超低温菌种保藏技术研发等。此外，平泉香菇的独特性还体现在其营养价值和口感上。鲜品具有菇质紧实、菇盖厚、柄短、不易开伞的独特外在品质；菌盖表面呈灰白色至浅褐色，表面光滑或花纹明显；外表含水量低；口味纯正、清香、有韧性。其干制品吸水膨胀后，香菇复原性好，水质清澈、不破碎、不黏糊。平泉香菇不仅适口性好，而且营养丰富。每100克香菇中含谷氨酸0.58克、氨基酸总量2.25克、蛋白质3.86克。香菇被称作"天然味精"，这是因为其含有的挥发性芳香物质和鸟苷酸，其鲜味强度是普通味精的几十倍。香菇的独特香味和其含有的水溶性小分子物质，使其尝起来更加鲜美、爽口。这种独特的香味和口感，让香菇有了"放一片、香一锅"的美誉。综上所述，平泉香菇的独特性不仅体现在其高品质和优良的种植技术上，还包括其独特的营养价值和口感，这些特点共同构成了平泉香菇的独特魅力。

2. 独特包装设计

"平泉香菇"品牌主形象用粗犷、写意的笔触勾勒出香菇的形状，并将辽河蜿蜒曲折地行进的形象，巧妙地化用在香菇的菇伞之中，既体现了当地的重要的地缘特征和自然环境特点，又表现了产品盖厚、柄短的特征，与香菇产业有着紧密的联结。文字色彩取用了接近香菇原色的褐色，给人以古朴感。字体将"平泉香菇"四个字进行了艺术化的处理和变形，都采用圆润、可爱的字形风格，与香菇的形状类似，使得字体和图形相互连接，有承接性，组合而成和谐、美观的品牌主形象，凸显鲜明的品牌个性。基于平泉香菇与平泉市产地特色，通过对"平泉香菇"品牌价值基础的整理与提炼，形成"平泉香菇"区域公用品牌价值支撑体系——"文化更好""生态更好""匠心更好""管理更好""品质更好"；通过对平泉市文脉价值、产品特色的挖掘，形成品牌口号"平泉香菇，源来更好"；继而通过品牌符号识别体系，将品牌核心价值进行形象化描绘，以求在消费者心智中植入深刻的品牌印象。

3. 品牌产业发展规划

为提高平泉香菇附加值，拓宽产品销售渠道，降低产业发展风险，促进农民持续增收，平泉市将打造具有全国影响力的香菇干品集散中心，助力食用菌产业集群高质量发展。2024年，全市干制香菇加工流通能力达到1万吨，干制香菇加工出口能力达到0.3万吨，出口创汇3 000万美元。到2028年，全市干制香菇加工能力将达到5万吨，产值预计达到50亿元，其中，干制香菇流通销售额预计达到35亿元，干制香菇出口销售额预计达到10亿元，精深加工干制香菇出口销售额预计达到5亿元，研发速冻食品、佐餐食品、中央厨房、功能饮品、蘑菇酱等100余种食用菌精深加工产品形成梯队，生产技术和质量达到国内领先水平，产品远销欧美、日本、韩国、新加坡等20余个国家，进一步提升"平泉香菇"品牌档次。

三、平泉香菇区域公用品牌产品历史及文化

平泉香菇作为河北省平泉市的特色农产品，具有悠久的历史和深厚的文化底蕴。平泉自古就是香菇的主产地，早在清代，《雍正年八沟厅备志》就有"蔬之属，松、蕨、芥皆有之，其著者，则有蘑菇，营盘蘑最鲜美，以屯营之地粪壤肥沃故也"的记载。清幕府志曾有"沙头蘑菇一寸厚，雨过牛童提满筐"之记载。"平泉香菇"在平泉市内栽培历史悠久，地域分布广泛，是深受当地广大消费者喜爱的独特品种。

平泉香菇规模化生产始于20世纪80年代，至今已有40余年的发展历史，在经历了起步阶段、发展阶段和壮大阶段之后，香菇产业已经成为平泉扶植和推广的富民产业。当地流行着"香菇祖源在庆元，南菇北移落平泉"这一标语，也说明了平泉市实现了香菇源于庆元，兴于平泉的实践探索。

平泉有着自己独特的文脉和自然、技艺特点，综合来看，其差异化特

色可以"源"字出发，将其归纳为品牌的核心价值：一个民族发源于平泉。辽金时代是平泉最为活跃的历史时期，平泉的马盂山与老哈河一带是契丹人发祥地；一条名川发源于平泉。辽河，中国七大河流之一，发源于河北省平泉市七老图山脉的光头山；一方技艺发源于平泉，平泉香菇种植历史悠久，经历了多年的传承，不断创新着香菇产业技艺，推动着香菇产业的发展。源，本意指水流的起始处，引申为来历、根由。而来自本源的事物更容易唤起情感共鸣，让消费者产生亲切感、信任感。因此综合消费趋势和自身优势，"平泉香菇"所具备的文脉价值，正是消费者所需的价值追求。

当前，平泉市大力发展平泉香菇文化传承与科普教育工作，依托中国平泉蘑菇博物馆，向大众科普食用菌文化和历史，展示平泉市食用菌产业发展的最新成果，弘扬菌菇和菌菇美食文化，深入挖掘文化内涵，提升品牌文化价值。经河北省文物局审核确认，2023年12月5日，准予"平泉蘑菇博物馆"国有博物馆备案认证。平泉蘑菇博物馆遵循"探索、传承、发展、建设"的宗旨，全面展示世界灿烂的菌菇文化，让人们认识菌菇、利用菌菇、发展菌菇，推动食用菌科学技术交流，助力中国由食用菌大国向食用菌强国迈进。

承德国光苹果：个头小，经典老味道

　　承德国光苹果主产区位于河北省承德市燕山腹地，种植覆盖境内10余个乡镇，年产量超6万吨，是中国优质苹果的核心产区之一。承德地区拥有150余家苹果种植专业合作社及龙头企业，带动近万户果农标准化生产，年产值达15亿元。承德国光苹果以"脆爽多汁、酸甜黄金比"著称，获国家地理标志认证，既是生态鲜果典范，更是燕赵大地的风味名片。

承德国光苹果品牌标志

一、品牌基本概况

1. 品牌简介

　　国光又名小国光，原产于美国，1872年传入日本，大约1905年传入中国辽宁南部。承德市承德县的国光苹果又称为"承德国光"苹果，是国家地理标志保护产品。在承德县的乌龙矶村，引进并种植了30多棵国光，树龄达70余年，被当地人尊称为"国光王"。自此，承德县国光苹果逐渐被大众所认同，并逐渐成长，经过80多年的自然选择、长期的培育与精细的栽培，承德县农民积累了丰富的栽培经验和技术知识，使得国光苹果的种植技术逐步完善。国光苹果在20世纪80至90年代还曾进入中南海成为"专用水果"，并在多个国际和国内评选中获奖。到2023年年底，承德县国光苹果栽培面积达到 12 万亩，主要分布在全县 16 个乡镇 105 个行政村，全县国光苹果年产量 20 万吨，年产值 8 亿元。目前，承德县是我国国光苹果保有面积最大的县，其种植面积和年产量均位居前列。

2. 品牌成就

承德县作为国光苹果的主要产区，被誉为"中国国光苹果之乡"，并且承德县的国光苹果栽培面积和产量在全国占有重要地位。1989 年国光苹果被农业部列为优质果品。2006 年在省名优果品展销会上荣获金奖，2007 年获得"中国优质苹果金奖"和"中华名果"的荣誉称号，2008 年入选奥运会推荐果品。2010 年 9 月"承德国光苹果"被国家市场监督管理总局授予中华人民共和国国家地理标志保护产品。2016 年"承德国光苹果"成为河北省首个农产品区域公用品牌，这一成就标志着其品牌建设达到了新的高度。2017 年承德国光苹果以第 1 位入选河北省十大地域公用品牌。2020 年承德县农产品行业协会注册了"承德国光苹果"地理证明商标。2023 年承德国光苹果荣获第 22 届中国绿色食品博览会"金奖"。此外，国光苹果连续 4 届获"河北省名牌产品"，连续 7 届获省优质农产品称号。承德国光苹果的生产基地被农业农村部认定为"国家级生态农场"，这一认定是对承德县国光苹果绿色生态种植方式的肯定。

二、独特性及优势

1. 独特环境气候造就超优果品和质量

国光苹果适合在气候冷凉、昼夜温差大、降水丰富、土壤有机质含量高、土层深厚的自然条件下栽培，而承德县独具特色的自然条件是全国范围内栽培国光苹果的最佳区域。总结起来就是"蓝天白云纯净地，燕山腹地大温差，褐色砂壤有机肥，传统品种营养高，酸甜脆爽口味好"。承德县位于燕山—太行山集中连片特困地区的燕山腹地，水源丰富，境内拥有 8 条河流。阳光充沛，日夜温差较大，一年中日照 2 600 小时，昼夜温差达 16℃，这对水果的糖分积累和风味的形成都是有利的。同时，承德县内以褐土为主，土壤矿物质营养丰富，酸碱度适中，这样的土壤条件为苹果树的生长提供了良好的基础。承德县盛产的国光苹果最经典的是其带点酸味的口感，在当前被全是甜味苹果所占领的市场上，国光苹果以其特有的酸甜口味深受消费者青睐，更能让人们在品尝时清晰地回忆起属于它的独特味蕾记忆。

轻咬一口，脆爽酸甜，瞬间溢满口腔，清晰勾起只属于它的味蕾记忆。光滑艳丽、细脆多汁、酸甜适口、耐贮藏是国光苹果的特点，站在山野中，国光苹果远看如繁星点点，近看似小灯串串，个头灵秀、果形扁圆、果色绯红。

承德国光苹果

2. 独特口感和质量占据市场优势

承德国光苹果的主要质量特色使其在差异化的市场需求、消费层次的提升、产业融合创造新空间三方面占有优势条件。一是差异化的市场需求。在红富士等甜味苹果充斥市场的环境下，唯独国光苹果还拥有酸甜口味，"承德小国光，经典老味道"占据几代人味蕾的记忆，受到越来越多消费者的青睐。国光苹果已从市场常见产品转变为稀缺产品。二是随着经济社会的不断发展，消费者的消费层次与需求不断提升，具有优质品质、较高营养和保健价值的国光苹果获得了更多的市场认可，国光苹果的商业价值进一步凸显，产业发展潜力巨大。三是产业融合创造新空间。信息技术、互联网与苹果产业的融合有利于推动苹果产品线上营销与线下流通的融合发展，实现果农与终端消费市场的直接对接，开辟苹果销售的新渠道。

3. 独特包装和品牌标志唤醒内心美好回忆

鉴于国光苹果是 20 世纪的明星产品，承德国光苹果的整个品牌调性以怀旧为基调，具有一定的年代感，同时带有 20 世纪的烙印和承德文脉。品牌标识采用了斑驳的大字报字体来设计，同时字体采用了具有经典意义的"毛体"，通过这种年代感十足的怀旧设计来引起公众对曾经那些美好记忆的回忆。这不仅彰显了承德国光苹果作为"老经典"的风采，同时也赋予了品牌一种权威和自信的"领袖气质"。此外，承德国光苹果的品牌核心价值被提炼为"个头小、经典老味道"，这一理念贯穿于品牌设计之中，包括价值支撑符号、插画以及整体包装，都维持了一种"复古"的调性，将"怀旧"风格发挥到极致。

承德国光苹果广告语

在过去的岁月里，承德国光苹果是家庭聚会、走亲访友的常见礼品，承载着当地人的童年记忆和家乡情怀。因此承德国光苹果的包装通过明快的色彩，简约大气的包装设计，绘画出儿时的生活环境，用国光苹果将儿时与小伙伴玩耍的场景串联在一起，带领大家找寻那份美好回忆，以此来让消费者产生深刻的记忆点，通过这种差异化的包装设计，来展现品牌形象的力量感。

通过这样的品牌战略和设计，承德国光苹果不仅凸显了自己作为中国国家地理标志产品的特色，而且成功将品种优势转化为了市场上的竞争力。同时承德国光苹果的包装注重环保和可持续性，使用可回收材料，体现了品牌对环境保护的承诺。

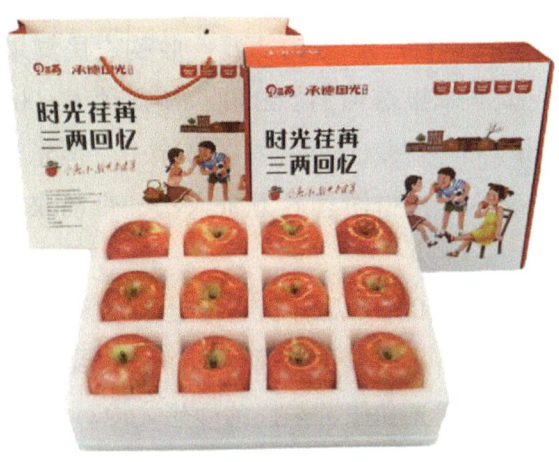

承德嘉沃公司产品及包装

三、历史及文化

自 1990 年起，承德县便开始举办苹果节，在第三届苹果节期间，时任中国西藏自治区党委书记的胡锦涛同志踏上下板城镇东窑村的苹果园进行考察。胡锦涛同志对承德县苹果的品质赞不绝口："酸甜适口，风味特别。"此后，许多国家领导人相继到访并对国光苹果都不吝赞扬之词，对当地的苹果产业表示出了极大的兴趣和支持。领导们的造访不仅提升了下板城镇东窑村苹果园的知名度，也为当地苹果销售打开了新的局面。

承德县从 1990 年 9 月开始举办"承德县苹果节"，近几年来陆续举办了苹果鉴评大赛、区域公用品牌新闻发布会、承德国光苹果高峰论坛、赏花节、采摘节等系列活动。丰富多彩的苹果宣传推介、评比活动及文艺节目，以及日益兴盛的春季观花、秋季采摘生态观光旅游，已形成了独具特色的承德国光苹果产业文化。

四、创新与发展

龙头企业 1：承德县以承德嘉沃生态农业科技有限公司为龙头，该企业是省级农业产业化重点龙头企业和省级扶贫龙头企业，企业目前拥有苹果基地1 000亩，1万吨保鲜库一座，年产500吨苹果蒸馏酒生产线一条，固定资产5 700万元；年自产苹果50万斤，收购农民鲜果100万斤；苹果深加工100万斤，生产苹果蒸馏酒200吨；年产值6 600万元。辐射带动果品种植合作社30余个，农家游重点村100余个、国光苹果采摘园200余处、农家院400余家，年接待游客6万余人次，带动农民4 439多户，增加收入1.5亿元。

龙头企业2：承德县和林果品种植有限公司。该企业位于承德县安匠乡黑沟门村，毗邻承唐高速出口，交通便利。采摘园面积500余亩，周边生态环境良好，是休闲观光和旅游采摘的理想之地。

龙头企业3：承德县健达农业发展有限公司。位于河北省承德市承德县满杖子乡柳树底村。

兴隆山楂：一枚红果，百代兴隆

承德市兴隆县位于京津唐承四城乡接合部，地处长城北侧燕山山脉东段，是"九山半水半分田"的石质山区县，森林覆盖率居河北省县级之首。全县优质山楂栽培面积达到22.58万亩、年产量20.3万吨，是远近闻名的"中国山楂之乡"。

兴隆山楂品牌标志

一、品牌基本情况

1. 独特的资源禀赋，孕育出兴隆山楂的"酸甜清口"

兴隆县平均海拔在1 000米左右，昼夜温差大，有利于山楂糖分有机物的积累，一年四季蓝天白云，极少出现雾霾天气，全年日照总时数2 841.8小时，光照优势明显，是兴隆山楂生长的天然氧吧。兴隆县属暖温带大陆性气候，四季分明，光照充足，日照时间较长，昼夜温差大。土壤母质类型为中山残积坡积物和中低山盆地宽谷黄土残积坡积物。得天独厚的生态条件造就了兴隆山楂色泽赤红而个大，肉质肥厚而柔韧，味酸甜而清口的优质口感。

2. "中国山楂之乡"的品牌发展历程

1986年山楂被确定为兴隆县"县树",兴隆县是全国县级山楂栽培面积和产量第一大县,是国家林业局命名的"中国山楂之乡",亦是农业农村部和林业部联合确定的"山楂生产基地县"。2013年兴隆山楂获得中国国家地理标志证明商标的认证。2016年12月28日,国家质检总局批准对"兴隆山楂"实施地理标志产品保护。2020年2月26日,"兴隆山楂"中国特色农产品优势区被认定为第三批中国特色农产品优势区。近些年来,兴隆县山楂产业迅速发展,现有山楂品种59个,主要栽培的品种有"铁山楂""燕瓢红""大金星""小金星""燕瓢青"等,覆盖了全县20个乡镇250个行政村,销售收入过亿元。

二、独特性及优势

1. 得天独厚自然资源,生产山楂的天然摇篮

作为"中国山楂之乡"的承德市兴隆县,地处燕山山脉主峰雾灵山脚下,北纬40°是全球农作物种植黄金带,恰巧兴隆县位于北纬40°12′~40°43′。属于暖温带大陆性气候,全年平均气6.5~10.3℃,平均相对湿度55%,年平均降水600~800毫米,无霜期160~180天。加之兴隆是石质山区,富含有机质和丰富的微量元素,为山楂树的生长和山楂的产量提供了丰富的养分来源。这些得天独厚的生态条件共同孕育了兴隆山楂果实个大、色泽鲜艳、酸甜可口、适口性好等特点。兴隆山楂——大自然馈赠的红宝石。

2. 兴隆山楂药食同源,被视为"长寿食品"

兴隆山楂,具有较高的药用价值,古人便给其取名为"果子药"。据《医学衷中参西录》载,红果(山楂)"皮赤肉红黄,故善入血分,为化淤血之要药""为其酸味而微甘,可补助胃酸,故能化实食积、肉积"。常吃山楂制品可以增强食欲,改善睡眠,保持骨骼和血液中钙的稳定,能够预防动脉硬化，使人延年益寿，所以山楂被人们视为"长寿食品"。兴隆山楂以其独特的生态优势和产业优势生产出光泽艳丽，含糖量高，糖酸比适宜，口感比低海拔地区偏甜，适口性好的优质山楂。兴隆山楂不仅外表光鲜亮丽，其内在的营养价值也是山楂中的佼佼者，除含有蛋白质、脂肪、碳水化合物及钙、磷、钾、铁等矿物质外，还有丰富的维生素C、胡萝卜素、抗坏血酸等，其维生素C含量约为苹果的13倍，对于提高免疫力和抗氧化有着重要的意义，可溶性糖、氨基酸、矿质元素含量高，同时还含有红色素和果质胶。

3. 因地制宜，栽培山楂的独特秘籍

兴隆人民因地制宜，结合当地自然地理条件和土地条件，形成了一套特有的技术和知识体系，根蘖归圃育苗，"因树修剪，随枝造型"的修剪方式，传统追肥，石坝墙修筑，山楂窖藏，山楂加工等技术和知识，对其他地方山楂的选育、栽培起到示范作用。为防止山楂园水土流失，满足山楂生长土肥水需求，兴隆结合农田水利基本建设，采取边修边管，修管结合的办法，坚持常年整修石坝梯田，并总结出"秋后垒半冬，捣岱动大工""冻前挖槽打好基，降冬备料春动手，垒墙长唇插垄口""夏季挖水沟、雨季堵窟窿"的秋修、冬备、春补、夏防四季整修石坝梯田的造田经验，此套兴隆山楂种植体系极大提高了兴隆山楂育苗的成活率和山楂产量，为其他地区种植山楂在技术和知识方面提供借鉴。

三、历史及文化

1. 兴隆山楂历史长河中的甜蜜记忆

山楂，又名红果，俗称山里红，古籍称山查、枨、称朹等，是我国原产果树之一，也是世界上的稀有果品之一。我国的先人在史前时期就已开始采集山楂的果实食用，公元前2世纪《尔雅》中就记载了山楂。兴隆山楂的历史可以追溯到明万历年间（1573—1620年），至今已有400多年的栽培历史。《兴隆县志》记载，兴隆山楂品味俱佳，其特点色泽赤红且个

大，肉质肥厚而柔韧，味酸甜而清口。兴隆山楂的独特品质和酸甜口感得益于兴隆县的自然地理条件。

富饶广袤的承德地区，生态卓越的兴隆县，"清东陵后龙风水"之地饮誉燕山。千万年的底蕴沉淀，宝地珍藏琳琅满目，兴隆山楂生长在这里，背靠燕山母亲的怀抱，送来神秘美好的味道。犹记得童年举着一枝糖葫芦，染红的嘴角，甜甜的味道，纵然时光已过十数年，记忆依旧清晰，正如千百年来，一代又一代山楂情感在兴隆的甜美发酵。五百年的时光里，奔波于兴隆与京城的马上忙碌往复，当紫禁城飘起酸甜的独特香气，兴隆山楂的名声已然随着风飘向大好河山，作为贡品，也作为兴隆特产的骄傲，立于承德，立于燕山地区。

2. 世界山楂在中国，中国山楂在兴隆

与其说兴隆山楂是一个品牌，不如说它是一种文化，一种在兴隆大地上盛开的独特文化，兴隆人民依靠兴隆山楂一代代实现致富，喊出了"要致富，栽果树，想发家，种山楂"的口号。兴隆山楂5月开花，8—10月结果，果实酸甜，以树势强健、品质卓越、果实色泽鲜艳、耐贮藏、适于加工、具有很高的营养和保健作用而闻名。兴隆县内已有90家山楂产业化深加工企业，产品有30多种，涉及果丹皮、山楂果汁、罐头、果脯蜜饯等食品，山楂酒、干红等酒类，畅销全国20多个省市，以及日本、美国、韩国、新加坡、俄罗斯等10多个国家和地区。

平泉黄瓜：小黄瓜闯出大市场

平泉黄瓜主产区位于河北省平泉市，能成为平泉农业的闪亮招牌得益于政府30年来对于设施农业的大力支持。截至2023年末，设施黄瓜面积达到14.5万亩，产量135万吨，产值40亿元。平泉黄瓜顶花带刺、瓜条直顺、色泽鲜艳，口感好、保存时间长、质量上乘，全部达到绿色、有机标准，素有"黄瓜当中的王者"的美誉。

一、品牌基本情况

1. 区位优势显著

目前，平泉黄瓜经过发展逐渐建立了冀北密刺黄瓜优势产区，而产区范围主要分布在平泉市榆树林子镇，这里黄瓜种植面积和产量占到全市70%以上。榆树林子镇位于河北省平泉市东北部，冀辽蒙三省交界处，地处阴山山脉，大凌河上游水系，属低山丘陵区，是一个典型的农业大镇。全镇主体处于东西走向的河谷中，地势较开阔，地形复杂且种类多样。土类以褐土、棕壤为主。气候为大陆型季风性气候，年降水量一般在490~510毫米，海拔为600~1 200米，无霜期在135~140天，年平均气温7.7℃，具备独特的区域性小气候特点。榆树林子镇的纬度、光照、地温、山地气候等条件，决定了这里非常适宜发展设施蔬菜，榆树林子镇也将最具特色的设施黄瓜产业迈出新步伐，极大地提升了镇域经济发展水平。

2. 品牌成就突出

依托独特的地理位置、良好的生态环境，经过20多年的发展，黄瓜产业已经成为榆树林子兴镇立镇的优势品牌和支柱产业，形成了集科技研发、育苗推广、基地生产、市场销售、产品展示等于一体的较完整的产业链，真正实现了"一镇一品""一户一棚"。榆树林子镇的黄瓜种植规模也从10个棚发展到1.2万个棚，产值从20万元跃升到39亿元，亩产黄瓜4万千克达到农业发达国家水平，日销黄瓜100多万千克居全国第一。全镇已有4个设施菜产业园区申报了绿色认证，13个园区按农牧部门的要求开展绿色食品规范化生产，拥有"雄峰""绿之源""脆源"等多个绿色知名品牌。2019年12月，"平泉黄瓜"获得国家地理标志认证，并被评为河北省第二批特色农产品优势区。

3. 经营主体带动能力强

榆树林子蔬菜果品批发市场现已成为中国最大的黄瓜交易市场，是全国冬季黄瓜价格形成中心，目前年交易量已突破80万吨，年交易额超24亿元。平泉市现已发展设施黄瓜种植专业村72个，设施黄瓜种植专业户2万余户，黄瓜专业种植合作社达56个、家庭农场3家，建有大中型蔬菜批发市场6个，百亩以上的设施黄瓜园区360个。其中，榆树林子全镇已发展设施蔬菜园区200余个，占地8 000多亩，温室大棚12 000个，面积4万余亩，占全镇在册耕地面积的54%，人均面积1.6亩。产品销售到除云南、贵州、海南、西藏以外的全国所有省、直辖市，并出口俄罗斯、哈萨克斯坦等共建"一带一路"国家，榆树林子镇已成为全国冬季黄瓜价格形成中心。

二、独特性及优势

1. 资源环境独特性

平泉市作为河北省黄瓜生产种植较为集中的区域，其地理资源和气候条件有一定特殊性，这也决定了黄瓜产业发展的独特优势。平泉市处于冀北燕山山脉末端，地貌相对复杂，山脉丘陵相间纵横，形成诸多小气候区，属温带大陆性季风气候，年平均气温7.3℃，≥10℃积温3 000～

3 200℃，年降水量 550 毫米，全年日照数为 2 850 小时，昼夜温差大。平泉市内有五大河流的发源地，分别是大凌河、老哈河、瀑河、老牛河、青龙河，全境无客水流入，河流无污染；土壤大部分为砂壤土，富含有机质，肥力中上等，且无工业污染源。经农业农村部农业环境质量监督检验测试中心检测平泉市内土壤环境质量评价符合《土壤环境质量标准》（GB 15618—2018）二级标准，砷小于 16 毫克/千克。水源质量达到《地表水环境质量标准》（GB 3838—2002）Ⅲ类以上标准，如六价铬小于 0.02 毫克/升。显著表现为寒冷期长、雨量集中、日照充足、昼夜温差大，同时也导致了灾害性极端气候频发。因此，传统的林果产业品种难以较好成熟，兼具抗寒性和冬季晚熟特性的设施蔬菜产业应运而生，解决了冬季黄瓜生产的难题。

2. 产品技术独特性

平泉黄瓜产业的发展得益于科技的助力，平泉市益农科技育苗有限公司成立于 2014 年，是一家集蔬菜新品种选育、新品种实验示范推广、蔬菜种苗培育于一体的综合功能企业。益农科技育苗有限公司借助黄瓜产业实现了迅猛发展，现有高标准育苗连栋温室 2.4 万平方米，育苗机械化设备 20 台套，高标准蔬菜新品种试验示范展示区 200 亩，高标准日光温室 15 栋，塑料大棚 50 栋。年育苗能力达 1.4 亿株，可供 25 000 个蔬菜温室大棚用苗，解决 200 余人就业问题，年产值可达到 6 500 万元，年纯效益达到 1 500 万元左右。目前，公司有 18 个越夏品种在筛选，每年还会对 50 多个越冬品种进行筛选。通过比对，公司会选择带瓜能力强、口感好的品种，育苗后提供给瓜农，确保他们有更好的收益。该公司的秧苗除了以优惠的价格提供给当地农民，还销往贵州、陕西、山东、云南等地。平泉市科技局通过搭建科技创新平台，加强产学研合作，引领黄瓜产业高质量发展，包括中国农业科学院、天津黄瓜研究所、沈阳大学、河北农业大学、河北省农业科学院等科研院所的专家教授，都在平泉市益农科技育苗有限公司设立了工作站，引进推广了蔬菜新品种 70 多个，新技术 30 多项。围绕设施菜产业提质增效，成立平泉市蔬菜产业研究院。完善农业科技推广服务体系建设，成立平泉市农业农村局专家组、平泉市蔬菜技术推广中心，各乡镇管理和技术人员总计达 50 余人，培养农民技术骨干 1 500 人、技术明白人 3 万人，形成了政府引导、"农技部门+专家团队+农民技术员"三位一体、合作互补的服务体系。

3. 产品特征独特性

"中国黄瓜看河北，河北黄瓜看平泉。"平泉独特的地理位置、适宜的气候、清澈的水质、肥沃的土壤造就了平泉黄瓜特有的品质，气候和环境独特性有利于平泉黄瓜养分积累，生产出来的黄瓜顶花带刺、瓜条直顺、色泽鲜艳、口感好、保存时间长、质量上乘，全部达到绿色、有机标准。榆树林子镇统一管理标准、统一技术服务，并且建立分户生产档案。通过严格质量管控，每根黄瓜品质都有保证。榆树林子镇采取绿色黄瓜标准化生产技术，生产的黄瓜具有"绿、嫩、直、香"四个显著特征，瓜柄短、刺瘤密、瓜条顺直、瓜色深绿有光泽、瓜肉淡绿色、质脆味甜、保存时间长，深受国内外人们青睐。此外，平泉黄瓜具有良好的营养价值。黄瓜中含有的葫芦素 C 具有提高人体免疫功能的作用。黄瓜中含有丰富的维生素 E，可延年益寿、抗衰老；黄瓜中的黄瓜酶，有很强的生物活性，能有效促进机体的新陈代谢。

4. 产品营销独特性

平泉黄瓜主要以鲜销为特征进行营销，依托当地批发市场吸引各地经销商采购。榆树林子镇认真实施"科技兴农"战略，以培育黄瓜特色支柱产业为路径，通过规模发展、科技助力、市场带动，形成了"公司+基地+农户+市场"产供销"一条龙"的经营模式，走出了一条产业强镇、产业兴村、产业富民的新路。为了实现多渠道销售，打破传统固化销售思维，延长产业链条，榆树林子镇发展电子商务，学习当前流行的线上直播带货方式，通过微信、抖音、快手等平台，拓展销路的同时增加了品牌知名度和影响力。

三、历史及文化

平泉黄瓜种植历史悠久，经过几代平泉人的努力传承，形成了现在繁荣的景象。黄瓜作为我们生活中的家常菜之一，可谓司空见惯，宋代陆游有诗描述："黄瓜翠苣最相宜，上市登盘四月时"。清朝文人周星誉在《鹧鸪天·红蓼梢头涨碧波》中写道："红蓼梢头涨碧波，黄瓜凉粉一舟拿。"古往今来，黄瓜的味甘、性凉特性使得它一直是夏日消暑的绝妙果蔬。随着现代农业温室蔬菜栽培技术的发展，黄瓜不再是夏秋季节的当季蔬菜，同样可以在一年四季都成为盘中餐，满足黄瓜爱好者的味蕾。

河北承德平泉黄瓜于 2023 年获得国家地理标志认证，成为我国首个获此认证的黄瓜品种。早在 20 年前，榆树林子镇除了大田种植外也曾大力发展过经果林产业，为百姓寻找致富增收的路子。无奈受当地的气候影响，始终没有达到预期的效果。1999 年，榆树林子镇郑杖子村村民刘立峰接触到了大棚蔬菜，他和两个兄弟建起了第一个大棚，经过辛劳付出，年底一盘算，不仅当年收回了成本还获利 3 000 元。这让全村人都看到了希望。村民们有了积极性，政府因势利导，加大支持力度，发展大棚菜的步伐一直没有停歇，并走出了加速度。在生产中积累经验、选优种植品种，从圆茄、豆角、番茄、青椒等多个品种中，黄瓜脱颖而出。这些从事黄瓜生产的农民，凭着对致富增收的渴望，积累了丰富的适合本土黄瓜产业发展的实用技能。在产业起步之初，为了提高农民的生产技能，镇政府启动农民夜校扶持技术，提供外出到山东、辽宁考察学习的机会，请北京、天津的技术专家授课，每个瓜农都成为行家里手，被周边的乡镇请去讲课指导、做技术员。如今榆树林子镇的黄瓜产业生产规模大、标准化程度高、黄瓜品质好、政府支持力度大，已具备鲜明的特点和优势。

平泉黄瓜经过 20 余年来的不断摸索和积累，已经形成了规模化、集约化产业，平泉成为全国最大的冬茬黄瓜生产基地，实现年产量 133 余万吨，年产值 39 亿元，产品销往全国 29 个省区市以及俄罗斯、哈萨克斯坦等共建"一带一路"国家，真正实现了"旧时王谢堂前燕，飞入寻常百姓家"。小黄瓜闯出了大市场，也挑起了农民致富的"大梁"。在黄瓜品质管理上，榆树林子镇积极引导农产品由无公害向绿色有机发展，严格质量管控，确保每根黄瓜品质都有保证。此外，平泉黄瓜也会通过承德市区域公用品牌"承德山水"进行多渠道销售。通过"承德山水"农产品区域公用品牌运营平台，榆树林子批发市场与永辉超市、北京物美、北京大润发、京客隆等大型商超销售渠道成功对接,达成了黄瓜购销意向,提高了黄瓜销售总量。

  关于未来的产业发展,榆树林子镇党委政府提出了完善的战略谋划,将以 3A 级景区和省级现代农业园区为建设标准,打造"冀北生态绿色富硒黄瓜小镇",以黄瓜小镇建设为主要内容,推动乡村振兴。

鸡泽辣椒：大厨的秘密武器

数代耕耘、千年传承、精心培育、播种希望。
弯弯羊角，承载梦想，小小辣椒，创建小康。

鸡泽辣椒是河北省邯郸市鸡泽县特产，鸡泽辣椒又名"羊角椒"。鸡泽县拥有一万多辣椒种植户，有约30家辣椒加工企业、260家农民合作社。鸡泽县辣椒种植面积达8万亩，辐射周边县市种植辣椒30余万亩，年产辣椒20万吨，是鸡泽县农民增收的主要渠道。鸡泽辣椒皮薄肉厚、色鲜味香、辣度适中，素有"大厨的秘密武器"之称。

鸡泽辣椒品牌标志

一、品牌基本情况

1. 资源环境特色

鸡泽县位于河北省南部，为冲洪积平原地貌形态，地势宽广平坦，起伏很小，由于历史上受洺河、漳河和滏阳河的冲积、洪积影响，地势由西南向东北缓慢倾斜。境内由西向东分布有洺河、留垒河、滏阳河三条河流，均属子牙河水系。土壤类型以壤质潮土为主，耕层厚度≥20厘米，有机质含量≥1.2%，土壤pH值在7.0~8.2。这种土壤条件有利于辣椒的生长和养分的吸收。鸡泽县地属暖温带半湿润半干旱大陆性季风气候区，春季干旱多风，夏季炎热多雨，秋季温和凉爽，冬季寒冷少雪，具有四季分明，气候适中之特点。鸡泽县年平均降水量为495.8毫米，降水总量为1.6708亿立方米，适宜鸡泽辣椒种植。鸡泽县辣椒种植面积达8万亩，辐射周边县市种植辣椒30余万亩，年产辣椒20万吨，是鸡泽县农民增收的主要渠道。近年来鸡泽县强化科技支撑，实施"品牌兴农强县"工程，不断提高辣椒产业化发展水平，有天下红、湘君府、森森、大利等130多家辣椒加工企业，加工产品出口日韩等十余个国家或地区。

2. 荣誉称号

1983年，鸡泽辣椒荣获国家外贸部颁发的"优质产品荣誉证书"。1985年，鸡泽辣椒被商业部评为"全国优质产品"。2002年，鸡泽辣椒被河北省确定为"名优农产品"。2017年12月，鸡泽辣椒入选农业农村部等九部委第一批"中国特色农产品优势区"。2019年9月4日，中华人民共和国农业农村部批准对"鸡泽辣椒"实施农产品地理标志登记保护。2021年1月27日，国家知识产权局批准对"鸡泽辣椒"实施农产品地理标志登记保护。2022年10月，入选2022年农业品牌精品培育计划。

3. 主要经营主体情况

鸡泽县天下红辣椒有限公司位于河北省邯郸市鸡泽县，成立于2003年6月，是一家专业生产辣椒系列产品的民营高科技型企业。该公司通过HACCP、ISO9001等质量管理体系认证，并拥有进出口权，产品远销海外。其注册的"天下红"品牌在2008年被评为河北省著名商标和河北省产品。公司年产盐渍红辣椒逾万吨，是中国的辣椒食材供应商。

鸡泽县辣椒总公司也是鸡泽辣椒的重要经营主体之一。该公司连续多年被省命名为"重合同守信用"企业，并被市、县消费者协会评为"消费者信得过产品"。其主要产品包括盐渍辣椒、辣椒酱、辣椒干、辣椒粉等，年加工能力达到1 000吨。

椒天下鸡泽辣椒食品有限公司，成立于2022年，位于河北省邯郸市鸡泽县，是一家以从事食品制造业为主的企业。虽然其成立时间较短，但已经成为了鸡泽辣椒产业中的一员。

二、独特性及优势

1. 鸡泽辣椒加工品众多

我国是全球辣椒产量和消费量最大的国家，其主要栽培区域为川湘贵渝地区。这些地区的辣椒生产主要依靠新鲜的辣椒或者原材料来进行销售，产品的同质化现象比较严重。而鸡泽椒就完全不一样了，鸡泽椒基本上都是用来加工的，所占比例达到了98%。可以说，鸡泽辣椒是以辣椒为基础，发展起来的辣椒食品加工产业。许多人都以为"鸡泽辣椒"这个品牌所提供的是"鲜辣椒"，而不仅仅是"鲜辣椒"，更多的是用于"鸡泽"的深加工产品。

2. 营养价值丰富，堪称"维C王中王"

据河北省微生物研究所检测，鸡泽辣椒每100克椒干维生素C含量为61.52毫克（是外地辣椒的5～10倍），含钙12毫克、磷10毫克、铁0.8毫克、胡萝卜素0.7毫克，还含有丰富的蛋白质和碳水化合物等。鸡泽辣椒叶营养丰富，每1千克辣椒叶含铁976.02毫克、氨基酸134.4克、粗蛋白170.4克。

3. 椒油含量高

鸡泽辣椒，含水量极少，含油量极高。用鸡泽辣椒生产的辣椒酱，与市面上常见的辣椒酱不同，因含大量辣椒油，能保持颜色深红、味香，久放不沉淀、不分层，因而深受餐饮客户欢迎。

4. 辣度适中，好吃不上火

鸡泽辣椒，辛辣适中。在众多辣椒产品中，鸡泽有两类产品独具特色，享誉全国。一是"富含清火因子"的辣椒系列产品由鸡泽县天下红辣椒产品有限公司研制成功，采用"鸡泽"为原料，辅以竹叶、金银花、葛根等珍贵药材提取的"清火"因子，再通过生物酶发酵，用秘法调和，口感鲜美，口感极佳，是一种真正意义上的美味，又不会让人上火。

5. 椒干绕指而不折

鸡泽辣椒品种为"羊角椒"，因形似羊角、顶端带勾而得名，皮薄肉厚、油大籽香。干椒也因含油多，绕指柔而不断，成为出名的"绕指柔"。鸡泽椒干在制作过程中需要经历多个步骤，如选植、晾晒、加工等。当辣椒成熟时，会选择优质的辣椒作为原料，确保椒干的品质。辣椒经过晾晒使其水分减少，便于储存。以椒干为原料加工成辣椒油、辣椒粉、辣椒酱等调料，风味独特，一年四季都可食用。

三、历史及文化

邯郸市鸡泽县位于河北省南部，历史悠久，文化灿烂。鸡泽之名，最早见于史书《春秋经》，因百鸟栖息、水草丰美，"鸟栖奚旁意为鸡，水草相依名为泽"，故名"鸡泽"，于隋朝开皇六年在此置县，距今已有1 400多年历史。鸡泽县境内河流多，在古代有诸多湖泊，湖泊边的鸡鸭多，所以有了鸡泽的地名。

河北省鸡泽县历史悠久，人杰地灵，物华天宝，是战国名士毛遂的故里。鸡泽有"中国辣椒之乡"之称，辣椒种植历史悠久，源远流长。早在1 400年前的隋朝就开始种植，年年传种，代代发展，成为鸡泽独有的特产，明清时期成为皇宫贡品，为鸡泽赢得了"中国辣椒之乡"的美誉。《鸡泽县志》载：鸡泽辣椒起源于隋末唐初，由山东长青县梁建成从陕西带进，在小梁庄开始种植。明万历年间（1573—1620年），鸡泽宦官贾桂带入皇宫，成为御膳房调料。明末清初外来辣椒传入后，鸡泽辣椒品质更显独特，清朝时成为专项贡品，驰名全国。在新中国成立之初，当地农户以辣椒为主。在人民公社建立以后，每个生产大队都以辣椒为主要的经济来源。20世纪60年代初期，河北省外经贸局通过考察，确定了"鸡泽"

为外销品种,并将其出口到东南亚和欧洲等地。自从实施了家庭承包经营以来,鸡泽辣椒的种植面积不断增加,加工企业也在不断增加,销售领域也越来越广泛,现在已经发展成了华北地区最大的生产、加工和分销中心。

  鸡泽人民种植辣椒,世世耕作,代代发展,播撒和收获着美好生活。如今,辣椒已与当地百姓的生活融为一体,形成了独特的辣椒民俗文化。姑娘出嫁,攥把辣椒,婚姻美满,亲人的祝愿在小小的辣椒里;门手高挂双瓣椒,迎吉大祥,平安的祈愿在小小的辣椒里;盖房上梁挂串辣椒,梁上红火,日子红火,安稳的日子在小小的辣椒里;外出游子装兜辣椒,慈母期盼,家园难忘,满满的思念在小小的辣椒里……鸡泽辣椒,小小羊角已化作鸡泽人的文化象征,融进鸡泽人的精神气质,成为鸡泽人的生活之根,铸就鸡泽人的精神之魂。

魏县鸭梨：11.8度甜，更适宜口感的梨

魏县鸭梨主产区在河北省邯郸市魏县，梨树面积20万亩，年产量45万吨，产值15亿元，梨种植专业合作社98家。其中鸭梨12万余亩、年产量35万吨，面积占全县果树总面积的80%，鸭梨产业总产值9亿元以上。魏县鸭梨种植历史悠久，被誉为"中国鸭梨之乡"。

魏县鸭梨品牌标志

一、品牌基本情况

1. 资源环境特色

魏县地处河北省东南端，属于华北黑龙港流域，系黄河、漳河冲击沉淀而成的平原，土质以砂壤土为主，另有轻壤土、壤质潮土和壤质褐土，pH值为6.6~8.4，通气性良好，有机质含量丰富。地处温带季风气候带，四季分明，年平均日照在2 553小时左右，年平均气温13.4℃，年均降水量500多毫米，魏县位于河北最南端，光热条件居全省首位，物候期比中

北部县早 7~10 天，梨果生长时间长。充分的光合作用促进糖分积累，是魏县鸭梨品质独特的原因所在。地势平坦、光照充足、雨量充沛、四季分明、适宜的土壤气候条件孕育了果品独特的优良品质。

2. 荣誉称号

1985 年，魏县鸭梨荣获河北省果品品质鉴评会鸭梨品系第一名。随后，在 1995 年与 2001 年，"魏洲"商标的成功注册，标志着魏县鸭梨正式拥有了专属品牌，品牌影响力日益增强。魏县因此两度荣获"中国鸭梨之乡"的美誉，并被河北省指定为优质梨生产的重要基地。2002 年，"魏州"牌鸭梨荣获中国经济林协会颁发的"中国名优果品"称号，进一步提升了其在国内外的知名度。2004 年，在首届中国国际林业产业博览会上，"魏州"鸭梨又摘得优秀展品银奖，展现了其卓越的市场竞争力。此外，该品牌还连续三届（2002 年、2005 年、2008 年）被评选为"河北省名牌产品"，彰显了其在行业内的领先地位。2007 年，国家市场监督管理总局批准对魏县鸭梨实施"地理标志产品保护"，有效保护了其品牌价值和地域特色。而后的几年里，魏县鸭梨产业不断创新发展，玉堂果品农民专业合作社推出的"李玉堂"牌绿色食品在河北省名优果品擂台赛中荣获金奖，进一步丰富了魏县鸭梨的品牌矩阵。该合作社及梨花种植专业合作社均被中国绿色食品发展中心认证为"A 级绿色食品"，体现了魏县鸭梨在环保与品质上的双重保障。在河北省林业厅举办的果品擂台赛中，魏县鸭梨连续四届被评选为"果王"。2013 年 8 月，魏县出口梨及其产品质量安全标准化示范区通过了省专家组验收。2013 年魏县玉堂果品农民专业合作社和魏县梨花种植专业合作社先后被隶属农业部的中国绿色食品发展中心认定为"绿色 A 级产品"。连续五届在河北省林业厅组织的全省果品擂台赛上，魏县鸭梨被评为"果王"，特别是 2018 年魏县鸭梨在河北省第三届京津冀果王争霸赛中再创佳绩，获得了唯一的"梨王"。"魏县鸭梨" 2020 年 11 月被亚洲果蔬博览会组委会评为 2020 年度最受欢迎的果品区域公用品牌 100 强，2021 年 11 月被亚洲果蔬博览会组委会评为 2021 年度最受欢迎的果品区域公用品牌 100 强。

21 世纪初，魏县积极响应农业绿色化转型的号召，组建了"鸭梨变异品系优化筛选科研团队"。该团队聚焦于打造无公害乃至绿色精品鸭梨，旨在通过科技手段革新传统鸭梨产业。历经10余载的不懈努力与科研攻关，团队成功筛选出三大卓越变异品系——美香鸭梨、特大鸭梨与金丰鸭梨，这些新品种不仅继承了传统鸭梨的优质特性，更实现了显著的性能飞跃。

3. 主要经营主体情况

魏县以其广袤的土地孕育了丰富的鸭梨产业，全县范围内遍布着这一金黄硕果的种植园，总面积突破10 000公顷，蔚为壮观。充分发挥合作社、公司、新型农场的引领作用，积极推广密植梨种植，以点带线、以线扩面，建造密植梨园，推动鸭梨的长效发展。

魏县与河北长城果品股份有限公司（后简称长城公司）建立了稳固的合作关系，实现了果品统一定价收购，并利用电商平台将鲜梨销往全国各地乃至北美、澳大利亚、欧洲及东南亚等40多个国家和地区。长城公司因此跃居河北省鲜梨出口龙头，并荣获国家级农业国际贸易高质量发展基地认证。此外，魏县还涌现出一批创意与产业融合的企业典范。如2008年成立的梨家班徒果木工艺品有限公司，巧妙利用当地果木资源，打造出远销多省市的精美果木工艺品。魏城镇现章果品艺术农民专业合作社更是独树一帜，其艺术造型水果产品荣获国家4项专利，并受到多家主流媒体关注。该合作社与魏县盛世酒业的跨界合作，更是将艺术鸭梨融入酒中，创新出备受欢迎的新型果酒产品。同时，魏县梨兴园食品有限公司依托本地鸭梨、红梨资源，精心研发出一系列如魏州鸭梨膏、魏州红梨膏、梨球罐头及鸭梨醋等特色保健产品，不仅丰富了市场供给，也为魏县鸭梨产业的可持续发展开辟了新篇章。

二、独特性及优势

1. 产品独特性

"一梨三味"的口感，魏县鸭梨，平均单果重225克，最大650克，以其独特的"一梨三味"闻名遐迩，令人回味无穷。梨冠处散发出一股清新脱俗的香气，梨腹部分则是蜜糖般的甘甜，细腻滑爽，直沁心脾。而梨的尾部，又巧妙地融合了甜与酸，层次分明，令人欲罢不能。果肉脆嫩，轻轻一撕，便能从梨柄处将鸭梨一分为二，展现出其完美的内在结构，素有"天生甘露"之称。

种植面积广泛。魏县是以鸭梨为主的果树大县，其中，魏城镇、东代固、棘针寨、沙口集等乡镇更是成为鸭梨种植的核心区域，产量与质量并举。全县梨树种植规模由原来10万亩扩大至20万亩，占果树总面积80%，梨果年产量达45万吨。其中鸭梨种植面积15万亩、占75%，年产量35吨。据有关资料统计，果品业总产值一直占农业总产值的30%以上，果区农民收入的80%来源于鸭梨，鸭梨现已成为全县农村经济乃至整个县域经济发展的支柱产业。魏县积极推动鸭梨产业的发展，在保护传统鸭梨种植区的基础上，有序有力有效实施梨产业"一扩三提"工程，即扩大梨树种植面积、提高梨品质、提升梨品牌、提高梨效益。

营养价值高。属低能量、低脂肪和低胆固醇的食品，富含果糖、有机酸、维生素、膳食纤维、多种矿物质和天然抗氧化剂。果皮薄微有蜡质，肉质细、脆、嫩，汁液多，石细胞少。可溶性固形物含量平均11%以上，最高达16.3%，总酸含量≤0.16%，可溶性糖含量8%左右，糖酸比≥50∶1，贮藏后香味浓郁，具有生津润肺、化痰止咳、清热解毒、降火清心等功效。

2. 独特的品牌标志和吉祥物

魏县鸭梨独具特色，顶部左侧微微凸起，梨把稍稍歪向一边，通过线条勾勒完整还原魏县鸭梨的形态，让人在第一时间就能对品牌有深刻认知。标志图形中右上角以圆圈来表示"魏县鸭梨，酸甜有度"中的"度"，以暖色绘制，给人一种画龙点睛的神奇感觉。结合魏县"梨乡水城"的含义，在鸭梨图形中加入水波纹线条，一是与"梨乡水城"呼应，二是传达魏县鸭梨酸甜有度之余，不失丰润的口感。"魏县鸭梨"四个标志字的设计，并没有采用任何常规的传统的字体，而是以活泼的一种粗黑色字体进行展示，既有历史厚重感，又符合年轻人的审美标准，从而达到很好的铭记和宣传效果。

魏县鸭梨在吉祥物设计当中，充分考虑良心良作的优质产品，孔融让梨、梨出魏县的历史文化、优品优质美名远扬的美好愿景，将穿着带有"魏"字标识古代汉服的鸭梨人偶，一手托鸭梨，一手大拇指点赞的卡通形象作为魏县鸭梨的吉祥物设计，将魏县人民的恭谦礼让、亲切好客传递给四面八方的朋友。在吉祥物设计的基础上，通过故事化呈现、情节化打造，比如"有梨共享""功夫好梨""梨王争霸""新年有梨"等，赋予吉祥物设计更多的延展与内涵。

目前吉祥物设计名称尚未确定，正在通过一个全县的完全开放性的取名活动将"魏县鸭梨"传播出去，让更多人认识魏县鸭梨，从而对魏县鸭梨形成认知，达成市场销售。此外，已完成相关企业的包装设计升级、区域公用品牌包装设计工作，对魏县鸭梨形成整体系统化包装，便于区域公用品牌的管理和识别，有利于市场的集聚占领。

魏县鸭梨吉祥物

三、历史及文化

1. "天仙女嫁杜郎"的传说

梨文化源远流长，民间流传着"天仙女嫁杜郎""天龙下凡"等美丽的传说故事，至今流传着"孔融让梨，梨出魏县"的佳话。上古时代，玉帝派天龙下凡体察民情。天龙来到魏县泊儿村，化作长工，济世扶贫，惩恶扬善。附近村有一男子叫杜郎，与双目失明的母亲相依为命。杜郎整日耕作，换取薄银给母亲请医抓药。天龙化作老人，病倒在路旁，杜郎将其背回家中，照顾备至。天龙问杜郎有何要求，杜郎只求一治眼良方。天龙为他母亲开了药方，但药引子是人肉。杜郎割下一块肉，作为药引子，母亲双眼重见光明。

天龙回天庭后，妹妹天女被杜郎人品所打动，决心下凡见一见杜郎。天龙设法让妹妹私自下凡，并摘了一束梨枝交给天女。天女将梨枝嫁接到杜梨树上，结出的果实就是鸭梨。天女与杜郎结为夫妇，生儿育女。玉帝得知后，派天兵天将抓回天女，但鸭梨树留在人间。天女每年梨花盛开时下凡与杜郎见面。后人感谢天女带来鸭梨之恩，在每个梨园建庙供奉"梨花仙子"。每逢农历八月十五中秋佳节，人们用最大最香的梨祭谢天恩。

2. 历史文化发展

"鸭梨"，这一如今耳熟能详的水果名称，实则源自其古雅的前身——"雅梨"。在历史的长河中，因古人对文字的灵活运用与口语的顺畅表达，这一雅致的称呼逐渐演变成了更为亲切接地气的"鸭梨"。自秦汉时期起，梨的栽培技艺便已达到相当规模，与枣、栗、橘等果品并列为当时人们餐桌上的珍馐，共同见证了中华农业文明的辉煌篇章。在古籍记载中，《周书》《礼记·内则》及《庄子·天运》等经典文献，均提及了梨作为黄河流域重要水果的地位，其栽培历史可追溯至春秋战国时期。而魏县鸭梨，其栽培历史可上溯至秦汉，至宋明时期达到鼎盛。

北宋年间，魏县鸭梨的种植已蔚然成风，大面积的梨园遍布乡间，成为当地农民的重要经济来源。南北朝时期的科学巨匠贾思勰，在其农学巨著《齐民要术》中，对魏县鸭梨的种植技术、品种特性进行了详尽的描述，为后世留下了宝贵的农业遗产。明朝时期，魏县鸭梨的种植规模更是迅速扩大，明正德年间的《大名府志》中，便有关于当地梨树成林、桃花相映的生动记载，展现了魏县鸭梨产业的繁荣景象。清代以来，魏县鸭梨不仅在国内享有盛誉，更成为文人墨客笔下的常客。清朝知县毛天麒的"长风响梨叶，秋光遍原埠"诗句，便是对魏县秋日梨园美景的生动描绘。魏县魏城镇西南温村，更是被誉为亚洲最大的古梨园，这里不仅盛产优质的鸭梨，更蕴藏着丰富的梨文化故事与传说，如"千年梨王，人间仙果""仙女嫁杜郎，梨妈做嫁妆"以及"孔融让梨，梨出魏县"等，这些故事代代相传，为魏县鸭梨增添了几分神秘与浪漫的色彩。

邱县蜂蜜红薯：细腻软糯如蜂蜜的好红薯

"薯"中贵族——蒸煮烤样样好！

邱县蜂蜜红薯种植于邱县东南部，地处老沙河冲积平原区，这里的沙质土壤透气性与排水性良好，含沙量高、含泥量低，让红薯根系能够自由舒展，充分吸收养分。同时，当地充足的光照和较大的昼夜温差，十分有利于红薯糖分的积累。邱县红薯种植规模较大，全县种植面积达 6 万亩以上，年产鲜薯 3 亿斤。其中，以邱城镇段寨片区为中心，向周边 7 个村扩散种植红薯 1.2 万亩，带动新马头镇、古城营镇等 5 个乡镇 20 余个村发展红薯种植．邱县成功打造了"邱县蜂蜜红薯"区域公用品牌，还注册了"平丘山""薯往金来"等商标，已成功摘取国家地理标志产品，品牌影响力不断提升。

邱县蜂蜜红薯

一、品牌基本情况

邱县蜂蜜红薯（甘薯）是河北省邯郸市邱县的特色农产品，口感独特、色泽金黄、绵软水润，与其他红薯品种相比，口感、色泽、甜度比普通红薯高很多，口感甜如蜜，因此以"蜂蜜红薯"命名，零售价高达 10 元/斤。邱县红薯种植面积已达 6 万亩，鲜薯产量 15 万吨以上。其中，蜂蜜红薯年销量超过 500 万斤，产值超过 4 亿元。邱县通过"龙头企业+合作社+农户"的模式,引导和支持农民扩大种植面积,并成功打造了"邱县蜂蜜红薯"区域公用品牌,注册了"平丘山""薯往金来"等商标,并获得了国家地理标志产品认证。小红薯不仅是人们餐桌上的美味佳肴,也是邱县乡村旅游的特色资源。邱县充分挖掘红薯文化及其内涵,建立了集育苗、种植、深加工、观光于一体的红薯产业综合开发基地,生产红薯粉、红薯面条、红薯月饼等十余种产品,带动150名村民就业。"邱县蜂蜜红薯"已经成为当地农业的一张亮丽名片,不仅提升了农产品的附加值,也为乡村振兴和农民增收提供了有力支撑。

二、独特性及优势

邱县蜂蜜红薯以其口感、色泽、甜度比普通红薯高很多而著称,外观金黄,质地细腻,甜度适中,深受消费者喜爱。

1. "沙土阳光"伴成长

邱县属于大陆性季风气候,四季分明,气候温和,光照充足,昼夜温差大,4 000℃高积温,生长期每日10小时以上光照,成熟期15℃昼夜温差,能够积累更多营养,积淀更多甜蜜。域内14条河流流经,其中老沙河为邱县母亲河,水质清澈。地处黄漳河故道、黑龙江流域上游,土壤母质均属于古代黄漳河冲积物,土质为砂质土壤,透气透水,其中砂壤质潮土和轻壤质潮土30多万亩,土壤肥沃,弱碱富硒,养分充足,尤其适合红薯种植,"邱县蜂蜜红薯"有丰富的膳食纤维,含多种微量元素,营养丰富,低热量粗粮,备受人们喜爱。

2. 精选品种"蜂蜜甜"

全县种植10余个红薯品种,主要品种有蜜薯、西瓜红、烟薯25、龙薯九号等,重点选育高端蜜薯品种,皮薄光滑,软糯无丝,水润香甜如蜂蜜,每一口从舌尖甜到心头。高甜蜂蜜红薯,入口即化,甜而不腻,肉质细腻。邱县蜂蜜红薯,其最大特点是"甜",可溶性糖含量高,甜度达到45°~53.5°,但这种甜又不同于板栗红薯的粉甜,比较绵软水润,香甜如蜜。

3. 蒸煮烤样样美味

红薯是一种非常受欢迎的食材，它不仅营养丰富，而且可以通过不同的烹饪方法来满足不同的口味需求。邱县蜂蜜红薯在蒸煮、烤制时的口感却能从众多品种中脱颖而出，邱县蜂蜜红薯皮薄如纸，生吃脆甜，熟食甜香软糯，蒸煮还原自然甜润，软糯绵密，口齿留香；烤制更是香气四溢，糯而不干，神行不散，软糯细滑，皮薄肉厚，蜜汁奶黄，香甜似蜂蜜，无需纠结做法，每一种都能带来极致的味觉享受。

蒸煮烤，样样好！

广告语"邱县蜂蜜红薯，蒸煮烤样样好"

三、历史及文化

《邱县志》记载邱县在明代就开始种红薯，20 世纪六七十年代邱县百姓曾大规模种植红薯，90 年代之后由于效益较低，红薯产业逐渐萎缩、没落。近年，邱县红薯产业又迎来新的机遇。以河北沐泽农业有限公司为代表的龙头企业，引进"蜜薯"等新品种，广受市场欢迎。

1. 解密前世今生

邱县蜂蜜红薯，这个名字听起来就让人垂涎三尺。据说，这种红薯最早是在邱县的一个古老的小村庄里被发现的。相传，一位勤劳的农民在田间劳作时，偶然发现了一种甜如蜂蜜的红薯，他将这种红薯带回家，与家人共享，其独特的甜味和口感很快在村里传开了。村民们开始尝试种植这种红薯，逐渐形成了邱县特有的蜂蜜红薯。随着时间的推移，邱县的农民们不仅在种植上有所创新，更在红薯的加工工艺上不断探索。他们发现，通过特定的储存和加工方法，可以使蜂蜜红薯的甜味更加浓郁，口感更加细腻。这些工艺的传承和发展，使得邱县蜂蜜红薯的品质得到了进一步提升。进入21世纪，邱县蜂蜜红薯也迎来了现代化的转型。当地政府和农业部门开始重视这一传统农产品的品牌建设，通过科技手段提升种植效率，同时开展市场营销，让邱县蜂蜜红薯走向更广阔的市场。现在，你不仅能在邱县买到新鲜的蜂蜜红薯，还能在各大超市和网上商城找到它的加工产品……

2. 小红薯大产业

邱县红薯产业的起步可以追溯到传统农业种植，但随着时间的推移，当地政府和农民开始探索如何将红薯产业做大做强。他们引进了国外的红薯品种，并通过科研改良，培育出了适合当地生长的新品种——蜂蜜红薯。邱县目前种植的红薯大致分为三类。第一类是大宗红薯，如普薯32、烟薯25等，亩均收入3 000元以上。第二类是加工型红薯，如龙薯9号等，亩均收入2 500~2 800元。第三类是高端红薯，主要是"蜜薯"，零售价可达10元/斤，亩均收入3 500元以上，农民收益相当可观。此外，邱县红薯产业形成了完整的产业链。同时建设红薯文化广场、红薯展厅、红薯乐园等设施，将红薯文化融入乡村旅游中，吸引了大量游客前来体验。游客不仅可以亲手挖红薯、烤红薯，还能品尝到以红薯为原料的各种美食，如红薯饺子、红薯大锅菜等。邱县的红薯小镇旅游开发项目还荣获了"文旅惠农"全国首批专项典型案例，这个项目通过"政府+企业+平台"的孵化模式，实现了民俗、民宿、民艺的有机融合，带动了当地1 000余户发展，预期提高人均收入2 000元/年，小红薯带动农民增收致富！

邱县文冠果：浑身上下都是宝

邱县文冠果，全身都是宝，开发潜力巨大，花、叶、果、壳、枝都有较大经济价值，该树种是我国确定的十大木本油料树种之一。邱县文冠果栽培地位于邯郸邱县，种植面积约 2 万亩。采取"公司+合作社+基地+农户"的模式，通过保底分红、股份合作、利润返还等多种形式，带动 800 户农民种植文冠果，亩产果仁 300 余斤，产值 3 000 多元；亩产鲜叶 700 余斤，产值 1 500 元，农民亩均综合收益约 5 000 元，实现了企业发展、群众致富、政府得绿、互助共赢。

邱县文冠果品牌标志

一、品牌基本情况

1. 黄金种植地带，成就邱县文冠果名满天下

邱县位于北纬 36°、东经 115°的黄河故道，阳光充足，积温高，雨量适宜，是栽种文冠果树的黄金地带。邱县大力发展文冠果产业，建设中国北方最大的文冠果生产加工基地,建成1 100亩文冠科技园,发展文冠果种植2万亩。2017年7月邱县被国家林业局评为"文冠果产业发展综合示范基地",成功申报了"邱县文冠果茶"地理标志证明商标。2018年被评为"文冠果名县"、国家级一二三产业融合发展先导区,现已建成田成方、路成网,种、养、加、销、游于一体的文冠科技园区。实施了全省第一个城乡建设用地增减挂钩试点村项目,坞头社区成为全市第一个整村迁建模式的新型农村社区。在此基础上,规划建设了文冠小镇,建成文冠果展销厅、文冠果休闲园,建成农家乐设施100余间。

华耀文冠果暖茶包装

2. 研发力度不断加大,促文冠果品牌熠熠生辉

立足资源优势,依托润升公司,搭建了研企对接平台,与河北省农林科学院、湖南农业大学、河南工业大学等高校及研究所建立了合作关系,延伸链条,打造品牌,研发系列产品,培育全国首家文冠果研发、加工、销售企业,推进文冠果产业发展壮大。研发出文冠果黑茶、红茶、绿茶,注册了"华耀文冠""文冠寸金""文冠丹诚"等商标,申报了4项国家专利和"邱县文冠果茶"地理标志证明商标,与北京博纳公司合作,成功

发布"东方智慧树·邱县文冠果"区域公用品牌，提高了品牌价值和影响力。

二、独特性及优势

1. 果中珍品，金玉其质

邱县文冠果色泽鲜艳，果皮光滑，仿佛大自然精心打磨的宝石。轻轻咬一口，果肉细腻，香醇中带着一丝淡淡的苦涩，让人回味无穷。得益于当地的杂交选育技术，文冠果的挂果量显著增加，亩产更是达到了350斤以上，有效提升了产量，破解了千花一果产量低的难题。加之邱县处于"文冠果栽培黄金线"上，在光、气、热、水、土等有优势条件，与内蒙古、宁夏、甘肃、青海、新疆、辽宁等地区相比，邱县的文冠果树生长量和果实产量分别达到了它们的1~3倍和3~6倍，六年生的果树亩产可超过300斤，彰显了邱县文冠果的卓越品质和丰富产出。

2. 油中佳品，补脑黄金

文冠果在历史上有"御果、圣树、神油"之称，具有其他食用油不可比拟的医疗保健作用。作为木本油料，其中含3.5%的"高级神经营养素"——神经酸，具备很好的补脑健脑功效。富含不饱和脂肪酸、维生素E、甾醇、总酚、皂苷、黄酮等多种营养物质，且含量超过其他食用油几倍，具有降"三高"、解除脑疲劳、增强记忆力、增强免疫力、抗衰老等功能。通过冷榨方式榨油后的油粕，经过特殊工艺提取开发出文冠果生物肽，制成市场急需的优质蛋白产品，身价提高50~70倍。将文冠果油经加工优化后，开发出文冠果精油和护肤品如水、乳、霜等系列产品，深受市场欢迎。先后研制出功能食品和治疗前列腺的专用品，还可作润滑剂、涂料等，为邱县文冠果产业发展增加动力。

3. 茶的味道，药的功效

研制出了"一树三茶一油"生产加工模式，将文冠果落地的叶和花制成高档茶叶,即嫩叶绿茶、花蕊红茶、秋叶暖茶。文冠绿茶,香气种类含量多,含香气种类 123~125 种,比一般绿茶香气种类多近一倍,是名副其实的第一香茗;汤色鲜美,汤色金黄微绿,茶汤犹如山水画,是待客自用的极品;黄酮含量高,含有 4.6%黄酮,是所有茶含量的 1~3 倍,具有降血脂、抗衰老等多种功效。文冠花茶提取物是前列腺炎的克星,曾获得国家花梗茶发明专利。文冠果金花茶用文冠老叶,经过 20 多道工艺,3 次发酵后制成,其降血糖效果十分明显,而且无副作用。

4. 花香四溢,观赏价值高

邱县文冠果以其独特的观赏价值而闻名。果树在春季花朵盛开时,呈现出一片壮观的景象,具有极高的美学价值和旅游吸引力。文冠果花的花期长,花色丰富多变,花朵稠密,且颜色随时间推移而变化,从初开时的白色到后来的紫红色,为游客带来视觉盛宴。此外,文冠果花的观赏价值还体现在其花形独特,花序大,花朵数量众多,盛开时满树的花朵构成了一幅美丽的自然画卷。"绿心变却初时白,紫色由来昨夜朱",宋代诗人洪适的吟咏展现了文冠果花白、绿、红、紫次第绽放的多姿多彩,其坚硬的木质和美观的纹理是雕刻艺术的佳材,乡间手工艺人常用其雕刻成各式玩偶,吸引游人驻足观赏。

三、历史及文化

1. 千年史诗

文冠果自唐朝以来备受历代皇家贵族青睐。据《长安客话》载,昔唐德宗幸奉天,民献是果,遂观其人,故名"文官果",文官果肉旋如螺,实初成甘香,久则微苦。宋朝胡仔纂集的《笤溪隐丛》记载:"贡士举院,其地本广厦故营地,有文冠花一株,花初开白,次绿、次绯、次紫,故名文冠花。花枯经年,及更为举院,花再生。今栏槛当庭,尤为茂盛因此当时文武百官将朝服对应文冠花,由白逐升绿、红、紫,成为官运亨通的象征。康熙御笔《文冠果》"春来文冠馨,秋去鬆柏香。爱香鸟欲语,水清鱼信游"。宋慕容彦逢有《贡院即事》一诗,道:"文官花畔挹群英,紫案香焚晓雾横。十四年间五知举,粉牌时拂旧题名"。从那时起赴省、京赶考的学子就有了拜文冠树的习惯。蒙古喇嘛教中,视文冠果为神树,寺庙里的喇嘛用文冠果油点长明灯,用文冠果木制成木鱼、烟袋杆、木老虎玩具等。

文冠果在历史上有多次记载,李时珍的《本草纲目》记载长寿果称文冠树又谓"文光果,天倦果";性甘平,无毒涸黄水与血栓。肉(种仁)味如票,益气。润五脏,安神养血生肌,久服轻健年不老,树枝煎熬膏药,祛风湿,强筋骨。明代陈吴子的《花镜》、徐光启的《农政全书》也有记载。

国宴中曾多次使用文冠果油烹调菜肴,被赞其味道鲜类,还曾被多次赠予国外来宾。

邱县梁二庄镇刘段寨村有一棵文冠果树,树龄长达200年,证明了邱县与文冠果的深厚渊源,也说明邱县历来是适合种植文冠果的绝佳之地。

2. 花海传承

"以花为媒"壮大文冠果特色产业。文冠花开时期,邱县举办了农业直播带货、文冠果产业发展高峰论坛、农业旅游宣传推广、产业签约等活动,给农业振兴发展带来了新动力。邱县每年举办文冠果花节,万亩文冠果花竞相绽放,绚烂花海引得游客纷至沓来,推出特色文旅体验活动,包括畅游万亩文冠花海、"花开新时代"大型文艺演出、百年邱县图片展等内容,还可登文冠山、品文冠茶,参观文冠果茶、油生产工艺,还可以欣赏到邱县剪纸、漫画、烙画、根雕等非物质文化遗产展示和舞狮、唢呐、腰鼓舞等文艺节目,品味邱县独特的民俗文化。

饶阳蔬菜：这么鲜，那么香，美味蔬菜到饶阳

饶阳县位于河北省衡水市，蔬菜种植历史悠久，全县蔬菜种植面积达到 42 万亩，其中设施蔬菜 34 万亩，形成了 8 大特色设施蔬菜基地，年产各类蔬菜 260 万吨，居河北第一，年产值 22.6 亿元，占农业总产值 46.8%。饶阳蔬菜新鲜美味，绿色健康，叫响了"河北蔬菜重品质、品质蔬菜看饶阳"的良好口碑。

饶阳蔬菜品牌标志

一、品牌基本情况

饶阳县地处河北省中南部，全县土地总面积达 573 平方千米，全境地势平坦开阔，土层深厚，因地处饶河之阳而得名，是著名的"中国蔬菜之乡"。全县 58 万亩耕地，年产各类新鲜果蔬 260 万吨，产量在河北省中位居首位；饶阳县的蔬菜产业在京津冀市场占有率达到了 33% 左右，被誉为京津冀的"菜篮子"和"后厨房"。饶阳县的气候条件对农业生产极为有利，这里气候干燥、昼夜温差大、四季分明。土壤类型以壤质潮土为主，土质沙黏适中，保水保肥性强，为蔬菜的生长提供了良好的土壤条件。同时，饶阳县工业污染小，水质好，能满足高品质蔬菜的生产需要。饶阳县充分利用自身土地和气候优势，大力发展蔬菜产业，全县蔬菜种植面积达

到42万亩，其中设施蔬菜34万亩，形成了8大特色设施蔬菜基地，年产值22.6亿元，占农业总产值46.8%。

饶阳县的蔬菜产业自20世纪开始种植大棚蔬菜后，政府高度重视并大力推动这一特色产业的发展。2002年被河北省政府命名为"河北蔬菜之乡"，2009年被中国果蔬产业品牌论坛组委会命名为"中国蔬菜之乡"，2010年被农业部确定为"全国蔬菜标准园创建县"，被省政府确定为"蔬菜产业示范县"。这些荣誉的获得，不仅是对饶阳蔬菜品质的认可，也是对饶阳蔬菜产业发展的肯定。2013—2015年，连续举办了三届"蔬菜葡萄节"；2016—2020年连续举办了五届"北方秋冬季设施蔬菜大会"。进一步提高了饶阳蔬菜的知名度，加快了全县设施农业转型升级。2019年"饶阳蔬菜"被省政府认定为河北省名优农产品区域公用品牌，这标志着饶阳县的农产品逐渐从"特色"走向"品牌"，实现了果蔬产业的升级。

饶阳因蔬菜而名，因蔬菜而兴。2019年，"饶阳蔬菜"被省政府认定为河北省名优农产品区域公用品牌，饶阳县蔬菜产业发展有限公司、饶阳县忠大农业科技有限公司、饶阳县瑞佳家庭农场、饶阳县红响种植家庭农场、饶阳县向阳蔬菜专业合作社等被授予"饶阳蔬菜"区域公用品牌的使用权，这有助于充分发挥饶阳蔬菜区域公用品牌作用，提高蔬菜特色产业的附加值，打造产业融合新业态。同时，饶阳县围绕蔬菜特色产业，深入实施"两品一标"战略，着力打造京津冀蔬菜测评中心，助力当地设施蔬菜产业提档升级，通过技术赋能，饶阳县让河北优质蔬菜"赢在起跑线上"。

二、独特性及优势

1. 地理位置优越

饶阳县位于华北地区黑龙港流域，此处的气候和土壤条件为蔬菜产业在高品质作物的培育和生长等方面提供了得天独厚的优势。境内地势平坦，非常适宜大型机械化作业，对生产效率的提高与生产成本的降低起着重要作用。地处暖温带半干旱大陆性气候区，雨热同季，光照充足。全县

58万亩耕地，根据中国地质调查局检测，饶阳县土壤富锌、富钼，且99.8%的土地无重金属污染，具有坚实的土壤基础。饶阳县年均日照时数为2 745.2小时，日照率为62%，无霜期196天，年均气温12.3℃，年均降水总量552.6毫米。饶阳县位于北京、天津、石家庄、济南等大城市的中心腹地，周边有2个港口5个机场，有京九铁路、大广高速及省级公路肃临线、正港线等主骨架道路支撑，交通十分便捷，并且与京津及"三北"地区的许多大中城市的蔬菜市场保持着紧密联系，保证了蔬菜的快速流通和新鲜供应。

2. 生产规模庞大

饶阳县的蔬菜产业以其设施蔬菜为主导，主要有大棚、温室、中小拱棚等多种栽培种植模式，种植的蔬菜种类繁多，主导品种有番茄、茄子、甜瓜、黄瓜、韭菜等30余个。种植面积广泛，全县蔬菜种植面积达到42万亩，其中设施蔬菜34万亩，形成了8大特色设施蔬菜基地，棚室总量达到9.5万个，形成了10个万亩高品质果蔬示范片区，此外，还建设了1 500亩的绿色食品产业园和1 000亩的中央厨房产业园。年产各类蔬菜260万吨，其中番茄、茄子产销量均位居全省第一，日供北京果蔬达1 600吨，净菜占比95%以上。

3. 供销方式全面

饶阳果蔬有温室、冷棚、拱棚、露地4种栽培模式，采收期贯穿全年，通过冷储可实现周年供应。全县拥有大型批发市场及合作社批发市场19个，线上线下物流资源丰富，24小时内可将新鲜果蔬从田间地头送达京津市民餐桌。由于饶阳年果蔬交易量在350万吨以上，冷链物流需求市场巨大，因此将建立现代物流供应链，着力引进一批冷链物流仓储项目，打造产供销一体化格局，发挥品牌集聚效应，以京津等高端市场为重点，连续举办了京津冀蔬菜产业发展大会，承办了2023年河北净菜进京直通车首发仪式活动，并开展了"果蔬进京入津""米其林走进饶阳"等系列推介行动，饶阳高品质果蔬产品成功进驻京津沪深一线都市。多维开拓线上线下营销渠道，增强特色专业市场竞争力和占有率。

4. 品质绿色健康

绿色、有机蔬菜产品是进入市场的绿卡，也是市场竞争的王牌。近年来，饶阳加快了绿色、有机蔬菜的生产步伐，建立起了绿色、有机蔬菜标准化生产体系。目前，饶阳县有12个基地、22个蔬菜产品通过了绿色认证。饶阳县重点推广防虫网、黄板诱杀、熊蜂授粉、丽蚜小蜂防虫、生物秸秆反应堆等20多项实用新技术，生防基地扩大到15个村2.2万亩，生产出了饶阳不打农药的蔬菜。通过大力倡导"绿色防控"，深入推进"标准入棚"工程，全县绿色农产品达到80%以上。建立了全省首个县级综合检测中心，构建了全省领先的农产品质量追溯体系，蔬菜抽检合格率连续多年保持100%，保障了群众"舌尖上的安全"。

5. 质量管理严格

首先，饶阳在全省率先成立了第一家县级蔬菜发展联合总社，充分发挥联合总社带动作用，完善服务功能，积极构建标准化与质量追溯、市场营销、信息收集发布、品牌策划推广与技术服务五大体系，并根据市场变化，指导菜农调整蔬菜种植结构、提高蔬菜品质。其次，饶阳县大力发展绿色、有机蔬菜，建立了"宣传教育、源头管理、质量追溯、产品监测"四位一体、环环相扣的绿色蔬菜生产体系，确保了蔬菜品质。各蔬菜生产基地全部实行产品编码和质量追溯管理，做到5个100%，即100%有备案、棚室100%有技术规程、100%有生产监管责任人、100%有质量安全责任状、100%有生产记录。

三、历史及文化

饶阳县拥有悠久的历史文化和丰富的农业资源。早在商朝时期，饶阳境内就已有人类活动的痕迹。据《史记·赵世家》记载，东周战国末期赵悼襄王六年（公元前239年），封长安君（秦国公子成蛟）于饶，此为饶阳最早的史册记载，至今已有2 200余年的历史。西汉初年，饶阳县正式成立，成为涿郡属下的一个县，《汉书·地理志》云："涿郡属有饶阳县。"

这是"饶阳县"这个名字首次出现在历史上。饶阳县不仅历史悠久，而且文化灿烂。西汉武帝时期，大儒毛苌在此卜宅定居，招收弟子传授《诗经》，后被河间献王征为博士。毛苌的学术成就和对《诗经》的诠释，对后世产生了深远的影响，成为饶阳文化史上的重要人物。

饶阳县蔬菜栽培源远流长，种植蔬菜已有两千多年的历史。东汉著名农业典籍《四民月令》、北宋《太平御览》《太平寰宇记》、清顺治年间《饶阳县后志》、清乾隆年间《饶阳县志》对饶阳蔬菜均有记载。《饶阳民国志》记载："饶阳地平如掌，全境无山，村落云连，同趋农业，五谷棉花、菜蔬果木，土性皆宜。""遇汉凿井灌田，各村多用辘轳，水车价昂，贫家无力购买，外则灌园种菜，不待东方既白，甚且月明之下，灌至夜分，妇女开畦同帮操作，片刻不肯息"可见饶阳县蔬菜种植历史之悠久。改革开放后，饶阳蔬菜逐渐走向产业化经营的道路，并于1985年引入设施蔬菜种植技术，形成了区域化布局、规模化种植、产业化经营的生产格局。

冀州天鹰椒：天之椒子，香辣天下

冀州坐落于京津冀最美湿地——美丽的衡水湖南畔，是中国最大天鹰椒种植基地之一。冀州天鹰椒产业拥有悠久的历史，自明嘉靖年间辣椒在冀州落户，经过多年的传承与发展，逐渐形成了独具特色的产业格局。目前种植面积保持在 7 万亩，年产量达到 2.4 万吨，主要种植新一代、三鹰八号等天鹰椒品种。冀州天鹰椒颜色鲜红、椒型美好、皮薄肉厚、籽香油多、香辣俱溶，产品远销日本、韩国、新加坡等多个国家和国内 20 多个省市，深受国内外食辣人群的喜爱和欢迎。

冀州天鹰椒品牌标志

一、品牌基本情况

1. 地理环境

冀州，这座位于河北省衡水市的古城，不仅承载着丰富的历史文化，还孕育出了独具特色的农产品——天鹰椒。这里地处京津冀最美湿地——

衡水湖南畔,是古黄河、漳河、滹沱河冲积而成的平原腹地,拥有得天独厚的自然条件。冀州的气候属于暖温带半湿润大陆性季风气候,四季分明,日照充沛,雨热同季,降水集中。年平均气温约为12.7℃,年平均降水量约为482毫米,无霜期平均为192天,年平均日照时数为2 571小时。这样的气候条件为天鹰椒的生长提供了极佳的保障,使得冀州天鹰椒以其独特的品质和风味闻名遐迩。

2. 产品概况

冀州天鹰椒在明嘉靖年间开始种植,作为调料食用,于1982年在冀州开始大面积种植。种植面积最高时达7万亩,辐射周边县市达到15万亩,目前稳定在3万亩左右,主要种植新一代、三鹰八号等天鹰椒品种。经过冀州人多年精心培育、品种改良、技术改进,形成了形色味俱佳的天鹰椒品种,产品远销日本、韩国、新加坡等多个国家和国内20多个省市。天鹰椒以其椒形美好、颜色鲜红、皮薄肉厚、籽香油多、辣度适中、香辣俱溶、含量全面而著称。在保持干燥的同时不易破碎,即使在轻微潮湿的环境下也不易发霉,这些特性使冀州天鹰椒深受国内外食辣人群的喜爱和欢迎。

3. 荣誉称号

1997年冀州周村镇的天鹰椒在国家工商总局注册了"冀周"牌商标。1998年冀州周村镇被农业部为"中国辣椒之乡",1999年、2002年、2015年冀州天鹰椒先后被评为"河北名牌产品"。2005年,冀州天鹰椒被河北省质量技术监督局批准为省级农业标准化示范项目。2013年获得农业部"农产品地理标志"认证,2015年,被农业部认定为"全国一村一品示范村镇",巩固了冀州辣椒的品质优势,推动了辣椒产业提质提效。2020年,冀州天鹰椒荣获河北省二十大名优农产品区域公用品牌。"冀周""王老三"等商标被评为"河北省著名商标"、产品被评为"河北名牌产品"。

4. 经营主体情况

"冀州天鹰椒"实行政府引导、协会协调、企业主体、农户参与的运营模式。政府通过制定产业发展规划、出台扶持政策等方式，为品牌的发展创造了良好的政策环境。由冀州区农业农村局主导注册冀州天鹰椒品牌标志和包装盒，使用主体包括当地的种植大户、合作社以及相关企业。同时，本地辣椒产业协会积极组织种植户进行技术培训和市场推广，促进了产业的健康发展。主要龙头企业有衡水信德椒业有限公司、周村镇辣椒市场、衡水信达食品有限公司、衡水市衡农辣椒专业合作社等，在辣椒种植、生产、加工和销售方面发挥了重要作用。其中最为知名的冀州信德椒业有限公司，不仅涵盖了种植环节，还延伸至加工、销售等领域，不断推出辣椒干、辣椒段、辣椒粉等多样化的产品，满足了不同市场的需求。广大农户积极参与天鹰椒的种植，按照统一的标准和规范进行生产，为品牌提供了优质的原材料。

"冀州天鹰椒"采用环保、防潮、保鲜的包装材料，加强对包装质量的监管，确保包装符合环保、安全等要求，防止不合格包装流入市场。同时，设计了统一的冀州天鹰椒包装，突出品牌形象和产品特色，提高产品的辨识度和美观度。包装设计上采用红色为主色调，体现辣椒的火辣，配以冀州的标志性景观或文化符号，突出了冀州的地域文化和天鹰椒的特色。

二、冀州天鹰椒的独特性

1. 营养价值高

天鹰椒营养价值很高，堪称"蔬菜之冠"。天鹰椒品种优越、营养丰富，富含维生素B、维生素C、蛋白质、钙、铁、磷等成分。每千克辣椒含维生素C约1 050毫克，是茄子的35倍，番茄的9倍，白菜的3倍，白萝卜2倍。具有保健功能，能帮助消化、增进食欲、增强体魄、抵抗疾病。

2. 椒形美，口感佳

冀州天鹰椒，以其独特的形态和风味，在众多辣椒品种中独树一帜。冀州天鹰椒属簇生椒类型，每簇含有5~10个椒果，椒长4~5厘米，果径约1厘米,顶端似鹰嘴,朝天生长,其形娇美、其色红艳、其辣醇厚、其香浓郁。这种辣椒不仅色泽艳丽,而且辣味适中,香味浓郁,是烹饪中的佳品。冀州天鹰椒尤其适合作为火锅底料,它的香辣味能够充分融合到火锅中,让人品尝后满口辣香、回味无穷。

3. 色泽鲜艳

"冀州天鹰椒"色泽鲜红主要得益于冀州温度适合天鹰椒的生长。辣椒种子的发芽最适温度为20~30℃,冀州3月上中旬平均气温为4~6℃,苗床温度白天为25~32℃,晚上15℃,有利于苗床壮苗的形式。5月上旬平均气温16~18℃,加上地膜设施,地温可达22~25℃此温度有利于辣椒移栽成活,恢复生长,5月中下旬平均气温20~22℃,此温度辣椒易于侧枝的前发和花蕊的出现。6—8月平均气温26~27℃,光照充足、雨热同期够满足辣椒干物质的形成和积累。8月下旬至9月下旬是辣椒果实由绿转红的关键时期,此期关键因素是气温,转色的最适宜的温度是20~25℃,此时冀州的温度20.8~25.6℃,正是辣椒转色的最适温度区间,为冀州辣椒的色泽形成提供了保障。

4. 标准化管理

"冀州天鹰椒"实行统一种子供应、统一技术指导、统一质量标准、统一品牌销售的"四统一"管理体系,确保了天鹰椒的品质和品牌形象的一致性。在生产方面,制定了严格的生产标准和操作规程,从种植、施肥、病虫害防治到采摘、加工等环节,都有明确的标准和规范,保证了产品的质量安全,产品质量合格率100%。同时,建立了完善的质量追溯体系,通过信息化手段,对天鹰椒的生产、加工、销售全过程进行追溯,一旦出现质量问题,能够迅速查明原因并采取措施。在品牌使用方面,对使用冀州天鹰椒区域公用品牌的企业和个人进行严格的授权管理,确保其符合品牌使用的条件和要求,明确了品牌标识、广告语、包装等的使用方法和要求,防止品牌被滥用。

5. 产业链完整

"冀州天鹰椒"实现了种植、加工和销售的一体化发展。通过整合种植、加工和销售环节，实现了产业链的延伸和增值。广大农户积极参与天鹰椒的种植，按照统一的标准和规范进行生产，为品牌提供了优质的原材料，确保了原材料的稳定供应，农户与企业合作，推出辣椒干、辣椒段、辣椒粉等产品，通过加工提高产品附加值。最后通过展会营销、网络营销等多元化的销售渠道将产品推向市场。

三、历史与发展

冀州，这片古老而神奇的土地，自古以来便是华夏文明的发源地之一。相传黄帝划野分州，冀州便位列九州之中，大禹治水后，冀州更是被尊为九州之首。河北省的简称"冀"，正是源自这段悠久的历史。在这片土地上，深厚的文化底蕴与丰富的农耕传统交织成一幅丰富多彩的人文画卷。在冀州的民风民俗中，辣椒不仅仅是一种调味品，更是一种文化符号。在节庆日、婚丧嫁娶等重要场合，辣椒常常被用作象征吉祥和红火的吉祥物，体现了冀州人民对美好生活的向往和追求。

如今，冀州已成为中国最大的天鹰椒种植基地之一，种植面积达7万亩，年产量2.4万吨，辐射带动周边县市共同发展冀州天鹰椒区域公用品牌的建设，更是为这一传统产业注入了新的活力，提升了整个产业的整体竞争力。在品牌的引领下，冀州天鹰椒以其卓越的品质和独特的风味，赢得了国内外市场的广泛认可。产品不仅畅销全国，更远销至日本、韩国、东南亚等国家和地区，成为了冀州对外交流的一张亮丽名片。近年来，冀州不断创新发展模式，将辣椒产业与旅游、文化等产业相结合，成功举办了辣椒文化节等丰富多彩的活动。这些活动不仅展示了冀州辣椒产业的风采，也推动了一、二、三产业的融合发展，为冀州的经济发展注入了新的活力。天鹰椒产业的发展，更是成为了带动农户增收致富的重要途径。通过种植天鹰椒，农户们的收入水平得到了显著提高，生活质量也随之改善。火红的辣椒，不仅丰富了人们的餐桌，更点亮了农户们红火的日子，成为了冀州人民幸福生活的象征。

山海关大樱桃：海风送果香，穿越山海的甜蜜

山海关大樱桃主产区位于河北省秦皇岛市山海关区在北纬39°~40°，是一条高品质的大樱桃的生长线，主要栽培品种有美早、砂蜜豆、意大利早红、拉宾斯、滨库、红灯等30余种。现有大樱桃深加工企业4家，大樱桃专业合作社36家（其中国家级合作社1家），产业协会1家，被誉为"中国樱桃之乡"的代表。山海关大樱桃这一产业不仅带动了当地经济的蓬勃发展，还吸引了众多游客前来观光体验，年游客量高达40万人次，为产业园带来了超过6 000万元的旅游收益，真正实现了经济效益与社会效益的双丰收。

山海关大樱桃品牌标志

一、品牌基本情况

河北省秦皇岛市山海关区位于秦皇岛东部，东接辽宁省绥中县，南临渤海，西、北均与海港区交界接壤，在北纬39°~40°，是一条高品质的大樱桃的生长线。主要栽培品种有美早、砂蜜豆、意大利早红、拉宾

斯、滨库、红灯等30余种。现有大樱桃深加工企业4家，大樱桃专业合作社36家（其中国家级合作社1家），产业协会1家。被誉为"中国樱桃之乡"的代表。山海关大樱桃这一产业不仅带动了当地经济的蓬勃发展，还吸引了众多游客前来观光体验，年游客量高达40万人次，为产业园带来了超过6 000万元的旅游收益，真正实现了经济效益与社会效益的双丰收。

山海关大樱桃于2001年被国家林业局授予"中国樱桃之乡"称号，2014年大樱桃被授予河北省优质产品，2020年"山海关区大樱桃产业园区"被河北省政府评为"河北省现代农业精品园区"，"山海关大樱桃"被省农业农村厅评为"河北省农产品区域公用品牌"，并通过国家知识产权局的地理标志证明商标注册。现在，山海关区建立了集观光采摘、休闲度假、餐饮娱乐、产品加工为一体的新型农业综合体。并联合全区3个乡镇50余个行政村发展樱桃产业，共同致富。

山海关大樱桃的运行模式采用线上线下相结合的方式。线下采用大樱桃采摘园模式，将长城脚下漫山遍野的大樱桃树作为生态旅游、生态富民工程主体，吸引来自全国各地的游客，亲身体验大樱桃的采摘过程，与各产业业态融合，创造了可观的旅游收益。近年来，"双链融合"促进了山海关大樱桃的内生动力，采用线上销售渠道，开直播，走电商，大樱桃上了互联网这条高速道，远销多地，进一步释放了乡村振兴新效能，拓宽了农民致富增收之路。

二、独特性及优势

优越的地理位置和自然条件。山海关区东接辽宁，西通京津，处于交通重要枢纽，区位优势明显，便于大樱桃的运输和销售，同时有利于引进先进的农业技术和管理经验，提升大樱桃的品质的产量。自然条件方面，北依燕山，南临渤海，属于大陆性海洋气候，年积温达到3 300℃，空气湿度适中（40%～60%），大樱桃生长期间温度范围在22～33℃，风力较小、光照充足、昼夜温差明显。这些气候条件有利于大樱桃的干物质积累，提高果实的品质和口感。此外，山海关区的土壤有机质丰富，酸碱度适宜，灌溉用水主要来自石河水库，水质甘甜凛冽，为大樱桃的生长提供了良好的土壤和水源条件。

山海关区还享有较高的空气质量，全年空气质量优良以上天数达到260天左右，占比73%，这样的环境条件对于大樱桃的健康生长至关重要。正是有了这样优越的地理位置和自然条件优势才造就了山海关大樱桃肉厚核小，个大多汁，味道鲜美，富含维生素，蕴藏着山的味道、风的味道、阳光的味道、历史的味道，颗颗汁水饱满、粒粒甘甜醉人。

独特的栽培技术。山海关大樱桃采用果树短休眠栽培技术，在每年九月通过控制温度光照促使樱桃树木进入休眠期，11月下旬利用技术打破休眠状态，果树进入生长期，12月迎来花期，同月下旬采用蜜蜂授粉技术，为樱桃树授粉，1月底樱桃树就开始生长果实了。此时，普通大棚的大樱桃才开花，露天的樱桃树苗枝干还是干枯的。山海关大樱桃独特的栽培技术"休眠早，升温早"，最先抢得市场占得"先"与"鲜"，虽早上市但味道极佳，每年的12月至翌年5月，花果飘香，果农们在温暖舒适的环境中不再为树木长时间的休眠而烦恼，变冬闲为冬忙。山海关大樱桃的独特栽培技术，不仅使果农们获得了更大的经济效益，更能让消费者在春节前就能品尝到个大、汁多，色鲜味美的果子。

丰富的营养价值和独特口感。山海关大樱桃以其果肉丰厚、汁水饱满和诱人外观而深受消费者的喜爱。山海关大樱桃果皮和果肉呈深红色，果肉紧实，一口塞进嘴中，汁水一瞬间爆炸开来，果香四溢，口口生津。每100克的山海关大樱桃中含铁量多达59毫克，居于水果首位；维生素A含量比葡萄、苹果、橘子多4~5倍。此外，大樱桃中还含有维生素B、维生素C及钙、磷等矿物元素，具有抗贫血、防治麻疹、祛风胜湿、收涩止痛、美白祛斑等养生功效。在满足味蕾的同时，也补充了身体所需营养元素，有一果多用的效果。

强有力的科技支撑。为了让山海关大樱桃走在品质前列，山海关与中国农业科学院、全国农业技术推广服务中心等20余家的科技研究院建立合作关系，产学研相结合，进行技术攻关。山海关建立了两个基地。一是占地100亩的大樱桃苗木繁育基地；二是占地300亩的高标准大樱桃生产示范基地。苗木繁育基地每年可向果农提供20万株优质大樱桃苗木，并设有专业技术人员进行日常管理。这一举措不仅提高了种植户的科学素养，也使山海关樱桃每亩增产100斤以上，优果率提高了30%以上。值得特别一提的是，山海关区作为农业农村部第一个大樱桃蜜蜂授粉与病虫害绿色防控集成增效技术示范区，率先应用蜜蜂授粉与病虫害绿色防控技术集成替代药剂防控降低农药依赖，保障果品质量。随着产量的增加和优果率的提高，山海关大樱桃被更多的消费者所熟知，成为山海关农产品的一张响当当的名片。

三、历史及文化

山海关大樱桃不仅是山海关地区的特色产品更是该地区的重要文化符号和经济支柱。山海关大樱桃经过近40年的发展，已与山海关紧密相连，融入关城生活的方方面面，特别是文化生活。自2006年起，每年在樱桃丰收时举办"山海关大樱桃节"系列活动，以活动带动旅游，用旅游传播品牌，用品牌塑造形象，形成了多元农业价值开发体系，特色节庆推介活动。在"山海关大樱桃"区域公用品牌取得后，举办区域公用品牌发布会，并联合河北电视台制作"古韵雄关美·山海樱桃红"特别节目，在短时间内高频次引爆媒体、公众关注，提高了山海关大樱桃的知名度，扩大了区域公用品牌影响力，提升了市场认可度和美誉度，促进大樱桃产业迈向高端。

大樱桃的悠久种植历史与丰富多彩的文化活动及蓬勃发展的旅游业紧密相连，共同编织出一幅生动的产业画卷。当地巧妙地将大樱桃产业与农业休闲游及"采摘+古城"游相结合，不仅提升了山海关大樱桃的品牌影响力，还全面弘扬了"山、海、关、城"这一独特的文化魅力。

石河镇作为山海关大樱桃的主要产区，其精心培育的19个大樱桃精品采摘园及风格迥异的农家院饭店，成为游客们体验乡村风情、品尝新鲜樱桃的理想之地。此外，随着"大樱桃百亩观光园""万亩大樱桃示范基地"等项目的相继开发，一系列技术先进、管理科学、带动力强的新型农业经营主体如雨后春笋般涌现，为整个产业注入了新的活力。

这些新型农业经营主体不仅推动了观光采摘、休闲度假等传统农业业态的升级，还催生了餐饮娱乐、产品加工、体育赛事等多元化的发展模式，实现了农业与旅游、文化、体育等产业的深度融合。一、二、三产业的融合发展，不仅提升了农产品的附加值，还促进了农村经济的多元化发展，为农民提供了更多的就业机会和增收渠道。

晋州鸭梨：天生甘露，落地酥碎，嚼后无渣

晋州鸭梨，产自河北省石家庄市晋州市核心产区，依托太行山麓得天独厚的自然生态，形成了独具特色的优质梨果种植带，素有"落地酥碎，嚼后无渣"之美誉。品牌传承明清古法窖藏工艺，结合冷链锁鲜技术，打造"从枝头到舌尖"的全程保鲜链。近年通过"公司+合作社+农户"模式，带动万亩梨园升级为生态观光农业基地，推出梨汁、梨膏等深加工产品。曾获全国果品博览会金奖等荣誉，远销东南亚、欧美等40余国。晋州鸭梨不仅承载着"中国鸭梨之乡"的千年农耕智慧，更以"自然馈赠与匠心坚守"为核心理念，致力于为全球消费者提供健康、高品质的水果体验。

一、品牌基本情况

晋州的鸭梨，其果实形状优美，颜色清新雅致，果皮薄，核小，肉白，多汁，香味浓郁，口感脆爽，酸甜适中，香味持久，被誉为"人间仙果""天生甘露"。晋州鸭梨的优良品质，与晋州市所处的特殊地貌和地质条件有关。《晋县土壤志》记载，全市619平方千米，砂质土壤占全市耕地面积的70%以上，共有42万亩适宜鸭梨生长的土地。晋州市地处滹沱河冲积洪积扇前缘平原上，地势由西北向东南缓慢倾斜，海拔由42米降至39米，地势平坦，砂壤质土壤，透水性、通气性好。独特的地理环境和土壤条件，非常适宜鸭梨的生长，形成了晋州鸭梨赖以生长的独特环境。在政府出台一系列扶持文件的同时，经过几年的引导扶持，建立节水长效机制，全面提升农业用水效益，保障鸭梨生长需要，初步形成了加工有龙头，种植有基地，生产有标准，产品有品牌，技术有专家，销售有市

场的产业化格局。

近几年,石家庄市和县两级市场监督管理部门对地理标志的注册和使用进行了积极地探索,为当地的特色产业提供了有力的支持。12家使用晋州鸭梨商标获得了国家地理标志保护,这将有力地助力晋州鸭梨产业发展壮大。晋州鸭梨收购价格比一般鸭梨高0.1~0.4元,带动了当地农民返乡创业,目前已有5万多名梨农,年出口额达55 000万元,产品主要销往美国、加拿大、澳大利亚、欧洲等国家,在我国的高端鸭梨出口量中占有35%的份额。在市场监督管理部门的帮助下,晋州鸭梨在产业链延伸和文旅融合等多个层面上都取得了显著的成绩。

二、独特性及优势

民间有句谚语:"一颗荔枝三把火,日食斤梨不为多"。晋州鸭梨质量优良,色泽金黄,皮质如玉,果肉细腻,酸甜可口,清香多汁,素有"落地酥碎,嚼后无渣"之美誉。

晋州鸭梨

1. 品质非凡之魅力

晋州鸭梨果实呈倒卵圆形,果扇一侧呈鸭头状突起(鸭突),故名鸭梨。果梗细长,常向一侧弯曲,基部呈肉质状。果面光滑,果点小而密,表面微有蜡质,呈圆形、淡褐色。果实大小中等,其可溶性固形物含量为11.0%~13.0%,单果重200~230克,最多达到280克。初采摘的果实黄绿色,经贮藏后色泽金黄,可以保持6个月的贮藏。

2. 营养价值之宝库

晋州鸭梨含有12%的糖分,并且有丰富的维生素C、钙、磷、铁等多种营养成分,特别是维生素B含量丰富,在水果中属于营养之最,具备极高的营养价值。研究显示,晋州鸭梨水分约为85%,果糖含量介于6%~9.7%,葡萄糖含量介于1%~3.7%,而蔗糖含量在0.4%~2.6%。100克的可食性部位含有5毫克的钙、6毫克的磷、0.2毫克的铁和4毫克的维生素C。此外,梨中还含有丰富的维生素B_1、维生素B_2、蛋白质、胡萝卜素等。

3. 药用精粹之功效

鸭梨生吃能使六腑中的热邪得以驱除;鸭梨若熟透,则能滋阴五脏,具有润肺凉心、清痰降火、解疮毒之功效,可用于感冒,支气管炎,咳嗽,烦咳失音,大便秘结,解酒毒。素有"人间仙露""百果之王"之美誉,实属营养、保健绿色食品。晋州鸭梨具有一定的药用和营养价值,根据《本草明新》中记载,"鸭梨性甘寒微酸",有"清肺、通大肠、止咳化痰、清热止渴、润燥祛风、解酒清热"的作用,是一种很好的药用植物。晋州鸭梨的梨汁以及熬炼的梨膏,有解渴、止咳、化痰的功效。

晋州鸭梨(横切面和纵切面)

三、历史及文化

1. 古老传奇

据考证,晋州的鸭梨栽培已有2 000多年的历史。唐朝著名宰相魏征曾亲手培育出优质的鸭梨品种,并将管理技术传授给家乡的父老,人称"魏征梨",其返回晋州省亲时,曾让御医用鸭梨熬制秋梨膏为其母治疗老年哮喘病的故事至今仍在流传。鸭梨还曾作为真定府（明清时代晋州隶属真定府管辖）献给皇宫的贡品，故称"真定御梨"。刘统勋上疏，盛赞武邱之梨，康熙龙心跃跃，颁诏为御贡。武邱贡梨，名之"三黄"，亦称"三皇"：皇家独享，梨透黄色，盛似金盆。晋州鸭梨以其卓越的品质和迷人的风味，征服了皇室贵族的味蕾。一辆辆满载鸭梨的马车，驶向远方的宫殿，带去的是晋州的骄傲与荣耀。

2. 传承之路

晋州鸭梨的栽培技术，在漫长的岁月里，一直传承至今。祖辈们用心血和智慧总结出的种植经验，成为后人宝贵的财富。从挑选适宜的土地，到精心培育幼苗，从把握浇水施肥的时机，到巧妙应对病虫害，每一个环节都凝聚着先人的智慧。目前晋州市拥有59.8万亩耕地和24.1万亩果树，其中梨树达到16.98万亩，年产量高达60万吨，产值达到13.13亿元。梨果产业链带动农民就业11万人。晋州市先后被评为中国鸭梨之乡、全国梨产业十强县（市）、全国梨产业建设示范县、晋州鸭梨中国特色农产品优势区、河北省农业产业化先进县、国家鸭梨优势特色产业集群建设重点县等荣誉称号。农业农村部首批国贸基地3个（长城、天洋、雄瀚）、河北省首批国贸先行区。8个示范基地通过农产品出口国际标准化认证；拥有2个国家级一村一品（梨果）示范村镇（北辛庄、武邱）。河北省首场鲜梨出口产销对接会于2021年9月在晋州市举行。晋州鸭梨在2020年被列入中欧互认地理标志农产品保护名录，并于2021年评选为国家地理标志产品保护示范区。2022年被确定为全国农产品"三品一标"示范基地。

晋州鸭梨

3. 续写璀璨未来

晋州鸭梨的历史,就像一部波澜壮阔,充满了奋斗和传承的辉煌的史诗。自古以来,这片土地就和鸭梨有着深厚的羁绊。在悠悠岁月中,它见证了晋州的沧桑变迁与蓬勃发展。晋州鸭梨不仅仅是一种美味的水果,更是晋州人民情感的寄托、奋斗的象征。它承载着晋州人民对美好生活的执着追求,那一个个圆润饱满的鸭梨,蕴含着无数晋州人的辛勤汗水与无尽期望。

赵县雪花梨：孕育千年的神果

赵县雪花梨主产区位于石家庄市赵县东部的范庄镇和谢庄镇，目前已有梨果专业合作社197家，种植农户10 000余家，整个产业年产值达14.2亿元，是中国著名的雪花梨之乡。赵县雪花梨种植历史源远流长，历经千年岁月沉淀，备受赞誉，被视为果中珍品。

赵县雪花梨区域公用品牌标志

一、品牌基本情况

1. 自然环境

赵县古称赵州，隶属于河北省石家庄市，县城距省会石家庄市东南40千米。"千年古县"赵县自古就有"三宝"：雪花梨、古寺、赵州桥，其中赵县雪花梨迄今已有两千多年的栽培历史，赵县雪花梨因其果肉洁白如玉，似霜如雪而得名。

赵县地处太行山东麓中段的山前冲积平原上，地势西北高东南低，开阔平坦。赵县土壤为褐土地带，耕层深厚，保水、保肥性较好，属东部季风气候区暖温带半湿润地区，一年四季分明，春秋两季时间短，夏冬两季时间长，雨量充足，得天独厚的地理区位优势给农作物的生长提供了充足的养分，正是这片肥沃的土地孕育了闻名的千年神果——赵县雪花梨。

近年来，赵县县委、县政府紧紧围绕传统优势，进一步将梨果产业做大做强。目前全县梨果种植面积25万亩，其中雪花梨面积13.7万亩，已经形成完备的产业化链条，整个产业年产值达14.2亿元。

2. 品牌荣誉

赵县雪花梨久负盛名、品质独特、传承有序，历年间获得各类奖项称号不计其数。2016年赵县雪花梨被评为全国名优果品区域公共品牌；2017年经赵县质量监督局审查，批准赵县雪花梨（赵州雪花梨）为国家地理标志保护产品；2018年12月冀华星牌雪花梨荣获绿博会金奖；2019年11月赵县雪花梨获得京津冀果品争霸赛金奖、优质果品奖，同年河北省气候中心授予赵县雪花梨2019年度河北省气候好产品；2022年9月赵县雪花梨获石家庄市级农产品区域公用品牌称号，同年10月被评为石家庄市"十佳"区域公用品牌；2023年赵县雪花梨入选中国农产品区域公用品牌（市场）10强。

3. 主要经营主体情况

赵县雪花梨种植辐射较广，各乡镇从业者、加工厂众多，为当地带来了极大经济效益。赵县雪花梨农产品区域品牌主要经营主体由6个梨果龙头企业、197家梨果专业合作社、10 000余家种植农户构成。

龙头企业。现有6家赵县雪花梨龙头企业，包括石家庄赵龙食品有限责任公司、河北壹州食品有限公司、河北绿诺食品有限公司、河北文华嘉壹农业科技有限公司、赵县成吉食品有限公司、赵县旭海果汁有限公司。赵县现有16条现代化的生产流水线，年产梨果15万吨，确保产出的梨果能够实现高效地转化，缓解市场上的竞争压力，达到果品增值的目的。赵县雪花梨产品以鲜梨果、梨干、梨脯、梨汁、梨罐头等初加工产品为主，梨酒、果酱、果醋等深加工产品为辅。

梨果专业合作社。赵县梨果专业合作社已达197家，带动从事梨果产业的果农1.2万户，其中以合作社为基础在梨区村发展科技示范户2 000余户。各合作社之间也加深了合作，赵县大寺庄果品技术专业合作社、赵县谢庄乡乐植堂梨果种植专业合作社等8家对产品包装进行了统一；赵县冀华星果品专业合作社、赵县前进梨果种植专业合作社、赵县郑荣果品专业合作社等20家形成了统一的生产技术标准。

种植农户。当地种植雪花梨的农户多达10 000余家，赵县雪花梨的种植极大改善了农村大批剩余劳动力的生计问题，为当地带来极大的经济效益，在相关政策的扶持下，农民吃不饱穿不暖已成为过去式。同时，赵县雪花梨产业的发展有利于推动农村青壮年劳动力返乡，对赵县的乡村振兴事业产生了极大推动力。

二、独特性及优势

1. 独特的产品优势

种植历史悠久：赵县是"中国雪花梨之乡"，自古有种植雪花梨的历史，赵县的梨果栽培历史已有2 000多年。全县百岁以上树龄的梨树仍有4万多棵，现如今采摘选用的仍有古树雪花梨，树龄在100~700年不等，采摘期是从9月初到10月初，比其他梨园要迟，梨果的含糖量更高。正是因为其延续至今的种植历史，让赵县雪花梨成为梨中精品，从而有别于其他品种，拿起这颗梨好似与古人产生了呼应与共鸣。

地理位置适宜。优质梨的生长需要土层深厚、土质疏松、给排水良好的土地，我国著名的优质梨产地，大都是冲积沙地，或保水、保肥良好、土壤通透性好的山地。赵县梨区地处太行山东麓冲积平原，滹沱河故道，土壤为粉质砂壤土，表土疏松，透气性好，具有一定的保肥保水能力，并且土壤中含有多种微量元素，非常适宜梨树生长。同时赵县春季多偏南风，夏季炎热，高温多雨，初秋多连阴雨，中秋天高气爽，冬寒干燥少雪，多西北风，这种气候条件为赵县培育了似霜如雪、洁白如玉的雪花梨。

营养价值丰富。雪花梨的药用价值自古就为人们所认识，历代的药典如《本草纲目》等记载很多，认为雪花梨性微寒味甘，有生津、润燥、清热、化痰的功效，经常食梨对滋阴、降压、保肝、助消化、减肥等大有裨益，还可以治疗感冒咳嗽、热病烦躁、便秘、解酒毒等；李时珍亦认为，雪花梨可润肺凉心，消痰降火，解疮毒、酒毒。因此雪花梨的营养价值毋庸置疑，是水果中当之无愧的精品。

外观与口感独特。赵县雪花梨果形长圆，色泽鲜雅，果面有浅褐色斑点，个头硕大而皮薄，单果平均350克，大个儿的有500多克。果肉洁白似雪，汁多味甜，质细脆嫩，有冰糖味和怡人的香气。贮藏后，果皮渐呈金黄色。据科学化验分析，雪花梨除含有较高的糖分、果酸外，还含有蛋白质、脂肪、维生素C、矿物质和碳水化合物。甜度普遍提高1~2°，含糖量达13.8%，比"天津鸭梨"高3%左右。

产品门类多样。除鲜食外，也可以加工梨干、梨膏、梨脯、罐头、梨汁、梨酒等各具风味的保健食品，可入药医病，有生津、润燥、清热解毒、化痰止咳等医疗功效。

2. 独特的品牌建设

赵县县委、县政府高度重视赵县雪花梨品牌建设。一是逐步健全赵县雪花梨产加销各个环节的政策制度，全方位保护赵县雪花梨的地域特征和鲜明特色，让赵县雪花梨成为富有文化底蕴的"金字招牌"。二是成立梨果产业协会，由政府进行管理，加强内部建设。赵县的梨果相关协会中，赵县赵州梨产业发展协会将承担起监督、规范等工作，为赵县"雪花梨"品牌管理工作提供科学、有效的保障。三是与浙江城乡设计院联手，深入挖掘赵县雪花梨2 000余年的传统栽培方式，打造"生态梨园""特色梨乡"的主题小镇，推动一二三产业的深度融合。四是设立专项经费，扶持赵县雪花梨品牌，从2016年起，赵县农业农村局每年评选"优秀赵县雪花梨专业合作社"，并拿出2万元的奖金，助力赵县雪花梨业的发展。

三、历史及文化

"赵州石桥什么人修，玉石栏杆什么人留"，赵县古称赵州，因其拥有千年历史的赵州桥而闻名，在这古桥旁更有着生长千年的贡梨——赵县雪花梨。行走在这片枝繁叶茂的千年古梨园中，仿佛穿越千年之前，享受这一口雪花梨的清甜，更能品味出穿越古今的韵味。

赵县雪梨的种植已有千年历史，自东汉末年，就成为皇室青睐的上品。三国时，魏文帝曾以诏书的形式，让常山郡年年进贡御梨，"真定御梨，大若拳，甘若蜜，脆若菱，可以解烦释渴"，从此这里的梨园挂上了"御果园"的牌子。乾隆"南巡"路过赵州，一新科举人进贡了赵州雪花梨，乾隆品尝后大加褒奖，赞道："奏事详明，献梨有功，委以赵州教谕，训育诸生。"并传御旨，划大东平和南庄等一带梨园为"御梨园，岁贡宫廷"。至今，赵县境内至少存有6 000多棵三四百年的古梨树。

在赵县，流传着很多雪花梨的传说，其中一个故事跟梨树的嫁接有关。古时候，一位道士送给赵州名医王好古的父亲一个大梨和梨籽。在一眼水井边，王好古和父亲培育出一片梨林，梨树结出水灵灵、甜蜜蜜的梨，后来，一位贪心的宰相想霸占这片梨园，王好古父子宁死不肯相让。宰相恼羞成怒，一夜之间把梨树全部砍光，王好古的父亲被活活气死。在埋葬父亲的时候，王好古从土里刨出一个石匣，里面有本奇书，上写这样几句话，"看来是座坟，坟里没死人。刚要开了刀，借尸还了魂。"王好古受到启发，便把宰相砍下的树枝一一嫁接到树桩子上。数日后，梨树死而复生。直到现在，人们嫁接雪花梨仍需要将杜梨树作为主要砧木。

雪花梨是水果中的佳品，也是治病的良药。唐代，"炉端烧梨"在皇宫中盛行。据说，唐武宗李炎患病，口干面燥，心热烦闷，寻遍天下名医，始终不见好转。后来，青城山邢道人路过京城，被召入宫问诊。邢道人用雪梨和蜂蜜熬制成了雪梨膏，让唐武宗服下，果然痊愈，雪梨膏从此兴盛，流传至今。

晋州黄冠梨：金色皇冠，甜蜜有范

晋州黄冠梨，产自河北省石家庄市晋州市核心产区，依托日照充足、昼夜温差大、土壤肥沃的自然禀赋，形成"黄金梨果带"。果型端庄如冠，表皮金黄油亮，果肉莹白如玉，以"细嫩无渣、蜜甜沁心"著称。目前，晋州从事黄冠梨果产业龙头企业10家、石家庄市级龙头企业16家、省级农业产业化联合体3家、市级产业化联合体5家、县级联合体10家。晋州黄冠梨已经出口40多个国家和地区，在晋州种植已达10万亩的规模，年产超过40万吨。晋州黄冠梨不仅承载着"千年梨乡"的农耕文化，更以"自然精粹，品质如冠"为理念，为消费者提供高端鲜果体验与健康生活选择。

一、品牌基本情况

晋州黄冠梨，光滑细腻，皮薄肉厚，营养丰富，甘甜多汁，有独特的清香。它是新中国自主选育的新品种，由河北省农林科学院石家庄果树研究所1977年用"雪梨"作母本，"新世纪"为父本培育而成的新品种，1992年在晋州市进行了"嫁接"试验，并在晋州市大面积推广。晋州市是梨果生产大县，与有2 000多年历史的"晋州鸭梨"是姐妹种，是晋州市最大的水果品种。晋州市对外贸易公司于1988年就首次将黄冠梨推向国际市场，受到广大客商的赞誉，并开始外销。

2017年，晋州市林果产业协会积极推进"晋州黄冠"品牌申请国家地理标志证明商标，2019年经国家知识产权局核准，获得了"晋州黄冠"地理标志认定商标，晋州市林果产业协会公布《晋州黄冠梨地理标志证明商标暨地理标志专用标志使用规范》，以"晋州黄冠梨"为基础，进一步完善"晋州黄冠梨"的标准化体系,并对晋州黄冠梨进行规范和推广。晋州黄冠梨获得多项荣誉,2021年晋州黄冠梨被河北省农业农村厅评为"名优农产品区域公用品牌",2022年黄冠梨获得"石家庄市果品争霸赛金奖、优质奖",2022年晋州黄冠梨被石家庄市农业农村局评为"十佳"农产品区域公用品牌。

二、独特性及优势

在广袤无垠的燕赵大地之上,晋州黄冠梨宛如一颗璀璨夺目、熠熠生辉的明星,散发着无与伦比的独特光芒。它以那圆润饱满的身姿、细腻如脂的肌肤,在这片古老而充满传奇的土地上格外引人注目。它不仅仅是一种水果,更是燕赵

晋州黄冠梨

大地自然之美与人文情怀的生动体现。在阳光的照耀下,晋州黄冠梨闪烁着金色的光芒,仿佛在向世人诉说着这片土地的故事,成为燕赵大地上一道亮丽而独特的风景线。

1. 得天独厚的生长区域

晋州黄冠梨拥有独特的生产地域范围,位于河北省中南部冀中平原腹地,属暖温带大陆性季风气候,四季分明,光照充足。太阳辐射季节性变化显著,为滹沱河故道流域,土壤类型为砂土、砂壤土及质褐潮土。地下水资源丰富,水质甜腻,可直接饮用。这里的土壤疏松、透气性好、土地肥沃,能让果树充分吸收土壤中的有机质,促使根系发达、枝繁叶茂。每年4月,偏南微风轻拂,雨少干旱,月初平均气温上升到5℃以上,中旬平均气温10℃以上,有利于适时进入初花期的黄冠梨充分授粉和挂果。6月份幼果期,降水量增多时可满足果树根系吸收,不足时地下水灌溉补充,偏多时特殊土壤可迅速渗透,避免积水烂根和病害。适度的水分既满

足生长需要，又不降低含糖量和清脆口感。充足的日照和土壤条件持续保持地温和太阳辐射，进入 8 月后，日照更强，昼夜温差加大，光合作用增强，有机物积累，果实甜度不断提升。适宜的气候和特殊的区域土壤条件，为晋州皇冠梨的独特品质提供了坚实保障。

2. 惊艳绝伦的品质特色

晋州黄冠梨果实较大，单果重 200 克以上，果形近圆，外观酷似金冠，椭圆形。果面光洁，呈浅黄色，果点较小。果心小、果肉白、皮薄多汁、清脆爽口、易储存。采后即食，口感蜜甜略带酸味，香味清淡。储存 20 天以后，后熟让果肉更加细腻，嚼后汁足，口感更甜。如此独特的品质，让晋州黄冠梨在众多水果中脱颖而出，成为人们舌尖上的宠儿。

3. 严格规范的品质检测

晋州市林果产业协会作为"晋州黄冠梨"地理标志证明商标的注册持有单位，高度重视黄冠梨的品质。每年都会按照"晋州黄冠梨"的系列标准对其进行随机抽查检测，严格监测黄冠梨品质，确保每一颗黄冠梨都质量优良。这种严谨的态度，为晋州黄冠梨的品牌形象增添了浓墨重彩的一笔，也让消费者买得放心、吃得安心。

晋州黄冠梨

晋州黄冠梨，以其独特的区域优势、卓越的品质和严格的品质监测，成为区域公用品牌中的佼佼者。它不仅是晋州的骄傲，更是大自然赐予我们的珍贵礼物。

三、创新及发展

在时光的长河中，晋州黄冠梨的历史可追溯至久远的过去。或许在某个宁静的乡村角落，第一棵黄冠梨树悄然生根发芽，开启了它的传奇之旅。那饱满多汁的果实，从一开始便以其独特的魅力征服了人们的味蕾。而如今，新一代的晋州人肩负起了继承黄冠梨传统的重任。他们秉持着先辈们的智慧和勤劳，采用先进的种植技术，不断提升黄冠梨的品质。同时，他们也积极开拓市场，通过电商等渠道，让晋州黄冠梨在新时代焕发出新的活力。

晋州黄冠梨历史介绍

四、历史及文化

河北省晋州市以梨为主要生产基地，有1 300多年历史，是优势特色产业。晋州"黄冠梨"的兴盛有主客观原因，其在晋州市对外贸易公司推广下，以3.5元/斤价格出口东南热销，种植面积不断扩大。但黄冠梨中早熟，室温存放20天以上会失品质风味。面对增产可能带来的销量问题，时任晋州市外贸进出口公司的郭军考（现为河北鲜鲜农产品有限公司董事长）考虑放冷库。因不清楚特性且价格高无人敢冷藏，他冒险在小型冷柜试验，根据销量算冷库容量，采用水果快速入库集中入库步骤，3天完成首次入库。为确保顺利，他咨询晋州市林业部门专业人士，针对梨子特点制定保鲜方法：冷库预冷控制、因可溶性固形物含量高适当冷却、安排工作人员每周采样查看有无损伤以便应急处理。方案得当，黄冠梨首次冷藏实验成功，延长销售期至300多天，保证新鲜且味道更好，价格维持高位，解决农民担心的大规模种植卖不出去的问题。

鹿泉苹果：废弃矿坑培育出的"苹果王"

鹿泉区位于河北省石家庄市西部，南北长、东西窄，总面积613平方千米。自古乃兵家必争之地，在唐代已是远近闻名的"旱码头"，有"一京二卫三通州、比不上获鹿旱码头"之称，被称为"日进斗金"之地。鹿泉区西高东低，西部属太行山余脉，属于暖温带半湿润季风型大陆性气候，降水量充足、水质优良、昼夜温差大、光照充足，土层深厚、土壤肥沃，天然的地理位置使鹿泉成为生产苹果的适宜地区。

鹿泉苹果品牌标志

一、品牌基本情况

目前，鹿泉苹果种植面积5 000亩，年产量达到1 500万千克，并于2020年注册了"燕赵御品"品牌，果汁充盈、新鲜可口、肉质松脆。鹿泉苹果曾获评"中国好苹果总决赛金奖""国家级生态农场"等，得到国家地理标志产品认证、有机农产品认证、绿色食品认证、ISO9001认证。

2020年，鹿泉苹果在河北省57个苹果优势区参赛的鉴品会上荣获金奖；同年在木美土里杯全国好苹果大赛总决赛中荣获金奖，被认为石家庄市农业产业化重点龙头企业。2021年，鹿泉苹果被列入河北省"十四五"农业高质量发展的12个重点产业集群苹果类重点支持果园，并在河北省山地苹果鉴评大赛荣获金奖，在石家庄市果品争霸赛苹果类荣获果王称号。随着当地政府的不断助力，鹿泉苹果品牌越来越响亮，逐渐成为鹿泉地区发展的重要支柱产业。

二、独特性及优势

1. 天然的地理位置

鹿泉苹果产地范围限于北纬38°12′20″~38°12′23″，东经114°13′5″~114°12′54″，处于河北省中南部，太行山东麓，丘陵总面积336.67平方千米，占全区总面积的53.47%，海拔在100~400米。鹿泉区属于暖温带半湿润季风性大陆性气候，年平均日照时数为1 776.9小时，年平均气温约为13.9℃，无霜期日数平均约为219天。鹿泉区土壤属于中性偏酸，分为褐土类、潮土类，土壤有机质含量0.6~1克/千克，pH值约为7.6，土壤的深厚肥沃为苹果品质的提升起到了极大作用。

立体气候明显，昼夜温差大，温差在10~15℃，夜晚温度偏低，抑制了枝叶的生长，减少消耗，有利于苹果糖分和脆度的形成，以至于鹿泉苹果在口感上比较脆甜多汁，昼夜温差大也使得鹿泉苹果果蜡厚、耐储存。该地域年平均日照时间在2 700小时，能够满足苹果需要2 000小时以上的光照要求，较强的光照使鹿泉苹果光合作用充分，加快了碳素的转化，在果实中积累更多的碳水化合物和糖类，使鹿泉苹果嚼起来更香甜。该地域特殊的地理环境保证了鹿泉苹果"果实饱满、果皮光泽、颜色鲜艳、脆甜多汁、果霜厚、糖分含量高"的特定品质。

2. 科学化种植栽培管理技术

鹿泉苹果园基地按照专家建议指导，从品种选择、水肥管理、植保等多方面入手，根据山区的土壤情况和气候情况，进行科学化管理，引进新的苹果品种，并自我培育苹果品种，对土壤进行水肥管理，实现绿色果品的高效生产，推动果园技术的创新，为生产绿色安全的苹果提供了科技支持。

鹿泉苹果园区坚持高标准建园，按照现代果业管理体系标准机械建造梯田，填土造地，预留出机械作业位置，并在园区里安装滴灌及水肥一体化高效节水灌溉设施，推动鹿泉苹果现代化标准园建设。园区还按照专家建议制定了改良土壤有机质含量方案，将堆沤腐熟羊粪和牛粪沼气池发酵出的沼液、沼渣作为肥料施入土壤进行改良，减少化肥农药使用，使得园区土壤有机质含量从最初的 0.6% 提高到 1.51%，实现了鹿泉苹果绿色有机种植，有利于高品质苹果的生产。

园区还建立了引种育种试验园，培育高品质的苹果品种，种植了包括红富士、瑞香红、瑞雪、鲁丽在内的十余种苹果，苹果品种好、糖分高、水分多，甜度达到 17° 以上，比普通苹果高 4°~5°。其中响富作为特色品种已通过农业农村部品种认定，被认定为绿色食品 A 级产品。该品种果实属于大型果，上色快、颜色均匀，摘袋后 3~4 天就可达到全红，并且果形端正，果肉乳黄色，果汁丰富，香味浓郁，果实耐储运，常温贮藏可到翌年 5 月。

三、历史及文化

河北省政府高度重视农业品牌建设发展，着力构建以区域公用品牌为引领、企业品牌为辅助支撑、产品品牌为重点的农业品牌发展体系。鹿泉苹果认真贯彻落实本地品牌建设发展，不断推进鹿泉苹果产业绿色化、优质化、特色化、品牌化发展。

鹿泉区的矿产资源十分丰富，曾经因为挖山开矿导致山地矿坑遍地，生态环境遭到严重破坏。当地政府为改善山岭环境情况，鼓励支持社会力量投入荒山治理建设。2015 年高洪波流转了 300 多亩充满矿坑的荒山，成立了种植合作社，并注册河北大桓渊农业科技有限公司，运土上山、填土造地，将原本荒芜的山地逐渐种满苹果树。大桓渊公司以专业技术为指导，利用当地三面环山、海拔高等优越自然地理位置，坚持科技农业、绿色农业、品牌农业、质量农业，重视苹果栽培技术的科研和技术服务工作，致力于精细化管理，实现智能水肥一体化，建设高效栽培示范区。

鹿泉苹果分别在 2018 年和 2019 年"中国好苹果大赛河北赛区总决赛"中荣获二等奖和最红苹果奖的荣誉称号；在 2018 年和 2019 年的"中国好苹果大赛河北赛区县级决赛"中荣获一等奖；在"京津冀"名优果品擂台赛中常获金奖。

赞皇酸枣仁：东方睡果，让国人睡好觉

赞皇酸枣仁主要分布在南清河、西阳泽等7个乡镇，以孤山、大河道等10几个村为主。目前，全县野生酸枣面积达18万亩，抚育面积5万亩、人工种植2万亩、大枣改接酸枣示范基地1万亩，产业行业协会2家，生产加工规模以上企业4家，专业化酸枣仁企业300多家，供销加工户1 100多户，从业人员上万人，酸枣仁年加工销售量7 000多吨，年产值50多亿元。赞皇酸枣仁品质优、质量好、含量高，是我国中药材宝库中的珍贵药材，具有镇定安神、强心助眠的功效，被现代人誉为"东方睡果"。

赞皇酸枣仁品牌标志

一、品牌基本情况

1. 资源禀赋优越

千年古县，河北赞皇。赞皇县位于河北省石家庄市西南部，太行山中段东麓，全县总面积1 210平方千米，山场面积115万亩，地貌格局大体是"七山二滩一分田",是国家生态保护和建设示范区、国家重点生态功能区。优越的生态环境不仅形成了闻名全国的林果之乡,而且造就了珍贵的药材宝库,全县野生中药材高达151种,广袤的山场孕育着丰富的野生酸枣资源,形成了以大枣、核桃、酸枣、樱桃种植加工为主的食品健康产业集群。在广阔的深山和浅山丘陵区,分布着大量的野生酸枣资源,是全国闻名的道地药材——酸枣的核心产区,也是全国酸枣加工集散地,还是"中国赞皇金丝大枣之乡""中国核桃之乡"。赞皇大枣闻名全国,栽培面积40多万亩,是太行山特色鲜明的绿色生态产业。但随着我国大枣产区变迁,赞皇大枣经济效益大幅度下降,很多枣园弃管,大枣产业亟须转型升级,为酸枣产业发展提供了丰富的种质资源。

2. 品牌传承悠久

赞皇县采摘加工酸枣已有600多年的历史。早在改革开放初期,赞皇县南清河乡孤山村就有自发加工酸枣仁的农户,随着经营主体的大量增加,到20世纪90年代初步呈现规模化发展局面,并逐渐形成买全国卖全国的酸枣仁加工集群。目前,全县野生酸枣面积达18万亩,抚育面积5万亩、人工种植2万亩、大枣改接酸枣示范基地1万亩,正朝着10万亩酸枣标准化生产基地的目标阔步前进。赞皇成为"一地供全国"的知名酸枣仁产销区,享有"世界枣仁看中国,中国枣仁看赞皇"的美誉。以"公用品牌+企业品牌+产品品牌"为抓手,构建了赞皇酸枣仁品牌体系,注册"好多树""古山红""孤山红"等商标多项。2019年"赞皇酸枣仁"获得国家地理商标认证和有机农产品认证;2023年,"赞皇酸枣仁"区域公用品牌正式发布,并被评选为"省级区域公用品牌",荣获"十大冀药·酸枣仁产业大县"称号,赞皇酸枣仁产业案例入选人民网"2023乡村振兴创新案例"。先后在央视频推出《石家庄赞皇:小酸枣大产业赋能乡村振兴》、新华社推出《石家庄赞皇:药用酸枣种植促增收》、河北日报推出《种下酸枣树,既保生态又富口袋》、河北新闻网推出《河北省"十大冀药"及产业大县名单》、学习强国平台推出《河北赞皇:小酸枣挂满枝头》等相关报道20多篇。

3. 经营主体庞大

赞皇酸枣仁主要分布在南清河、西阳泽等7个乡镇，以孤山、大河道等十几个村为主。按照"公司+合作社+农户+协会"的发展模式，目前赞皇酸枣仁产业行业协会2家，生产加工规模以上企业4家，专业化酸枣仁企业300多家，供销加工户1 100多户，从业人员上万人。首批授权了9家赞皇酸枣仁区域公用品牌使用单位，培育出了好多树、鸿昌中药材、钟鸿商贸、凯旋商贸等龙头企业，与以岭药业、国药集团、扬子与以岭药业、扬子江、同仁堂、振东药业、广州白云山等国内知名药企达成长期合作关系。加工酸枣30万吨，酸枣仁年加工销售量7 000多吨，占全国总量的70%，年产值50多亿元。

二、独特性及优势

1. 道地药材归真

药材好，药才好。2024年6月，在河北省安国市举办的第七届京津冀中药材产业发展大会上河北省药品医疗器械检验研究院高级工程师孙慧珠发布了赞皇酸枣仁基原鉴定研究结果报告，报告显示赞皇县嫁接培育的酸枣仁符合鼠李科酸枣来源，质量特性与野生酸枣仁相比未发现存在差异。"鉴定结果正印证了栽培学上嫁接后依然可以保持母本特性的说法，实在是行业发展的有益之举。"北方酸枣产业国家创新联盟副理事长毛永民欣慰地说道。自汉代张仲景《金匮要略》到明代李时珍《本草纲目》，酸枣仁一直是我国中药材宝库中的珍贵药材，具有镇定安神、强心助眠的功效，被现代人誉为"东方睡果"。酸枣仁是治疗失眠的传统中药材，"助睡眠"是酸枣仁的核心价值。作为全国道地酸枣仁产区，赞皇酸枣仁品质优、质量好、含量高，斯皮诺素含量0.12%，高出标准含量50%，枣仁皂苷含量0.08%，高出标准含量160%。

2. 强化科技支撑

人才引领，给酸枣插上科技的翅膀。赞皇县委县政府牢牢抓住中医药振兴和酸枣产业发展的历史机遇，加大科技创新力度，承担"药食同源"产业人才强冀项目，加强酸枣产业科技人才引进，推动校地合作，加强与河北农大、省市农科院及中医药科研单位合作共建，为药用酸枣全产业链扩规升级提供强有力的技术支撑。建设了酸枣仁全产业链数字化平台，以高端药用酸枣仁精深加工项目为中心，从基地生产检测到产品初加工视频设备数字化体系建设，带动酸枣仁全产业链数字化建设。赞皇县在全国发布了"赞皇·酸枣仁指数"，通过大数据采集、分析、应用，定期发布价值指导信息，反映酸枣指数变化，为企业分析市场经济发展态势提供借鉴。

3. 标准工艺提升

种植环节，顺势而为。立足赞皇酸枣全国加工集散地和交易中心的优势，采取雨水集流、节水灌溉和枣疯病综合防治、大枣改接酸枣、良种推广、机械化采收等一系列标准化栽培和管理技术，着力建设集雨节水灌溉示范区、大枣改接酸枣试验区和优良品种培育推广区，有效破解了干旱地区生态建设和药用酸枣标准化培育技术难题。

加工环节，乘势而上。实施智能化管理、标准化生产和精密化研发，采用大型、自动控制和连续生产线，制定严密的酸枣湿法干法脱肉、酸枣核破壳、酸枣仁分选等工艺流程。循环水柴油13个工段全封闭负压运行的处理装置，对生产过程中产生的异味集中密闭处理，有效解决清洗酸枣水污染环境问题，实现节水降耗和水资源循环利用。经过工艺流程处理的清洗酸枣水实现循环利用，变废为宝。

4. 产业链条延伸

酸枣树浑身都是宝。赞皇酸枣仁产业在最初的酸枣采摘、初加工的基础上，发展了酸枣苗培育，延伸了酸枣仁产品深加工和开发酸枣叶茶等高端养生产品，拓展了酸枣壳制活性炭、酸枣果肉发酵作为肥料等生产工艺，开发了净水炭、空气净化炭、化学试剂炭、油脂脱色炭、大型水处理设备专用炭等各类专用活性炭，延长了酸枣产业链条。同时，依托赞皇县绿色生态的优势和丰富的旅游资源，开发休闲、康养中心以及生态睡眠小镇，制作文创产品，融合农文旅，创造新需求，推动"三产融合"发展。

5. 产品加工精深

"农业不加工，等于一场空。"打造现代化酸枣加工产业集群，规划酸枣精深加工项目，建设药食同源产品精深加工车间，发挥分子态低温循环提取、超声波萃取、生物发酵和酶解工程等国内领先技术优势，研发建立活性成分提取纯化技术、纯植物口感调配技术、功效评价和质量控制技术，开发酸枣高端功效性食疗产品，提高产品附加值，以高科技实现多重增值，引领酸枣产业向高端研发、精深加工发展。从初级产品酸枣仁发展到了酸枣仁粉、酸枣仁压片、酸枣芽茶、酸枣仁复合饮等多层次产品结构，激活了药用酸枣全产业链融合发展，成为赞皇县经济发展的新增长极。

6. 发展规划求精

顶层设计，规划先行。赞皇县人民代表大会表决通过了《关于加强野生酸枣资源保护的决定》。聘请河北省中药材学会理事长、河北省中药材产业技术体系首席专家谢晓亮博士及相关专家编制了《赞皇县酸枣产业发展规划（2022—2030）》。赞皇县委县政府聚焦酸枣产业发展短板，设立酸枣产业发展专项资金，统筹推进酸枣产业发展的设施建设、基地建设、产业融合发展等整体化投资，出台酸枣产业发展优惠政策，创造良好的营商环境，坚持"请进来""走出去"等多样化招商，推进酸枣产业集聚。制定出台《赞皇酸枣仁区域公用品牌管理使用办法》，精心筹划赞皇酸枣仁行业协会成立大会，启动赞皇酸枣仁标准创制工作和技术规程编制工作。创建河北省首个规模化酸枣 GAP 标准建设基地，谋划建设中国·赞皇酸枣仁产业新展馆，打造一张展示酸枣产业发展的新名片。

7. 品牌宣传创新

一个品牌带动一个产业、一个品牌富裕一方百姓。赞皇县携手全国知名区域公用品牌建设团队，开展赞皇酸枣仁区域公用品牌战略顶层设计服务，挖掘集产品战略、产业战略和区域经济战略为一体的赞皇酸枣仁区域公用品牌体系。县委县政府鼓励经营主体开展企业品牌建设，支持组织企业参加国内外博览会、展销会、产业发展大会、文化节、研讨会等活动，积极主动申请举办或参办中药材产业发展大会，提升赞皇酸枣的知名度。县委宣传部采取多形式多渠道宣传赞皇酸枣，邀请各级新闻媒体对赞皇县酸枣仁产业进行全方位报道，积极开展与酸枣相关的科技、产业、文化、康养、产品、学术交流等活动的网络宣传、媒体报道。打造赞皇酸枣仁新媒体宣传矩阵，开展赞皇酸枣仁短视频全民传播。以品牌建设为抓手构建产业核心竞争力，让赞皇酸枣仁产品走出国门，走向世界。

三、历史及文化

或扎根于高山之巅，或隐匿于丘壑之间，广袤的赞皇大地，是孕育酸枣仁的故乡。巍巍太行，悠悠泜水，成就了"赞皇酸枣仁"穿越千年的药香。

千百年来，中医中药守护着中华民族的繁衍生息。每当秋风拂过太行山脉，酸枣，这一中医药典籍中记载的"东方睡果"，宛如一颗颗珍珠点缀在赞皇县的青山绿水间。古医书记载，"酸枣仁性平，味甘、酸，具有养心补肝、安神宁心、生津敛汗的功效。"一方好土，一剂好药，北纬37°的温润气候，太行山的广阔山场，富含硒、锶等微量元素的丰沃土壤，赋予赞皇酸枣仁独特的药用价值。这里的酸枣，个大粒圆，色泽润红，酸枣仁颗粒饱满，质量上乘，斯皮诺素、枣仁皂苷含量均高出国家药典标准，是酸枣仁中的上品。

峰峦叠翠、山环水绕，太行深秀中，孕育了赞皇源远流长的枣文化。勤劳执着的赞皇枣农，世代深耕，选择了一条与众不同的坚守之路。县委县政府依托绿色生态优势，做优做强食品健康产业链，借技艺之精悍，铸品质之大成。赞皇人将继续秉承初心，踏实做好药，传承匠人心。

一缕药香飘溢古今，一颗枣仁守望健康。赞皇酸枣仁，帮国人睡好觉。

迁西板栗：栗中瑰宝，每一颗都是自然的馈赠

迁西板栗主产区位于河北省唐山市迁西县，种植遍布17个乡镇，年产量超过8万吨，是中国板栗的核心产区之一。迁西县拥有200多家板栗种植专业合作社，带动了数万户栗农参与种植，年产值突破20亿元。迁西板栗以其独特的香甜软糯、营养丰富而闻名，素有"东方珍珠"的美誉。

迁西板栗品牌标志

一、品牌基本情况

河北迁西，北纬39°板栗优质生长区，地球上最适宜板栗生长的地方。这里日光充足、昼夜温差大、山泉水浇灌、四季分明，雨量充沛，土壤肥沃，土壤富含矿物质、结构疏松，山峦叠翠之中隐藏着大自然无尽的宝藏。在这片丰饶的土地上，孕育出了一种令人垂涎欲滴、享誉四方的美味——迁西板栗。迁西境内有林地面积143万亩，板栗种植达75万亩，年产板栗8万吨，是名副其实的板栗之乡。迁西县充分利用自身土地与气候优势，大力发展板栗产业，建设了万亩标准示范园区、千亩标准示范园区以及板栗专业村等，形成了板栗标准化生产的辐射带动网络，不仅提升了

板栗的产量和品质，还通过品牌建设和市场营销等手段，将迁西板栗推向了更广阔的市场。

"迁西板栗"又称京东板栗，是全国板栗产业唯一一枚地理标志驰名商标。1993年4月，林业部确定迁西为优质板栗示范县。1995年，迁西被首批中国特产之乡命名活动组织委员会命名为"中国板栗之乡"。2006年12月31日，国家质量监督检验检疫总局批准对"京东板栗"实施地理标志产品保护。2008年3月，成功注册为中国驰名商标，标志着其品牌影响力和市场竞争力达到了新的高度。2017年迁西县政府向国家林业局申报了"河北迁西国家板栗公园"并获批复，使迁西县成为目前全国唯一的板栗专类公园。2022年被纳入农业农村部农业品牌精品培育计划名单。2023年迁西板栗成功入围年度中国地理标志农产品区域公用品牌声誉TOP100，位居第58名，作为国家级区域公用品牌，品牌价值达34.09亿元。"迁西板栗"先后被评为消费者最喜爱的中国农产品区域公用品牌、最具竞争力的地理标志商标、消费者最喜爱的绿色商标。

迁西板栗的运行模式是一个综合性的产业体系，涵盖了从种植、加工到销售的全过程，并且得到了政府的大力支持和推广。迁西板栗作为区域公用品牌，已经对多家当地板栗合作社和企业进行了授权使用其商标。迁西县已经对120多家板栗合作社、企业授权使用"迁西板栗"商标，其中较为知名的有迁西板栗集团有限公司、唐山天成食品有限公司、迁西县喜峰口板栗专业合作社、唐山尚禾谷板栗发展有限公司等。通过这些授权企业，迁西板栗得以在全国范围内推广，增强了品牌影响力，并为消费者提供了正宗的迁西板栗产品。

二、独特性及优势

纯净的生态环境。迁西县地处燕山南麓，地势自西北向东南倾斜，为温带季风气候，四季分明。尤其是海拔500米以上的山地，昼夜温差大，阳光充足，得天独厚的气候条件为板栗的生长提供了优势环境，这些自然条件共同孕育了迁西板栗独特的"香甜糯"特质。

悠久的种植历史，丰富的文化活动。迁西板栗的种植历史可以追溯到唐代，历经千年的选育栽培，积累了丰富的种植经验和技术，深厚的文化传承和历史底蕴。迁西板栗是中国板栗产业唯一一枚地理标志驰名商标，品牌建设起步早，发展快，已经成为优质板栗的代名词。迁西人经过多年的选育，研究培育出了只认迁西这块土壤的板栗品种"燕山早丰（3113号）""燕山魁栗（107号）""燕山短枝（大叶青）""大板红（大板49）"。当地围绕板栗文化开展了多种活动，如板栗树认养、板栗主题文化园建设、"非遗"课堂等，这些活动丰富了迁西板栗的文化内涵，进一步提升了品牌的影响力。

营养价值居中国各地板栗之首。迁西板栗富含多种营养成分，如淀粉、蛋白质、脂肪、维生素、胡萝卜素和多种微量元素、氨基酸等。特别是维生素 C、维生素 E、铁、钙含量较高，利于人体的指标居各地板栗之首。经常食用有助于健脾养胃、补肾强筋，具有很高的营养价值和保健功能。

糯性黏软、甜度适中、香气宜人。迁西板栗以其果大、果肉饱满、皮薄易脱等特点而闻名，具有独特的口感和品质。果实呈现深褐色泽，果皮薄而光滑，果肉质地细腻，口感香甜，味道醇厚。迁西板栗的果仁呈米黄色，糯性强，甘甜芳香，具有其他地区板栗难以比拟的独特风味。迁西板栗不仅美味可口，果仁还富含蛋白质、碳水化合物、膳食纤维、胡萝卜素及对人体有益的多种微量元素和氨基酸，尤以维生素 C、维生素 E、铁、钙含量最高，利于人体的指标居各地板栗之首。还富含多种营养成分，使得迁西板栗在众多板栗品种中脱颖而出，成为市场上的佼佼者。

精细的加工。迁西板栗的采摘和加工非常讲究。在采摘时，要等到板栗完全成熟，果皮变成深褐色，果肉变硬时才能采摘。采摘后，经过剥皮、清洗、烘干等工序，最终制成迁西板栗产品。此外，还开发出了一系列以迁西板栗为原料的深加工产品，如板栗罐头、板栗粉、板栗酒等，进一步拓展了市场空间。

三、历史及文化

迁西板栗的历史传承是一部跨越 2 000 多年的史诗。从古代的栽培历史到现代的品牌建设、产业发展和文化旅游等方面，迁西板栗都展现出了其独特的魅力和无限的发展潜力。迁西县鼓励发展板栗文化创意产业，深入挖掘迁西板栗文化底蕴，鼓励文学、艺术工作者以板栗为主题、题材，创作诗歌、散文等文学艺术作品，不仅提升了迁西板栗的品牌价值，还丰富了其文化内涵。

迁西板栗的栽培历史源远流长，可追溯到两千多年前的战国时期。在《战国策》《左传》《论语》《本草纲目》《农政全书》《史记》等古代典籍中，均有关于板栗的记载。这些书籍不仅描绘了板栗在古代社会中的重要地位，还揭示了迁西地区作为板栗主要产区的悠久历史。《本草纲目》记载"栗，厚肠胃，补肾气，令人耐饥"，栗子具有养胃健脾的功效。《战国策》中苏秦游说燕文侯时提及："南有碣石雁门之饶，北有枣栗之利，民虽不田作而足于枣栗矣。此所谓天府者也。"，这里的"北"和"燕"即包括了现在的迁西地区，表明迁西很早就是板栗的著名产地。汉代的《史记·货殖列传》中提到"燕秦千树栗……此其人皆千户侯等"，进一步证明了迁西板栗在当时的经济价值和地位。民国时期的《迁安县志》也对迁西板栗有着详细的记载，称其为"邑境产量最富，行销最远，为邑产大宗"，并指出迁西地区有许多百年以上的老栗树，至今仍枝繁叶茂，硕果累累。

迁西板栗不仅在栽培历史上有着深厚的积淀，还在文化上产生了广泛的影响。作为中国最早的诗歌总集，在《诗经》中，有"东门之栗，有践家室。岂不尔思？子不我即"的诗句，描绘了栗树在家门前的景象以及人们对栗子的渴望。从古代到现代，板栗一直是人们餐桌上的美味佳肴，同时也是文人墨客笔下的常客。如晋朝时期，板栗曾作为军粮帮助将士们战胜敌人，被誉为"河东饭"。宋代诗人晁公溯的"风陨栗房开紫玉"之诗句，更是赋予了迁西板栗"紫玉"的美称。迁西人宴请宾客时必备"栗子烧鸡""栗蘑炒鸡丝"等菜肴，取"大吉大利"之意。

进入现代社会，迁西板栗更是迎来了蓬勃的发展。迁西县积极推进板栗品牌建设，提升板栗品牌价值。2012年，迁西县建立了中国首个以板栗为主题的博物馆，还开展敬栗祖、赏栗花、闻栗香、品栗宴、沾栗喜等系列民俗文化活动，彰显地方特色。

四、"围山转"工程：绿水青山就是金山银山的生动实践

在山上找出路，是迁西人的共识。迁西县位于燕山南麓，长城脚下，是唐山市唯一的纯山区县，国土面积70%为山地。为了改善生态环境并带动地方经济发展，迁西县自20世纪80年代末开始实施"围山转"工程，打造出"山顶松槐戴帽，山间板栗缠腰，山下瓜果梨桃"的"围山转"生态建设模式，解决了山地缺土少水造林难成活的问题，百姓依靠山林经济走上了富裕发展之路，创造了全国首创、享誉世界的"围山转"工程。

迁西板栗作为当地的特色产业，其优质的果实和独特的口感赢得了广大消费者的喜爱，而这一切的背后，都离不开"围山转"工程所营造的良好生态环境。正是因为有了这片绿意盎然的板栗园，才为迁西板栗的生长提供了得天独厚的条件。

"围山转"工程和迁西板栗的造林活动实现了生态与经济的双重效益，这种模式的成功实践充分证明了"绿水青山就是金山银山"理念的正确性。在迁西县，人们深刻认识到生态环境保护的重要性。他们不仅通过"围山转"工程来保护和改善生态环境，还将这种理念融入日常的生产和生活之中。比如，在采摘板栗时，村民们会特别注意保护树木和土壤，避免过度开采对自然环境造成破坏。同时，当地政府也积极推动板栗产业的绿色发展，鼓励农民采用有机肥料和无公害的种植方式，确保板栗的品质和安全。

辛集黄冠梨：喜欢清甜，就吃辛集黄冠梨

辛集黄冠梨主产区在河北省石家庄市辛集市，种植面积 10 万亩，占全市梨果总面积的 85%，全市拥有规模较大的果品贮藏加工龙头企业 13 家，具备自营出口权的企业有 9 家，是中国特色农产品优势区（辛集黄冠梨）、河北省梨果优势产区、河北省梨果出口外贸转型示范基地被誉为"黄冠梨乡"。

辛集黄冠梨品牌标志

一、品牌基本情况

1. 资源环境特色

辛集市是河北省直接管辖的县级市，位于省会石家庄以东约 60 千米的滹沱河故道之上，这里自然条件得天独厚，土壤源自黄河与滹沱河的深厚沉积，土壤富含约 0.89% 的有机质，有利于梨树根系的发育和养分的吸收。四季分明，雨热同期，年均日照时长高达 2 500 小时，年降水量稳定

在500毫米以上，优越的地理条件有利于果实的膨大和糖分的积累，非常适宜梨树生长。自20世纪90年代起，辛集市通过先进的嫁接改良技术，成功引入了黄冠梨品种，并逐渐发展成为闻名遐迩的"黄冠梨之乡"。目前，辛集市黄冠梨的种植面积已扩大至10.4万亩，占据了全市梨果种植总面积的85%以上，年产量高达23.8万吨，产值突破12亿元。辛集黄冠梨不仅在国内市场享有盛誉，还远销海外，年出口量达到6万吨，为当地创造了3 200万美元的外汇收入，其产量在全国同类产品中的占比达到了约10%的显著份额。

2. 荣誉称号

2019年参加第十二届iFresh亚洲果蔬产业博览会，荣获"2019年度中国果业最受欢迎的梨区域公用品牌10强""2019年度中国最有价值的20大水果区域公用品牌"。2020年参加河北省首届梨电商大会，辛集黄冠梨品质优获得了阿里巴巴集团的认可，授予"正宗原产地"称号。2020年参加河北省农业品牌创新创意设计大赛，荣获二等奖。2020年参加第十三届iFresh亚洲果蔬产业博览会，荣获"2020年度最受欢迎的果品区域公用品牌100强"。2020年参加第七届全国A20新农展暨"三农网红盛典"活动，荣获"最受新零售欢迎地标产品奖"。2020年，辛集市被农业农村部等七部委认定为"中国特色农产品优势区（第四批）（黄冠梨）"。2021年参加河北省农业农村厅第五届河北农业品牌系列评选活动，荣获"河北省名优农产品区域公用品牌"。2022年参加第十五届iFresh亚洲果蔬产业博览会，荣获"2022年度受市场欢迎的果品区域公用品牌100强"。2023年参加第十六届iFresh亚洲果蔬产业博览会，荣获"2023年度受市场欢迎的果品区域公用品牌"。2023年11月，在2023中国品牌农业与市场年度评选活动中，经前期全民投票，"辛集黄冠梨"区域公用品牌以29190票稳居第一，后经专业严格评审，最终成功荣膺"2023中国品牌农业与市场·年度卓越品牌30强"。2023年11月，"辛集黄冠梨"区域公用品牌荣获"2023年国家梨产业十佳区域公用品牌典型案例"。

3. 主体经营情况

辛集市拥有省级农业产业化龙头企业多达14家，其中果品行业的领军企业就占据了 13 席重要位置。这些规模宏大的果品企业中，年销售量超过万吨的有 12 家，不仅在国内市场占据重要地位，更有 9 家企业凭借其实力获得了自营出口权，进一步拓宽了国际市场。为了支撑这一庞大的产业链，辛集市构建了完善的产业化配套设施体系，包括 4 座先进的气调库用于保鲜储存，230 座果品机械冷库确保果品在最佳状态下储存，以及 10 个大型果品产地交易批发市场。此外，还有 300 余个纸箱、格垫、网套等包装材料生产厂家，以及遍布各地的 530 个经销网点，为辛集黄冠梨的畅销全国乃至全球提供了强有力的支持。

二、独特性及优势

1. 产品独特性

"一只清甜风味的梨"。黄冠梨作为河北梨区的主打品种，其品质优良，颜色诱人，果面平整光滑，果形周正，皮薄肉细，清甜多汁，因其甜度适中，口感好，营养全面，深受消费者的喜爱。辛集黄冠梨果形周正、果面光洁、果核小、果肉细腻，石细胞及残渣少，松脆多汁，甜度可达 14.7%，风味清甜适口且带蜜香，微妙的甜味和香气使得其口感更加独特，有清心润肺、止咳定喘、润燥利便、醒酒之功效，适宜各类人群食用，深受国内外消费者的喜爱。

储存时间久。黄冠梨以卓越品质与辛集精细管理使得辛集黄冠梨尤为耐储，其匀称果形、光滑外皮美观且耐贮，保鲜力强，风味持久。辛集地区通过科学种植管理，如精准施肥（有机肥为主，氮肥精控，全年均衡）、合理灌溉，确保果实糖分高、水分适中，奠定长期储存基础。同时，重视病虫害防治，果实套袋技术有效隔离病虫，降低病虫果率，健康生长体系保障储前品质。采收时，严格把握 8 月中旬最佳期，轻采轻放，分级包装（内纸外网），辅以高质量冷藏箱，确保运输储存安全无损。此外，引进先进储存技术，如冷库保鲜、加膜及气调贮藏，精准调控温湿度，抑制微生物繁殖，显著延长保鲜期。这些措施不仅保持了黄冠梨的新鲜度与口感，更让消费者随时能品尝到初摘般的鲜美。黄冠梨的耐贮特性与辛集地区的农业智慧相结合，共同促进辛集黄冠梨耐贮存的特性。

2. 独特的品牌标志

辛集黄冠梨的品牌标志是一个"戴着皇冠的梨果"。这一形象设计巧妙地结合了辛集黄冠梨的名称和产品特性，既直观又富有创意。皇冠作为权力的象征，也代表着尊贵和品质，同时，梨果的形状则直接指代了产品本身，皇冠的加入，不仅提升了标志的视觉效果，更赋予了辛集黄冠梨品牌以尊贵、高品质的形象。结合辛集黄冠梨的广告口号"喜欢清甜，就吃辛集黄冠梨"，品牌标志中的梨果形象也进一步诠释了产品的独特口感。

清甜可口的黄冠梨与皇冠的尊贵形象相结合，共同构成了辛集黄冠梨品牌的独特魅力。结合辛集黄冠梨的广告语"喜欢清甜就吃黄冠梨"，品牌标志进一步强化了产品口感的独特卖点。皇冠与梨果的结合，体现梨果不仅外观诱人，更有着清甜可口的内在品质。这种直观的视觉与味觉联想，有助于提升产品的市场认知度和美誉度。

三、历史及文化

辛集市梨果栽培历史悠久，秦汉时期就已形成了园林景观。据古县志记载：辛集梨果以其形美、味佳、营养丰富，贡于宫廷，魏文帝曾赞其"甘若蜜、脆若凌，能消烦解渴"。至今，在辛集市的苗营、大车城等村仍生长着万余棵100多年的老梨树。

辛集黄冠梨发展历史进程。辛集市于20世纪90年代前期掀起了梨果种植热潮，梨树种植面积迅速扩大，以鸭梨为主的果树面积一度达到29万亩。然而，随着市场变化，梨果生产出现了区域性过剩，价格下跌，果农收入急剧减少。面对市场挑战，辛集市积极寻求出路，通过嫁接引入新品种来适应市场需求。其中，黄冠梨因其优良的品质和经济效益逐渐成为辛集梨果产业的主角。辛集市委、市政府邀请专家召开梨果产业结构调整研讨会，并作出"人换思想树换头、调整结构促增收"的决定，在全省率先以高接换头的方式进行全市梨果结构调整。辛集黄冠梨在品牌建设方面取得了显著成效。通过注册商标、申请地理标志产品保护等措施，不断提升辛集黄冠梨的品牌知名度和美誉度。同时，辛集市还积极组织企业参加国内外各类果品展会和评选活动，进一步扩大辛集黄冠梨的市场影响力。

进入新时代，辛集市大力实施数字化果园建设，强力推广区域化病虫害统防统治，全力发展梨果电子商务，有力推进品牌化发展，全方位、全链条打造"中国梨都"新名片，为全省梨果产业高质量发展再次树立新样板。在品牌建设的基础上，辛集黄冠梨不断拓展国内外市场。目前，辛集黄冠梨不仅销往广东、福建、北京、江苏、浙江等国内市场，还出口到东南亚、美国、加拿大、欧洲、澳大利亚等20多个国家和地区。

威县威梨：威梨无比

威县威梨主产区位于邢台市威县西部的西沙河流域，现已建成标准化梨园200余个，优质梨树面积达10万亩，梨果年产量12万吨。威县成功引进40余家龙头企业，带动农民合作社120个，发展种植大户34个，成为全国规模化最大的新梨七号、秋月梨生产基地县。威县威梨凭借优质品质与产能，在全国梨果市场上逐渐释放威力。

威县威梨品牌标志

一、品牌基本情况

1. 自然资源

威县位于河北省南部、邢台市东部，地处黄河故道区，属古黄河、古漳河长期泛滥淤积而成的冲积平原区，沙壤土分布于1 000余平方千米大地上，这样的地貌土壤貌似并不适合庄稼生长，但孕育出了备受赞誉的品牌——威梨。

俗话说一方水土养一方人。威梨的生长受益于砂质土壤和气候条件。由于砂性土的沙粒间大空隙数量多，透气性好，比热容低有利于糖分积累，土壤中有效钾、有效铜、有效铁、有效锰等丰富元素，具有种植梨树的天然优势；威县属暖温带大陆性半干旱季风气候区，四季分明，光照充足，昼夜温差大，促进了梨含糖量的转化。这些因素形成了威梨最适宜的地貌土壤条件，加上灌溉条件便利，利于威梨的丰产及优良品质的形成。现如今，威县已建成10万亩绿色高效梨种植基地，标准化梨园200余个，梨果年产量达到12万吨，已然成为中国现代梨果标志性品牌和中国梨市的一匹黑马。

2. 威梨品牌显"威力"

历年来，威梨屡获殊荣。2017年6月，成功发布威梨区域公用品牌，并荣获省"十佳农产品区域公用品牌"；2018年全国两会期间，威梨摆上了会议餐桌，受到代表们的一致好评；威梨连续六届在中国（廊坊）农产品交易会上获果王、金奖等荣誉。连续两届河北省首届梨电商大会在威县召开；2019年，世界园艺博览会（北京）优质果品大赛国际赛区，威梨荣获银奖、优质奖。"威梨"品牌逐渐获得市场认可，威县梨产业园区被上海果品行业协会授予"优质梨采购基地"。随着品牌战略的不断深入，"威梨"这个品牌无论是在业界，还是在市场中，都正在逐步展现其"威力"。

3. 经营主体支撑强

威梨的成就与其庞大的经营主体密不可分，各乡镇的从业者、加工厂众多，到2017年初，威县引进了陕西海升、利派尔科技、河北秋月、河北龙集等40余家龙头企业，带动农民合作社120个，发展种植大户34个，建成标准化梨园200个，发展优质梨树面积10万亩，形成了龙头企业+合作社+大户的"262"新型产业主体模式，成为全国规模化最大的新梨七号、秋月梨生产基地县。

二、独特性与优势

梨是我国人民生活中比较普遍的一种水果,梨果品牌众多,市场竞争非常激烈,要想在众多品牌中脱颖而出,就必须有自己的特色。威梨优势在于品种特、技术优、人才广、品质佳、模式新,这些都是其他品牌无法比拟的,可以用"威力无比"来形容。

现代模式栽威梨　　有机肥料育威梨　　绿A品质属威梨　　滋润生活有威梨

威梨特性

1. 品种

着力研发优良品种,从根源解决难题。将新梨七号、秋月梨、红香酥梨等梨优新品种,作为主推品种,赋予梨的品种差异化,满足不同需求。

新梨七号。新梨七号皮薄翠绿,酥脆香甜,兼备优质、早熟与耐贮藏性状,我国梨杂交育种中将这三个优良性状同时综合在一个实生个体上极少见,是我国梨育种的种质创新。新梨七号的独有特性,极大降低了农民种植风险,也有利于减少夏季梨市场果实腐烂率,保证消费者吃上新鲜梨果。

秋月梨。秋月梨又称"冰糖梨",是威梨的当家花旦,采摘时节在中秋节前后,果型圆润,果肉皎洁如月,顾美其名曰秋月梨。在梨的众多品种中,秋月梨以其卓越的品质显得与众不同。普通梨的含水量大约为71%,而秋月梨的含水量则高达81%,口感多汁、甜美宜人;完全没有普通梨果的颗粒感,口感细腻;采用优良的种植方式,不打药、不催熟、不打蜡,物理套袋防虫,坚持自然成熟采摘,保证新鲜的口感;多食用有利于延缓器官衰老,润肺降噪,还可增进食欲。

红香酥梨。红香酥梨是近些年发展起来的红皮梨优新品种之一，成熟的红香酥梨果皮显绿黄色，但是向着阳光一面有红晕，背着阳光望去，犹如阳光中羞涩的少女，故红香酥梨又有一片红的说辞。相较于市面上其他梨的品种，红香酥梨果皮很薄，口感细腻，肉质致密较细脆，汁水丰富，味道甘甜，并散发出浓郁的香气。同时由于其外形美观，色彩艳丽，红香酥梨也成了探亲访友不可或缺的赠礼。

2. 科技

强化科技支撑，给威梨插上科技翅膀。林果专家曲宪忠创新的杜梨苗木建园方式，破解了当年栽植、当年嫁接、当年成活、当年成园的技术障碍，日本专家在看过之后大为赞叹。例如，用"T"字形芽接代替原来的木质芽接，极大提高了果树成活率；梨树的枝条扭梢一直是公认的难题，他多次与国内外专家探讨，并亲自试验，发现早晨六时扭梢效果最好。在曲宪忠的创新理念下，威县对首席专家制度进行了全面优化，并成功吸引了一批高级产业顾问的加入，探索了农民职称评定改革，"四重五不唯"经验在邢台市推广，挖掘了一大批"草木才子"。威县成功引进了国家梨产业技术体系，充实了梨园管理服务的技术力量；创新了专业化服务体系，形成了"产业规模化+服务专业化"发展模式，为梨产业插上了腾飞的翅膀。

3. 人才

区域公用品牌的发展离不开人才，人才是品牌发展的第一驱动力。威梨品牌一直以来高度重视人才的引进，聘请专家教授为常住"智囊团"。成立以曲宪忠、束怀瑞、张玉星、柴同海等专家为主，河北农业大学等优秀高才生为辅的技术团队，与河北农业大学等科研院所合作建设了河北省梨工程技术研究中心威县试验站，并在重点村镇配备了梨产业专职干部和技术人员。建成了省级院士工作站、博士工作站、河北省生物肥料工程研究中心、河北省教学科研生产三结合基地，不断为威县10万亩梨产业注入先进的发展理念、模式和技术成果。

4. 品质

"吃草"的威梨，人们吃着更放心。2012 年，为严格落实农业农村部绿色食品生产标准要求，梨园区着力实施标准化建园、标准化经营管理。对于农药、肥料、调节剂等投入品的管控，指定采购厂家，实行统采统购，禁止使用除草剂、膨大素，采用仿生产品、绿色农药，推广生物有机肥、配方肥等；在梨树行间种植黑麦、黄豆等高蛋白饲草（作物），及时打碎翻入土中，提高土壤肥力。让"威梨"成为吃草长大的梨果，回到儿时吃梨的味道。

5. 模式

威梨的新模式主要体现在现代栽培和现代化经营两方面。威梨采用最新的栽培技术，发展"宽行矮砧密植"的现代果园，打造南北行种植、宽行密株、早果早丰，既通风透光又适合机械化生产，推行"六个统一""八大程序""三十道工序"等高级建园标准；采取组织化经营模式，引进龙头企业，发展专业合作社，培养家庭农场，形成了"企业、合作社、家庭农场"三驾马车并驾齐驱的经营组织。提高了生产效率和标准化水平，与国内外先进模式接轨，成为全省乃至全国现代梨产业的标杆。

三、创新及发展

"威梨"历史悠久，晋代郭义恭创作的《广志》曰：吾威古巨鹿地也，古至今产佳梨，其名鸭子嘴者尤甘美。本境西区沙地产梨最多，每年贩运去天津者百余万斤。2013 年初，林果专家、河北省林业厅退休干部曲宪忠考察发现，威县西沙河流域的砂质土壤非常适宜梨树生长。此后，威县又请来多位林果专家，实地调查、反复论证，最终确定在西沙河流域打造梨产业带，把沙化土地开发作为发展方向，制定了标准化梨园建设规范，倾力打造"全省领先、全国一流、亚洲知名的梨果生产出口基地"。至此，威县梨产业拉开发展大幕，"沉睡"多年的西沙河，醒了。

创新管理模式助力威梨飞速发展。威县推行"公司+专业合作社+大户承包经营"的组织化经营模式，创新龙头企业+合作社/家庭农场+散户"262模式"，通过龙头牵引带动，合作社辐射拉动，制定扶持规范政策，引导分散农户投身到主打产业；实行区域化管理，专门成立了梨产业园区管委会，统筹土地流转、农业招商、资金整合等工作；深化涉农资金整合试点，累计投入10亿元，实施路网井电、智慧节水、墒情测定等20余项基础设施工程，为项目落户、技术推广搭建优质平台；探索创新"六位一体"运行机制，有效解决了跨区域管理难、涉农力量整合难、项目摆放规范难、发展质量保证难问题。

以品牌力量助推威梨，让威梨走出去。2016年秋季，通过对威县进行综合调研后，威梨品牌被定位为"现代梨果标志性品牌"，赋予"润，威梨无比"的品牌传播口号。考虑到我国冬季和春季会出现雾霾的情况，推出了"霾来了，吃威梨、保健康"的新理念。2017年随着威梨在石家庄市成功发布"威梨区域公用品牌"，标志着威梨的品牌发展正式迈入新阶段。以此为基础，在全国范围内，对带有"威"字的水果类商标，进行收集搜索，按程序申报"威梨"商标，于2018年注册成功，威梨产品有了自己通向市场的"身份证"。

在过去的时间里，威县建成了现代化、高标准梨园10万余亩，标准化梨园200余个，实现了梨果年产量达到12万吨的显著成就。未来，威县有望继续扩大梨产业规模，提升产品品质，增强市场竞争力，为实现可持续发展和农业产业升级作出更大贡献。

浆水苹果：自然馈赠的宝石

浆水苹果产区以浆水镇为核心及其周边的宋家庄镇、冀家村乡、将军墓镇等9个乡镇、153个行政村，其中浆水镇苹果种植面积达到3.3万亩，产量达5万吨，产值2亿元，是邢台市苹果种植的重要基地之一。依托太行山独特的自然条件，浆水苹果以"色泽红润、脆甜多汁、果香浓郁"著称，兼具"酥香无渣、酸甜适度"的独特口感，被誉为"太行山馈赠的红色明珠"

浆水苹果品牌标志

一、品牌基本情况

浆水镇地处信都区以西深山区，林木葱郁、溪水潺潺、土壤肥沃、土层深厚、排水良好、有机质含量高、水源充足、植被覆盖面积高，山川土地间蕴含无尽资源，被誉为"太行山最绿的地方"，具备极其优质的苹果生长条件。浆水镇得天独厚的自然条件，赋予该地区极为优质的果品生长条件，辛勤的浆水人民充分利用当地优势，培育出带有浆水风味的独特苹果产品——浆水苹果。打造"太行醉红·苹果小镇"特色小镇，被评为第十批全国"一村一品"示范镇。

近年来，信都区将苹果产业作为农业结构调整、产业振兴、美丽乡村建设的重点，在果品高质高量、绿色技术生产、规范化管理等方面进行积极探索，同时，投资大量资金建设冷库，实现错季销售，提升农民收入。浆水镇积极发展苹果加工业，先后开发出苹果脆片，苹果醋等产品，2023年浆水镇农产品加工业与农业产值比2.3∶1，畅销全国各地，因其口感独特在市场占据一定地位，受到广大消费者的一致好评。

"浆水苹果"是邢台市特色产业，2017年获得区域公用品牌认证，标志着品牌正式进入市场，并在第二届河北省十大林果品牌评选中荣获"河北省十大林果地域公用品牌"。2017年获中国首届好苹果大赛金奖。2019年7月，"浆水苹果"经国家知识产权局批准，成功注册地理标志证明商标。2019年11月被认定第二批河北省特色农产品优势区，2020年12月"浆水苹果"通过有机认证，2022年"浆水苹果"通过绿色食品认证。2023年，浆水苹果又成功入选了"2023河北省我最喜爱的区域公用品牌"，"浆水苹果"的品牌影响力得到进一步提升。"浆水苹果"多次荣获"果王"及河北省"省优产品"称号，畅销北京、上海、广州等20余个省市，并在东南亚地区获得了良好的声誉。

二、独特性及优势

1. 地域特殊、土质绝佳

信度区气候条件优越，平均海拔500~800米，有机物质丰富，空气新鲜，光照良好，雨水充足，昼夜温差大，土地资源丰厚，富含钾、钙、硒等多种微量元素，构成了苹果生长的绝佳环境。

2. 口感独特、酸甜可口

邢台浆水苹果，色泽鲜艳、肉脆多汁、脆而不渣、香味浓郁、入口即化，具有其他品种苹果所不具备的酸甜适口、软硬适中，其果皮呈花白色、带有红晕，果型端正、果面光洁，被誉为"中华太行鲜果之王"。

3. 多重功效

浆水苹果具有丰富营养成分，富含钾、镁、磷、钠、锰、铁、硅、硒等多种人体必需的微量元素，享有"智慧果""记忆果"的美誉，有食疗、辅助治疗功能，具有降低胆固醇含量、通便止泻、降低血压的功效作用。

4. 浆水特色种苗

因当地环境特殊，浆水镇果农引进各种红富士品种，其口味独特，后经各种嫁接实验培育，并在当地林业部门的帮助服务下，浆水镇果农结合本地优势，生产出带有浆水风味的独特苹果产品，在市场上独具特色。

5. 产销标准化、统一化

在浆水镇、宋家庄镇和冀家村乡等优质苹果产区，建设"浆水苹果"标准化生产基地，并采取有机肥替代工程，强化科技指导。同时建设"浆水苹果"二维码质量追溯体系，实现产销全过程可追溯，以确保苹果的品质和安全，并提升果品品质竞争力。在政府的指导下，浆水苹果销售联盟形成一个利益共同体，以统一的标准、技术、经营方式，在品牌建设基础上，依据市场需求进行产销，获取最大利益，参与成员需共同维护"浆水苹果"品牌形象。浆水镇引进了6个新优苹果品种，经过绿色标准化生产管理，使果品增加产量25%，质量提高30%，果品品质得到了显著提升，同时促进产业强镇建设。

6. 产业集群促发展

浆水镇建设产业集群，形成以"浆水苹果"为核心的产业链，整合资源，优化产业结构，提升整个区域的竞争力和知名度。区域内的龙头企业通过注册商标，以树立品牌形象，并带动整个行业的发展，包括对烟富3号、红将军等产品的培训与宣传。

三、历史及文化

浆水苹果的种植历史悠久，特别是邢台市的浆水镇，已有长达 40 多年的发展历史。从种植品种选择到品牌发展，都有其独特的含义，展现浆水人民艰苦创业、迎难而上的决心，更传承了这片革命沃土的红色精神。

品牌逐步进入市场。1984 年后，浆水人站到了改革的前沿。政府支持农民承包创业并集体签订协议，共同开发山场。之后申请注册成立的"弘隆苹果公司"，逐步把浆水苹果推向市场。浆水苹果随后进入邢台市场后，价格低，品相好，含糖量高，从而逐渐占据了邢台市一定的市场份额。浆水镇政府始终高举着"浆水苹果"产业大旗，紧紧抓住这个龙头产业不放松。2010 年后，河北农业大学李保国教授给予了很大技术支持，浆水一带家家户户都在承包田里栽上了红富士，种植数量和产量达到了最高峰，品牌影响力逐步扩大。

举办文化节。政府自 2016 年每年举办一次"浆水苹果"文化节，以"浆水苹果"为主题，开展果园参观、文艺大赛、摄像比赛等活动，为浆水苹果的品牌推广造足了声势，强化品牌的地方特色和文化内涵。同时组织开展产品展销，邀请专家到田间，为果农进行现场指导，拓展其发展空间。

红色传承"浆水苹果·抗大红"。信都区是一片历史悠久、文化底蕴深厚、人文荟萃的红色革命沃土，拥有 3 500 年的历史，曾四次建国，两次定都，是元代著名科学家郭守敬的故乡，中国人民抗日军政大学曾在此办学，淳朴的革命老区人民孕育了丰富的红色文化内涵。"浆水苹果·抗大红"是一款集"抗大"红色资源革命精神、果实精密化经营为一体的优质水果，其特有的地理位置、良好的生态环境以及革命老区人民的工匠精神，使其具有色泽艳丽、果面光洁、质脆味浓、果汁香甜的特点，其营养丰富，是名副其实的太行山珍。

内丘苹果：绿水青山中的"金苹果"

内丘苹果产地位于河北省西南部，太行山东麓，涉及内丘县侯家庄乡、獐么乡、南赛乡3个乡镇。内丘苹果品种以富士着色系为主，果实细脆津纯、清香蜜味、酸甜适口、易储耐藏，具有典型芳香味且风味浓。

内丘苹果品牌标志

一、品牌基本情况

内丘苹果主要种植在太行山深处的内丘县，品种以富士着色系为主，具有细脆津纯、清香蜜味、酸甜适口的特点，口感受到国内消费者赞誉。曾作为2008年奥运会的专供果品，获得"中华名果"的称号。内丘富岗苹果拥有"国家地理标志保护产品"和"中国驰名商标"等荣誉。在品牌建设方面，内丘县提出了"生态太行山，内丘苹果甜"的主题口号，旨在进一步提升内丘苹果的品牌影响力，推动苹果产业的高质量发展。品牌以"绿水·青山·金苹果"为广告语，凸显内丘苹果的绿色生态和高品质，与内丘县的自然环境和李保国精神相结合，形成了独特的品牌文化。

内丘县苹果种植面积达到 10.6 万亩，2019 年苹果产业总产值达 11.66 亿元。内丘苹果执行 128 道标准化生产工序，确保果品品质。河北富岗食品有限责任公司是推动内丘苹果品牌发展的主要龙头企业。富岗苹果由河北富岗食品有限责任公司注册并使用"富岗"商标，公司不仅注重生产管理，还积极拓展市场，推出苹果脆片、苹果汁等深加工产品，提升产品附加值。此外，公司还培育新型职业农民，组织有技术职称的农民成立"李保国 128 技术服务队"，提供科技服务，传承李保国精神，续写"太行山论文"新篇章。

二、独特性及优势

1. 好"基地"出好苹果

无论崇山峻岭，沟壑丘陵，内丘县人民开山造林，实现苹果新品质，内丘苹果生长于 360 弯盘山道后的太行山深处的国家农业标准化生产区的果品基地，土壤为片麻岩中性偏酸砂质土壤，富含钙、镁等矿物质，有助于苹果形成细脆的质地和丰富的营养物质，脆爽可口。这里四季分明，昼夜温差大，光照充足，年日照时数达到 2 200～2 800 小时，有利于苹果的光合作用和养分积累，使苹果具有较高的含糖量和独特的风味。

2. 鲜脆甜的"富岗"号

内丘苹果酸甜适口，清香蜜味，细脆津纯，易储耐藏。内丘苹果以富士苹果着色系为主，经过精心选育和改良，形成了具有硬度大、纤维少、质地细腻地域特色优良品种，如"富岗 1 号""富岗 2 号""富岗 3 号"，这些品种具有细脆津纯、清香蜜味、酸甜适口的特点，深受消费者喜爱。

3. 128 道标准化生产工序

内丘苹果的生产过程遵循李保国教授制定的 128 道标准化生产工序，不打蜡不催熟，这些工序包括怎样挖定植坑、什么时间修剪、什么时间套袋去袋、怎么采摘、怎么包装运输等，每一项都有具体清楚的规定。从整地、种植到管理、采摘，再到贮藏和销售都严格把控，确保了苹果在个头、着色、果型、硬度、口感和风味等方面达到一致性，就像一个模子刻出来的一样。通过这种标准化生产，内丘苹果实现了高品质、标准化的生产管理，提升了果品的市场竞争力和品牌影响力。

三、历史与传承

内丘县拥有多年的果树栽培历史，根据明崇祯十五年（1642年）《内丘县志》记载，县域内有苹果等果树种植。内丘富岗苹果的现代经济栽培始于1954年，从最初的聊以充饥的果子，发展成为今天的地理标志的驰名商标，这个过程中蕴含了丰富的历史变迁和文化积淀。

1. 教授"保"苹果，致富岗底村

李保国是河北农业大学的教授，他把自己毕生精力都全情投入到山区生态建设和科技富民事业中，每年深入基层200多天，让140万亩荒山披绿，带领10万名农民脱贫致富。1996年，内丘县岗底村遭遇严重山洪，李保国教授随救灾团来到这里，并最终选择留下，扎根岗底村，带领村民发展苹果产业。他推广苹果套袋技术，制定了"富岗苹果128道标准化生产工序"，每一环节都要遵循严格的标准和工序，确保品质，使得岗底村的苹果成为知名品牌，村民们因此脱贫致富。

李保国教授的指导下，岗底村的苹果产业得到了极大的发展，村民们不仅学习到了农业科技知识，还通过标准化生产提升了苹果的品质和市场竞争力。李保国教授还鼓励和帮助村民获得果树种植专业技术职称，提高了他们的专业技能。此外，岗底村村民在李保国教授的影响下，成立了技术服务队，服务本村的同时还到外地免费提供技术服务，推广果树管理技术，帮助更多的果农增收。

李保国教授的故事和他的贡献在岗底村以及更广泛的区域内产生了深远的影响。他不仅改变了岗底村的面貌，还为当地的乡村振兴和农民的致富做出了重要贡献。他的努力和奉献精神，使得岗底村的苹果产业成为推动区域经济发展的重要力量，同时激励着更多的人投身于农业科技和乡村振兴事业中!

2. 金苹果造就"六有"村民

内丘苹果作为扶贫产业,对当地社会产生了深远的影响。通过"龙头企业+技术帮扶+农户"等多种模式,不仅帮助贫困户解决了技术、管理、销售等难题,还带动了当地农民的持续增收,促进了社会和谐与稳定。岗底村的村民通过种植苹果实现了脱贫致富,形成了有票子、有房子、有车子、有技术、有产业、有面子的"六有"新农民,改变了当地的生活方式和社会风貌。内丘县通过发展苹果产业,实现了从省级扶贫开发工作重点县到苹果产业年产值近15亿元的转变,有效带动了当地农民的增收致富。内丘苹果产业的发展,不仅是一个农业成功的故事,也是扶贫工作的一个典范。

内丘县通过深化农业供给侧结构性改革,坚持科技赋能、延伸链条、创新模式,发展优质苹果生产基地15万亩,培育出驰名商标品牌"富岗苹果",苹果产业年产值达到17亿元,带动10多万名村民增收致富。未来,内丘县将继续探索更新富岗模式,加快推进苹果深加工产业园项目,带动相关产业发展,推动内丘全县苹果产业规模化种植、标准化生产、品质化保障、品牌化运行。

南宫黄韭：养一盆能吃的植物

南宫黄韭品质独特，口感鲜嫩，味道浓郁，是当之无愧的"菜中珍品"。南宫黄韭主要产区为河北省南宫市西丁街道办事处的西孟庄村、大赵庄村、小赵庄村，北胡街道办事处的小关庄村、侯家庄村、东张庄村、大邢家庄村和苏村镇德演宫村，共计3个乡镇办、8个行政村。南宫黄韭合作社将黄韭培育为盆景，使之观赏又可食用。每年上百万盆黄韭盆景随着快捷的物流通道销往北京、天津等全国20多个省份，并出口到中亚国家，年销量可达12 000吨，总销售额达到36 000万元。

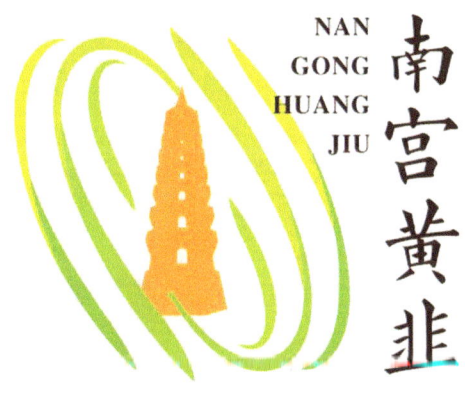

南宫黄韭品牌标志

一、品牌基本情况

南宫黄韭原名丰本，又名韭黄，俗称黄莲韭。馨香扑鼻，鲜嫩色美，乃春种之青韭，经春、夏、秋三季，充分吸收阳光及大地之营养，青韭不割，至霜降，青韭叶萎壮根，集全年之精华于根内。地初冻，从大田内刨之，置韭根于壕子内无土栽培，不追施化肥与农药，依韭根之精华而生长，又使隔绝光线，故所长之韭色黄鲜嫩，称之"黄韭"，被誉为"菜中珍品"。

南宫黄韭标志由"南宫黄韭"和"南宫普彤塔"构成。金色的古塔——普彤塔，作为南宫文化地标，位于标志中心。黄韭叶片富有动感，形如两只环绕古塔飞翔的凤凰，两只凤凰构成"南宫"首字母"N"，蕴含"NEW（新）"和"无限"的意涵。如此地道美味与地域美景构成和谐画面：凤绕古塔，绿色腾飞！象征"凤凰之城"的南宫黄韭，在国家品牌战略推动下，焕发绿色生机，实现经济腾飞！

2020年10月23日，南宫黄韭区域公用品牌发布会在石家庄成功举办，南宫黄韭区域公用品牌是南宫市农业技术推广中心所有，由南宫市润农粮棉果蔬种植专业合作社、南宫市华盈蔬菜种植专业合作社、南宫市丹绿丰韭菜农民专业合作社、南宫市原野蔬菜种植专业合作社和南宫市润浩家庭农场有限公司授权使用的农产品区域公用品牌。

南宫黄韭广告语

南宫黄韭区域公用品牌积极参加农产品区域公用品牌评选活动，于2021年6月22日，被评选为邢台市农产品区域公用品牌；2022年12月15日，被评选为河北省第六批"二十大"名优农产品区域公用品牌；2021年5月"南宫黄韭"荣获2020年河北省农业品牌创新创意设计大赛创意奖；2021年4月20日南宫黄韭参加由河北省农业农村厅联合长城新媒体集团组织的河北省第二届"我最喜爱的农业品牌网络评选"活动，最终被评选为河北省第二届我最喜爱的"20个区域公用品牌"之一。

二、独特性及优势

南宫黄韭作为邢台南宫市的特色农产品，与其他品种相比有其独特之处。

1. 优良的生长环境

南宫黄韭保护区域属大陆性季风气候，年平均气温13℃，年0℃以上积温4 936.3℃，年日照2 955小时。年平均降水量584毫米，多集中在七、八月份。早霜始于十月中旬，晚霜终于四月上旬，无霜期约200天。地势平坦开阔，海拔27.2~30.1米，气候条件属暖温带大陆性半干旱季风气候区，四季分明，温差较大，春季干旱多风，夏季炎热多雨，秋季晴朗凉爽，冬季寒冷少雪。保护区毗邻南宫湖，空气较湿润。灌溉水为浅层地下水，水质矿化度为1~1.5克/升；土壤肥沃偏碱性，pH值为8。特殊的地理位置形成了南宫黄韭独特的生长环境，培养出优良的品质。

2. 独特的内外品质

外在感官特征：根白叶黄微绿，叶长茎短，株高30厘米左右，口感鲜嫩，味道浓郁。与其他黄韭相比，更加鲜嫩，产量更高。内在品质指标：产品营养丰富，经检测，维生素A含量大于1.92微克/100克，维生素C含量大于9.32毫克/100克，均高于其他同类产品。此外，南宫黄韭还富含天然抗菌物质，具有杀菌之功效，被誉为"菜中珍品"。

3. 栽培方式不同

和传统栽培模式不同，南宫黄韭盆景将韭菜根培植在了专门定制的盆里。每盆栽培250棵韭菜根，每个根可以长4棵韭菜，一盆就是1 000棵韭菜。消费者只要通过网络订单，就可以把好吃又好看、营养又安全的盆栽黄韭带回家，还可以根据自身喜好，培育成金黄的黄韭、黄绿色的黄韭或幽绿的黄韭。每年上百万盆黄韭盆景随着快捷的物流通道销往京津以及全国20多个省份，并出口到中亚国家，年销量可达12 000吨，总销售额达到36 000万元，成为城市居民最喜爱的装饰品。

南宫黄韭还衍出无土栽培方式，不追施化肥与农药，完全依靠韭根自身的养分生长，并隔绝光线，使其色泽鲜黄、口感鲜嫩，成为真正的无公害绿色产品。

三、历史与传承

南宫黄韭的品牌故事，是一段融合了历史、文化与地方特色的传奇，其背后承载着丰富的文化内涵和深厚的历史底蕴，体现了藁城人民对土地的热爱和对传统工艺的坚守。

1. 历史标记

南宫黄韭的种植历史悠久，可以追溯到明朝。据《南宫县乡土志》记载，明崇祯十七年（1644年），南宫市北胡小关村、东张村等地就已经掌握了黄韭的培植技术，至今已有几百年的历史。这段历史不仅见证了南宫黄韭的悠久传统，也为其赋予了深厚的文化底蕴。

2. 传说故事

关于南宫黄韭，还有一段美丽的传说。相传清朝顺治年间，南宫关家庄有一位百岁老人，以种植韭菜为生。每到冬天，他把家中韭菜园的韭菜根刨出一部分栽到木箱里，放到热炕头上栽种，为的是在蔬菜贫乏的冬季能添点"青菜头"。一年冬天，因为种的韭菜根比较多，老人就把割下的黄韭拿来包饺子。人们品尝后，发现味道特别鲜美，引得全村人竞相效仿，纷纷开始尝试栽种。黄韭逐渐走上了人们的饭桌，成为南宫特产的一道珍馐美味。这个故事不仅增添了南宫黄韭的神秘色彩，也体现了当地人民对美食的追求和智慧。

3. 文化传承

南宫黄韭的种植技艺和食用文化在当地代代相传，形成了独特的饮食文化和地方特色。许多文人墨客也对黄韭赞不绝口，留下了许多脍炙人口的诗句和佳话。汉朝曾在南宫遇难呈祥的刘秀称韭菜为"救菜"，创象形汉字"韮"，后简化为"韭"字。"断觉东风料峭寒，青蒿黄韭试春盘"，黄韭从宋代诗人苏轼的诗中悄然越出，穿过悠长的岁月来到我们的餐桌上。明朝监察御史、经学家刘濂归隐后，住在紫微山（南宫市小关村丹朱古墓）脚下，曾在诗中写到"晚菘早韭饶供给、莫说樊须是小人"，可见君子之交"青"如韭，曾是明清时代的宫廷贡品。

如今，南宫黄韭不仅是当地农民的重要收入来源，还成为南宫市的一张名片。通过标准化种植、品牌化运作和市场化营销，南宫黄韭产业得到了快速发展，进一步弘扬了其历史文化价值。将黄韭培育为盆景，是南宫黄韭合作社创新的培育方式，既能观赏又可食用，实为艺术与美食的融合！看着亲手培育的韭菜叶由绿转黄，叶茎由鹅黄转为牙白，根部变为几近纯白。扯起一把黄韭，透出空灵飘逸之气，真是让人不胜爱怜。

南宫黄韭产品包装

总之，南宫黄韭的故事是一段融合了历史、传说与现代农业发展的传奇。它不仅承载着丰富的文化价值和经济意义，更是一道美味佳肴和健康食品的代表。

万全鲜食玉米：原种原产地，香糯自然甜

万全鲜食玉米种植面积达 8.35 万亩，种植基地面积达 18.4 万亩，年加工 6.8 亿穗，带动全区 233 户种植大户、1.8 万余农户（其中脱贫户 1 900 余户）增收，产值 10.2 亿元。万全鲜食玉米香甜软糯，产品畅销国内 20 多个省市，还远销韩国、日本、加拿大等多个国家。

万全鲜食玉米品牌标志

一、品牌基本情况

1. 鲜食玉米之乡

万全鲜食玉米，生长于河北万全。万全位于北纬 41°，属东亚大陆性季风气候，四季分明、昼夜温差大、日照时间长、雨热同季，处坝上坝下咽喉要地，因"北枕长垣、面临洋水、左扼居庸之险、右拥云中之固"，实乃"万全之策"的建城选址，万全由此而得名。万全——"中国鲜食玉米之乡"，是全国唯一集育种、种植、加工、销售为一体的鲜食玉米加工

区。万全鲜食玉米种植面积达8.35万亩，种植基地面积达18.4万亩，年加工6.8亿穗，产业年产值10.2亿元。万全鲜食玉米产品涵盖鲜食糯玉米、鲜食甜玉米、玉米罐头和玉米糁等玉米加工产品，极大程度地满足了不同消费者的需求。万全区利用自身土地、气候以及地理优势，大力发展鲜食玉米产业，搭建集培育、种植、生产、销售于一体的鲜食玉米生产链，并不断延伸至运输、电商、餐饮等产业以满足市场多样化需要、促进产业协同发展。

2. 荣誉与成就

鲜食玉米是万全产业发展的黄金名片，位居万全区四大农业主导产业之首。2006年12月，万全被中国特产之乡推荐暨宣传活动组委会授予"中国鲜食玉米之乡"荣誉称号；2009年8月，万全鲜食玉米协会被评选为全国鲜食玉米产业联盟常务理事单位（全国仅两家）；2012年10月，万全被国家市场监督管理总局评为"国家级出口鲜食玉米质量安全示范区"；2013年8月，在第九届全国鲜食玉米大会上，万全获得"全国鲜食玉米示范县"唯一殊荣；2014年8月，第十届中国鲜食玉米大会暨第三届甜糯玉米节成功在万全举办，也是该会议首次由非省会级城市承办；2016年9月，万全鲜食玉米被评为"河北省名优农产品区域公用品牌"；2017年9月，万全鲜食玉米入选"第二届河北省十佳农产品区域公用品牌"。2022年10月，"万全鲜食玉米"中的"万全糯玉米"成功入选农业农村部"2022年农业品牌精品培育计划"；2023年，"万全鲜食玉米"区域公用品牌成功发布，进一步打响"万全鲜食玉米"的知名度。

3. 主体经营情况

经过二十余年的培育打造，万全鲜食玉米打造全国唯一集育种、种植、加工为一体的鲜食玉米产业链，涵盖21家鲜食玉米加工企业（其中农业产业化重点龙头企业省级2家，市级13家）、2家制种企业。其中，张家口禾久农业开发集团有限公司作为万全区鲜食玉米产业的代表，拥有自主研发的生物保鲜技术；张家口天勤农贸有限公司通过电商平台，开拓了线上销售渠道，扩大了销售范围。鲜食玉米产业带动全区233户种植大户、1.8万余农户（其中脱贫户1 900余户）增收，带动1 645名农民在鲜食玉米加工企业就业、2 400余名农民从事季节性务工，带动运输业、包装业、餐饮业融合发展。依靠政府的大力支持以及龙头公司的全力带动，万全鲜食玉米迸发出蓬勃的产业活力，不断提升产品质量和市场竞争力，有效推动当地鲜食玉米产业的发展。

公用品牌授权使用主题标志

二、独特性及优势

1. 适宜的地理位置

河北省张家口市万全区，由于地处阴山东麓坝上坝下过渡区域，万全土地经历腐殖质积累过程和钙积过程形成栗钙土壤，又经过河洪水灌淤熟化，土壤变得疏松富养。较高的纬度使万全的耕种模式为一年一熟，也使这里土壤有8个月时间来休养生息，来年具有更强的肥力。这些土壤和气候条件共同促成了万全鲜食玉米的高品质，使其在口感和营养价值方面具有显著的竞争力。

由于万全地势北高南低，从北往南依次为北部山区、中部浅山丘陵区和南部河川区。北部山区海拔高程在1 200~1 800米，中部浅山丘陵区在800~1 200米，南部河川区在600~800米。不同区域类型气候条件差异较大，鲜食玉米企业得以错季生产，适当拉长了青穗供应时间。独特的气候条件使早、中、晚品种在万全都有适宜的种植区。

2. 香甜软糯，令人垂涎

万全鲜食玉米，也称为水果玉米，以其香甜软糯的口感闻名。果实粒粒饱满，具有抑制糖分向淀粉转化特性，所以含糖量高、味甜。万全鲜食玉米糯性高、果实鲜嫩，是菜果兼用的食品。

万全糯玉米是万全鲜食玉米的主要类型。市场上最常见的鲜食糯玉米一般为白色，其淀粉含量高达70%~75%，且几乎全是支链淀粉。这种淀粉使得糯玉米蒸煮后口感软黏细腻、籽粒晶莹剔透，尤其适宜老人、幼儿等牙口不好之人食用。开盖后，鲜食糯玉米散发浓郁清香，令人垂涎三尺。

3. 丰富的营养价值

万全鲜食玉米含水量高，碳水化合物含量低于其他主食，同时含有丰富的氨基酸、多种维生素、胡萝卜素、核黄素、不饱和脂肪酸以及矿物质等营养成分。其中植物纤维素能加速致癌物质和其他毒物的排出。鲜食玉米富含的天然维生素E具有促进细胞分裂、降低血清胆固醇、防止皮肤病变、减轻动脉硬化和脑功能衰退的作用。

普通玉米虽然也含有一定的营养成分，但鲜食玉米在维生素和微量元素方面更为丰富。它的籽粒蛋白质含量比普通玉米高40%，其中赖氨酸、谷氨酸高出1倍。

4. 多品种培育

为推动万全鲜食玉米的发展，万全政府以市场为导向，积极与中国农业科学院、上海市农业科学院等科研院所合作，投资上千万元，致力于鲜食玉米的品种研发种植。截至2020年，23个鲜食玉米品种通过农作物品种审定，其中10个品种通过国家审定，18个品种通过省级审定（5个品种同时通过国家审定和省级审定），11个新品种保护。丰富的品种资源是万全鲜食玉米打响区域公用品牌的核心，是万全鲜食玉米创立品牌独特性的必然要求。

万全现有河北华穗种业有限公司和张家口市万佳种业有限公司两家鲜食玉米专业制种公司。多年来，两家公司因地制宜，培育出适宜万全乃至全国种植的多种鲜食玉米良种。其中，万糯2000是国内首个通过国家四个生态区审定的大穗型白糯玉米品种，是全国白糯玉米市场的主栽品种，种植面积占全国白糯品种的 70%；万糯 188 是甜加糯玉米品种，具有优质、大穗、高产的特点，销量连年增长；佳彩甜糯获第十二届中国（南宁、北京）鲜食玉米速冻果蔬大会最高产量、风味奖。

彩糯玉米与白糯玉米

5. 强势锁鲜

新鲜采摘的鲜食玉米为未成熟的幼嫩果粒，依然具有旺盛的呼吸代谢、糖分转化能力，并容易失水变质。为最大限度保证鲜食玉米甜糯口感，加工企业需要在 5 小时内完成剥皮、清洗、蒸煮、冷冻等工序。

为提升产品竞争力，万全鲜食玉米加工企业大力投入创新研发，提升加工工艺，强势"锁鲜"。万全推广全机械化装收、普及玉米剥皮机、应用生物保鲜以及速冻隧道等技术，严格控制在 5 个小时内完成鲜食玉米从田间到完成品的流程，防止鲜食玉米的营养流失和口感下降。

三、历史与传承

16 世纪中叶，玉米传入中国。由于其高产量和对环境的强适应性的特性，玉米逐渐成为中国重要农作物，并在 19 世纪时与中国传统"五谷"地位齐平，极大地促进了人口和经济的增长。

万全糯玉米种植历史悠久。据考证，万全玉米（玉蜀黍）传统种植迄今已有千年历史，据《民国二十二年万全县志》记载："玉蜀黍，苗似高粱杆，肥而高，结实，於腰际业腋间，小子者百日照，老金黄，种一百二十日始熟，多煮食亦有磨面蒸食（窝头）者"。明、清、民国以来，种植玉米一直是当地主要农作物之一，民间自发零星种植、蒸煮、出售带皮的糯玉米鲜穗，农民效益十分可观。

20世纪以来，随着良种的引进和品种改良，中国玉米栽培技术得到发展。作为受隐性突变基因控制的普通玉米的突变类型，糯玉米因其糯性、味甜及易消化的特性，拥有更高的食用价值，而受到广大消费者的喜爱。

20世纪90年代，万全率先大规模种植鲜食玉米。经过20多年的培育和发展，万全鲜食玉米产品不仅畅销国内20多个省市，还远销韩国、日本等亚洲国家以及美国、加拿大等北美洲国家。

第三篇
品牌资源分类篇

粮油品牌

黄骅旱碱麦：海育天养，碱地好粮

黄骅市位于华北平原东端、渤海西岸，地势平坦且为盐渍化土壤的典型集聚地，形成了特有的雨养旱作农业生产体系，主要使用有机肥作为生产肥料，造就了旱碱麦独特的品质。在质量体系建设方面，黄骅旱碱麦围绕种、肥、播、管、运、销等关键环节，制定并实施了包括《黄骅旱碱麦生产技术规程》等168项国家、行业、地方及企业技术标准，确保了产品从生产到销售的全过程可追溯。湿面筋含量高达35%，超出国家标准5个百分点，属高筋小麦；磨制出的面粉松散不黏手，韧性强且耐蒸煮；制成面粉、面花、挂面等面食，麦香浓郁，口感软绵劲道，展现出独特风味。据县志记载，其种植历史已有2 600余年。在《诗经》中有"爰采麦矣，禾麻菽麦，贻我来牟"。《广雅》中有"来，小麦也；牟，大麦也"。可见西周时期小麦已是北方的主要粮食作物。在黄骅当地，蒸制面花是传统节日习俗，面花以旱碱麦面粉为原料，经过发面、擀面、揉面、磕花、饧花、上锅蒸制等多道工序而成，造型多样，多以寓意吉祥、富贵、喜庆的动植物为代表。"黄骅面花"已被列为省级非物质文化遗产。

黄骅旱碱麦品牌标志

黄骅旱碱麦

蠡县红薯：人民的致富薯

蠡县位于华北平原腹地，地势西南高东北低，平均海拔高度 15.6 米，有利于红薯的大规模种植和机械化作业。蠡县位于北京、天津、石家庄三角腹地，保定、沧州、衡水三市交界处，为红薯产品的销售提供了便利的地理优势。蠡县的土壤主要是第四纪洪积、冲积物沉积而成的平原土壤，砂性土壤土层深厚、疏松，有利于红薯根系的发展和糖分的积聚；蠡县四季分明，光热、水资源丰富，有利于红薯的生长和淀粉的积累，种植的红薯具有甜软、细绵的品质。蠡县红薯种植面积稳定在 2 万亩左右，产量 6 万吨，总产值 1.8 亿元，纯收入 1.2 亿元。该县有红薯合作社 20 多家，农资经营服务机构 100 多家，红薯专业市场 2 家，红薯加工企业 3 家，带动 0.3 万余户农户从事红薯产业，平均户均增收 40 000 元。2022 年蠡县红薯荣获河北省第六届省优质农产品区域公用品牌。

蠡县红薯品牌标志

围场马铃薯：从清代传承到世界纪录，小马铃薯的大产业奇迹

围场马铃薯产自河北省围场满族蒙古族自治县，高纬度、高海拔、昼夜温差大、光照充足，使马铃薯生长时间比较宽裕，干物质积累时间比较长，口感更面。土壤都是壤土和砂壤土，特别适合种植马铃薯。优越的自然条件，使得围场马铃薯品质好、薯型优美，具有表皮光滑、芽眼浅，薯块大小整齐，抗病、耐贮藏，淀粉、营养元素含量高等优点。马铃薯中糖类、矿物质、蛋白质、糖类含量高。同时，在高水平发展传统马铃薯种植基础上，围场县还将目光着眼于马铃薯加工业，延伸产业链条，创建了现代农业综合示范区项目。随着马铃薯全产业链的形成，围场县马铃薯加工已从鲜粉到粉疙瘩、粉耗子，再到马铃薯全粉月饼等特色食品围场县还成功挑战了吉尼斯世界纪录"最长的马铃薯粉条"，14位传统手工艺匠人以当地传统的纯手工漏粉工艺，创造了500.152米的世界纪录，展示了中国传统手工艺的魅力和围场马铃薯产业的独特优势。

围场马铃薯品牌标志

围场马铃薯包装

皇室贡米：一品黄旗

黄旗小米是河北丰宁满族自治县特产与国家地理标志产品，种植史可溯至满清皇太极时期，长达 500 余年。曾专供京城皇室，有"清廷贡米""康熙贡米"之誉。当地气候属大陆性季风型半干旱半湿润山地气候，春旱冬短夏长，夏雨充沛，收获季干旱日照足，利晾晒储存。种植地多山坡缓平，黄土层厚、土肥、养分高、通风透光佳，耐旱排涝，光照足、雨热同步、昼夜温差大，一年一季，生长周期长，利于干物质积累，且无工矿污染，是种谷黄金地带。此地种谷历史久，小米米质优，圆润饱满、产量高、香糯可口。黄旗小米外观金黄圆润，煮粥鲜黄黏香，"上不见米、下不见底"，获"月子米""代参汤"称号，蒸饭松软略糯，稀饭食味俱佳。经测定，240 项指标达有机标准，多种矿物质与维生素含量居同类产品之首，其维生素 E 含量是大米的 4.87 倍，富含 β-胡萝卜素，高含镁量，铁含量是大米的 5.2 倍，胶稠度与糊化温度适宜，助于消化吸收。历史上，《钦定热河志》《群芳谱》《民国丰宁县志译注》均有相关记载，康熙二十二年（1683 年）康熙驻跸上黄旗，品黄旗小米后定为皇庭贡米。

黄旗小米产品

武安小米：粒粒金黄 口口生香，传递大自然的味道

武安地处河北南端，太行山东麓，素有"太行明珠"之称。武安属温带大陆性季风气候，四季分明。年平均气温11~13.5℃，年平均降水560毫米，年最大降水量1 472.7毫米，年平均无霜期196天，适宜种植谷子。武安小米营养价值高，蛋白质含量为9.2%~14.3%，高于大米和玉米；粗脂肪含量3.0%~4.6%，略低于面粉，10倍于大米。氨基酸种类齐全，特别是人体所需要的色氨酸、蛋氨酸的含量很高。武安小米采用无添加剂的生产工艺，色泽金黄，粒小，糊锅易烂，入口绵甜糯香，营养丰富，深受消费者欢迎。现代化的生产流程确保了小米的质量，从谷子清杂除尘到脱壳、碾米、抛光、色选包装，七道生产链一次打包成品。此外，武安小米还采用了传统的石碾工艺，通过低速磨制，避免了高温对小米质量的损害，保留了小米的营养成分如矿物质和维生素。

武安小米产品标志

大名小磨香油：油香磨小名气大

大名小磨香油以优质芝麻为原料，以特有的历代传承的石磨磨浆，用低温、低压"水代法"传统工艺制作，香油中的芳香味物质及功能性营养成份保存完好，无任何化学溶剂和重金属残留。大名小磨香油素以香气醇厚柔和、香味浓郁持久、口感纯正、沁心入肺、爽心畅气、绿色环保、营养高、有益健康等特点而驰名中外。2011年"大名府""五鹿香"香油商标荣获商务部"中华老字号"荣誉称号，多年来全国香油品牌排行中，两品牌稳居前十佳。大名县被国家命名为"中国小磨香油之乡"。2014年大名小磨香油获得"国家地理标志保护产品"认证，2016年评选为省级区域公用品牌。2021年大名小磨香油荣获"国家级非物质文化遗产"。大名府小磨香油先后获得"中华老字号""河北省老字号""河北省著名商标""地理标志产品""邯郸市商业秘密保护示范基地"等荣誉。大名小磨香油历史悠久，始创于明朝初年，兴盛于清光绪年间，至今已有500多年加工生产历史。

大名小磨香油品牌标志

曲周小米：每一粒都饱含阳光与山川的馈赠

曲周小米，米粒饱满，色泽金黄，表面有光泽，手感光滑沉实，米粒不开不裂有糯性。曲周小米中富含碳酸氢钠和多种矿物质，煮熟的小米饭口感肉头饭味足，入口绵甜爽滑，粥浆似黄乳，凉饭不回生，食之可口清香，香味浓郁；煮熟的小米粥黄黏适口，唇齿留香。早在殷商时代，古黄河、漳河流经曲周，形成冲积平原，因气候温和湿润，日照充足，土壤肥沃，极宜种粟，口感绵软香甜，扬名天下，商王特意建巨仓囤积曲周小米。西周时期，"武王灭殷，发巨桥仓粟以振弱萌隶"，遂后，武王亲自品尝之，称其颗粒圆，色泽黄，入口香甜，定为贡米，后历朝历代，曲周粟米之业传承不衰。明朝隆庆大臣陈于陛，曲周县人，被重用后，为感激皇恩，献"巨桥仓粟"于隆庆帝，品之，称其黏，赞其香，定为皇室贡米，赐名"曲周香"。

大名花生："高油酸"的金豆豆

　　大名县被誉为"中国花生之乡"，是国家级农业标准化示范区。大名花生的栽植历史已有400多年，全县花生常年种植面积40万亩左右，总产量10余万吨，面积和总产量位居全省第一。大名花生以其果大、皮薄、品质香脆而在全国享有盛誉，以"三高"（出米率高、出油率高、蛋白质含量高）、"两好"（果型好、粒型好）而著称。生吃香脆可口，榨出来的花生油色泽金黄，营养丰富。目前大名县栽种花生中，冀花系列品种已占全县花生面积的80.5%。与普通花生相比，高油酸花生所含的不饱和脂肪酸中高油酸含量更高，有助于降低血液中的"坏"胆固醇（LDL胆固醇），同时提升"好"胆固醇（HDL胆固醇）水平，从而有利于预防心血管疾病的发生。同时，高油酸花生的优质稳定性更高，抗氧化性增强，因此在烹饪和储存过程中更不容易氧化变质，保质期长。大名花生产业已成为脱贫致富、振兴经济的主导产业，种植优质品种，延伸产业链条，一粒粒花生豆成为农民发家致富的"金豆豆"。

大名花生标志及其产品

金穗盈仓：文安杂粮

文安杂粮的品质上乘，得益于其独特的地理环境和科学的种植技术。文安县地处平原地区，气候温和，光照充足，土壤肥沃，为杂粮的生长提供了优越的自然条件。同时，文安县注重科学种植，采用有机肥和生物防治等绿色农业技术，减少化肥和农药的使用，保证了杂粮的绿色健康。文安杂粮的口感独特，令人难以忘怀。无论是软糯香甜的玉米，还是筋道爽口的谷子，都展现了文安杂粮在口感上的卓越表现。文安玉米颗粒饱满，色泽金黄，口感细腻，甜而不腻；文安谷子则粒粒饱满，质地紧密，煮熟后口感筋道，香气扑鼻。文安杂粮不仅口感出众，营养价值也极为丰富。玉米富含蛋白质、维生素和矿物质等多种营养成分，具有降低胆固醇、预防心血管疾病等功效；谷子则富含膳食纤维、维生素和矿物质等营养成分，有助于促进肠道蠕动、改善消化功能。目前，文安县已经注册了"文安绿谷""京津粮仓"等商标，并通过国家地理标志产品认证，品牌影响力显著提升。

文安杂粮品牌标志

文安杂粮

藁城宫面：一碗宫廷面，一份健康情

藁城属于暖温带半湿润大陆性季风气候，四季分明。藁城小麦返青时间在3月中旬，此时日均气温在15.5℃，日照率61.2%，非常适合小麦小苗生长。年均降水量494毫米，集中在5月初，此时正处于小麦快速生长阶段，恰恰适合小麦的中后期生长。土壤耕层深厚，多为片砂质土壤，有机质含量高，有利于藁城小麦蛋白质及营养物质的形成。独特的自然地理环境孕育出藁城小麦优良的品质，蛋白质含量在11.5%以上，属高筋面粉，颜色较深，有活性且光滑，手抓不易成团状。用这种小麦粉制成的藁城宫面才能体现其独特麦香味和弹性俱佳的特点。宫面采用最原始的方法，纯手工制作，制作一份宫面要消耗足足20多个小时。和面、饧面、盘条等二十余道复杂工艺，每一道都必不可少，以保证宫面的筋道和弹性。面团发酵时被空气填充，经过一次次的拉伸使成型后的面条中形成不均匀的气孔，宫面最具特色的"空心有韧性"也因此而来。宫面煮熟挑入碗中，半汤半面，汤清味佳，既可作主食，又可佐餐，尤宜病人和产妇食用。

藁城宫面品牌标志

藁城宫面产品包装

藁城强筋面：藁优好麦，强筋中国

"藁城强筋面"2022年被评为市级区域公用品牌，2023年被评为省级区域公用品牌，是以获得国家地理标志商标的优质强筋小麦"藁城藁优麦"为原料加工而成。藁城强筋面作为石家庄藁城市的特色农产品，与其他品种相比独特之处在于：优质强筋麦原料优势，藁城区是我国强筋麦的最佳适生区之一，所产的强筋麦蛋白质含量高、面筋质量好。蛋白质含量通常在12%~15%，远高于普通小麦，为制作出优质的强筋面提供了坚实的原料基础。藁城部分地区的土壤富含硒元素，种植出的强筋麦含有丰富的硒元素，使藁城强筋面具有一定的营养优势，在补充人体所需营养方面更具价值。口感筋道有嚼劲，由于面筋含量高、质量好，藁城强筋面口感十分筋道，富有嚼劲。耐煮性好，藁城强筋面在煮制过程中不易断裂、不易糊汤，具有较好的耐煮性。核心使用主体晨风面业有限公司生产的6个面粉品种被中国绿色认证中心认定为绿色食品，是石家庄市唯一一家获得面粉绿色认证的面粉加工企业。

藁城强筋面产品标志

唐山大米：每一口都是自然的精华

唐山种植水稻始于元朝末年，引自江浙一带，种植面积80多万亩，种植面积和产量居全省首位。2018年4月"唐山大米"获得国家地理标志证明商标；2019年获河北省十佳农产品区域公用品牌称号，在第四届中国农业（博鳌）论坛获"年度优秀农产品区域公用品牌大奖"。唐山拥有110平方千米的滨海盐渍型土壤，这种土壤富含多种矿物质和微量元素，经过稻农们引滦河水灌溉、以甜刷碱后，变得肥沃且适宜水稻生长。盐碱土壤培育了唐山大米的弱碱性，使其不但适口性好，而且具有天然的保健功效。滦河水携带了多种矿物质，为水稻生长提供了丰富的营养物质，灌溉出的大米品质优良。唐山有传统名优品种，如胭脂稻，曾专供"皇室内膳"40多年，因味腴、气香、微红、粒长，煮熟后红如胭脂而得名，具有较高的营养价值和丰富的文化内涵；还有小站米、柏各庄大米、唐山糯米等，满足了不同消费者的需求。

唐山大米品牌标志

唐山曹妃甸大米：天赋地赐，人间尚品

曹妃甸的稻米种植主要集中在盐碱地上，得益于其位于神奇的北纬39°，这一纬度被认为是"地球优质粮食的黄金纬度"，为稻米的优质生长提供了得天独厚的条件，是一条高品质的优质大米生长线。近年来，曹妃甸大米畅销全国，品牌知名度与日俱增，先后取得"曹妃甸大米"和"胭脂稻"地理标志证明商标，并荣获"河北大米之乡""中国河蟹之乡""中国生态稻米之乡""国家农产品质量安全县"等殊荣。曹妃甸大米颗粒饱满、质地坚硬、色泽清白、晶莹剔透，不管是做成米饭还是做粥，米质都油亮光泽、香甜松软、香粘可口。曹妃甸大米还富含丰富的维生素、谷维素、蛋白质、花青素等营养成分，长期食用不仅延年益寿，而且美容养颜。曹妃甸大米的种植历史可以追溯到20世纪40年代。如今，曹妃甸已形成独具特色的以名、优、特、新、高水稻品种生产为主导的水稻生产模式，常年种植面积达32万亩，亩产700千克，总产量约22万吨，优质品种占比达到80%以上。

柏各庄大米：天时地利人和造就的舌尖传奇

柏各庄所产出的稻米是冀东"三米"（大米、海米、花生米）之一，天时地利的结晶，季风气候与滦河灌溉孕育的独特风味，在国际市场上久负盛名。其外观整齐、洁白，透明度极好，无垩白，蒸食品质好，米饭外观松软、洁白，口感绵软、香甜、细腻，人体易消化。不仅口感独特，而且营养丰富，含有较高的维生素和微量元素，包括各种氨基酸、脂肪酸、矿物质，能够满足人体的多种营养需求。弘扬柏各庄品牌为己任的公司于2015年12月正式成立，其前身是滦南县百祥稻谷种植专业合作社，该合作社拥有数年有机水稻种植经验，再加上公司化运营和整合，河北尚墨农业科技有限公司弥补了做强做大柏各庄大米的第三个条件"人和"。

柏各庄大米

滦州花生:"红胖子"变成"金豆子"

滦州市位于唐山市东部,地处滦河、沙河平原冲积扇的中轴地带,因其地势平坦、土壤肥沃且透气保水保肥能力强,为花生种植提供了得天独厚的自然条件,花生已有100多年种植历史,被誉为"中国花生之乡"。所产花生果白、果大、粒饱、色鲜、味美,不油不腻、适口性好,享有"东路花生"的美誉,并于2014年获得中国国家地理标志产品认证。滦平花生是高油酸花生,病害少、产量高、保质期长。通过选用抗病虫品种,进行科学轮作、高垄覆膜栽培,合理密植,适时播种,并根据滦州市的自然条件,选择早熟、抗逆性强、适应干旱和抗病虫害的花生品种(如冀花4、唐油4号、唐8252等)。结合地膜覆盖技术,通过调节土壤温度和湿度、抑制杂草生长和提高水分利用效率等,有效提高作物产量和品质。同时采用了"生态调控+健身栽培+生物防治+四诱技术+化学防治"综合防治措施,有效减少农药用量和残留。

滦州花生品牌标志

滦州花生

滦南大米：清香四溢，入口滑爽

滦南大米产自河北省唐山市滦南县，该地区位于滦河下游、渤海之滨，拥有特殊的退海地理环境，土质黏重，土地盐碱，土壤矿化物质含量高，自然条件对稻米的生长和品质具有重要影响。滦南县属于东部季风区暖温带半湿润气候，年均气温11℃，年降水量636毫米，四季分明，适宜水稻生长。大米品质优良。滦南大米凭借天然的地域、优越的气候、独特的土壤、优质的水源、优良的品种、科学的生产、稻蟹混养模式，加上全国最长的175天全生育期、2 900小时的充沛阳光，共同赋予了滦南大米独特的风味品质。滦南大米光滑饱满、色泽清白、晶莹剔透，具有弱碱性，颗粒饱满，蒸煮之后清香四溢。滦南大米颗粒饱满圆润、晶莹剔透，宜蒸耐煮、富有黏性，糯软香喷，闻之清香四溢、入口滑爽。不但适口性好，而且具有天然的保健功效。

滦南大米品牌标志

南和金米：女皇御封，南和金米

南和金米是河北省邢台市南和区特产。南和县位于太行山东麓的冲积平原上，地势平坦、土质疏松，土壤肥沃以石灰性褐土、砂壤土为主，便于排灌。地下水资源丰富，水质甘甜清澈，利于长期灌溉。南和县属于暖温带半干旱大陆性气候，温度适宜，四季分明，日照充足，降水量集中，为南和金米的生长提供了适宜的自然生态环境。南和金米颗粒微小而紧密，米色呈金黄色，十分有光泽，粒粒饱满。熬制的小米粥软、润、香、滑，清香宜人，口感极佳，香黏可口，黏而不腻。2008年通过中国绿色食品发展中心认证，被认证为A级绿色食品；2013年在全国第十届优质食用粟质量评选中获"一级优质米"称号；2013年批准实施农产品地理标志登记保护；2017年被农业部评选为"名特优新农产品"。"南和金米"栽培历史悠久，在唐朝就已成为皇室贡品，因色泽金黄，颗粒紧实饱满，营养价值高，口齿醇香，故武则天封南和小米为"金米"。据《南和县志》记载：解放前，抗日军政大学建在太行山，刘伯承、左权确定南和为军谷生产县，当时种谷面积十几万亩，生产的金米直供八路军前线，在"小米加步枪"的运动中，南和金米作出了重要贡献。

南和金米品牌标志

蔚州小米：皇家贡米

蔚县地处冀西北山间盆地，地势较低，地处恒山、太行山、燕山三山交汇之处，平均海拔912米，漫射光日照时间长，年平均气温6.56℃。土壤为栗褐土，质地为黏质壤土，锁水性好，土壤中丰富的微量元素促进小米籽粒的形成和生长；气候相对干燥，年降水量少但集中于夏季，可保证蔚县小米生长所需水分。"元至治二年（1322年）八月，蔚州献嘉谷"，成为宫廷贡米。明清之际与龙山贡米、车亭贡米、竹溪贡米，并称为"四大贡米"。蔚县小米颗粒大，饱满而盈实，米粒均匀，质地晶亮，具有本区域小米固有的自然清香味；颜色呈金黄色、外皮油亮光滑。干饭黄灿灿、油津津，散而不涩、聚而不黏，胀性强而香味浓，口感光滑柔软、黏甜喷香；稀饭质感黏稠，米粒似珠、米汤如乳，表层具有一层油皮。全县按照"百亩田、千亩片、万亩方"示范建设格局，打造优质谷子示范园区，在吉家庄、宋家庄、南杨庄等6个乡镇建优质谷子核心示范区6个，培育百亩以上优质谷子新品种专业村20个、万亩产业乡镇10个，形成了南北两条优质杂粮产业带。全县发展绿色、有机订单谷子基地12万亩、富硒基地0.5万亩。

蔚州小米品牌标志及其产品

康保莜麦：源自坝上的金色瑰宝，健康生活的智慧之选

在张家口市康保县的广袤土地上，孕育着一种古老而又珍贵的作物——康保莜麦。康保县四季分明，光照充足，昼夜温差大，土壤肥沃，为莜麦的生长提供了得天独厚的自然条件。康保莜麦颗粒饱满、色泽金黄、口感独特而著称，是制作各种美食的上乘之选。从传统的莜面窝窝、莜面饸饹，到现代的燕麦片、燕麦奶等方便食品，康保莜麦以其多样化的食用方式，满足了不同消费者的需求。康保莜麦口感美味、营养价值丰富，尤其是β-葡聚糖含量较高，具有降低胆固醇、预防心血管疾病、调节血糖等多种功效。从耕地、旋地、播种、病虫草害防治、收获、晾晒到加工、运输、贮藏，全部实行机械化作业，降低了成本；适时播种，合理密植；防治病虫草害，利用无人机在莜麦四叶一心期至五叶一心期进行综合防治，速度快，防效好，药剂选用立清（二甲溴苯腈）和高效氯氰菊酯进行防治；水肥管理完善合理。康保莜麦的种植历史可追溯至数百年前，是当地农民世代相传的宝贵财富。

康保莜麦品牌标志

塞北马铃薯：天然好味道，品质誉九州

在张家口坝上地区，马铃薯被当地人亲切地称为"山药蛋蛋"。近年来，塞北马铃薯的种植面积已达到 5 万亩，年产值约 3 亿元。当地已初步构建了一个涵盖生物组培、种薯培育、商品薯栽培、全粉制造、农业生态旅游及工业观光等在内的现代农业产业园。2017 年塞北马铃薯荣获了河北省名优农产品区域公用品牌的殊荣。塞北地域拥有多样化的土壤类型，包括富含有机质的黑土和透气性优异的砂质壤土。黑土富含氮、磷、钾等多种营养元素，为马铃薯的生长提供了充足的养分。而砂质壤土则在雨季能够有效排水，旱季又能保持土壤湿度，加之其酸碱度平衡，极利于植株养分的吸收，为马铃薯块茎的发育营造了一个理想的环境。塞北地区所产马铃薯平均淀粉含量高达 18%。1958 年夏，汪曾祺被派至张家口进行劳动锻炼，后转至沽源县马铃薯研究站绘制图谱。他采集样本绘画，成熟时画薯块并烤食，这在当时极为难得，成为他难忘的记忆，其文学作品《黄油烙饼》等便是对此的回忆。而今，塞北马铃薯已迎来它的辉煌时期。

塞北马铃薯品牌标志

尚义燕麦：营养丰富，健康之选

尚义县位于河北省西北部，内蒙古高原南缘，晋冀蒙三省区交界处。尚义县属东南亚大陆性季风气候，年降水量350~420毫米，无霜期一般为100~120天，年均日照时数为2 815.3小时，年均气温3.5℃。2003年以来，以河北省张家口市坝上燕麦产区为试验基地，培训引导群众，发挥产区的比较优势，开展有机燕麦种植技术的研究与应用。在市、县、乡三级政府的支持下，"产学研"多方合作，研究提出了适合北方燕麦产区应用的有机燕麦生产技术；并与上海欧德麦公司以及河北省张家口市坝上燕麦产区的县、乡政府和主管部门共同认证了93.3万亩（累计）的有机燕麦生产基地。尚义燕麦以现有"谷之禅燕麦产业化联合体"为平台，采取"公司+种植户+基地"的模式，集中连片发展燕麦种植基地，委托合作社、家庭农场和种植大户种植，燕麦种植面积逐步达到40万亩。龙头企业谷之禅是独家专利技术，产品是不加任何添加剂的绿色健康产品。

尚义燕麦品牌标志

南和犬猫粮——为宠物健康护航

南和犬猫粮，爱的滋养，健康之选

南和区地处冀南邢东，属暖温带大陆性季风气候，四季分明，春季少雨多风，夏季高温多雨，秋季晴朗凉爽，冬季寒冷干燥。辖域形态方正，四方通要道"井"字环抱之中，古以农产享誉，有"畿南粮仓"之称，被誉为"中国宠物产业之都"。南和区先后获评"中国宠物食品之乡""国家外贸转型升级基地（宠物用品、食品）""河北省宠物产业名区"等，宠物食品产业集群入选河北省"3910"产业布局、河北省中小企业示范产业集群，被列为河北省重点打造的10个特色产业集群之一。南和犬猫粮注重原料的选择，确保原料的品质和安全性，采用先进的生产工艺和设备，确保产品的生产过程和质量控制符合行业标准和要求。南和犬猫粮注重产品的适口性，通过科学配方和工艺调整，使产品具有浓郁的香味和口感，满足宠物的口味需求；产品颗粒大小、形状和硬度等也经过精心设计，方便宠物咀嚼和吞咽；注重产品的营养性，根据宠物的生长阶段和营养需求，科学配比蛋白质、脂肪、维生素等营养成分，确保宠物在食用过程中能够获得全面均衡的营养支持，促进宠物的健康成长。

南和犬猫粮产品

藁城宫米：宫廷御用臻食好米

藁城宫米，源自石家庄市藁城区，这里有着天然富硒的土地优势，是小米生长的优质产区。其历史底蕴深厚，早在明朝时期，朝廷重臣石珤将家乡的藁城小米带入皇宫，御膳房熬制出的米粥，色泽金黄，香甜可口，赢得皇上和皇妃们的赞誉，自此，藁城小米成为皇宫特供，得名"宫米"。如今的藁城宫米，是经过精心培育与严格制作的成果。当地联合科研机构，从众多育种材料中筛选出"宫米1号"作为专用品种，该品种颗粒饱满、米色金黄，熬煮时"粒小如针尖，粥开如梅花"，不仅外观独特，且营养价值远超普通小米，因富含硒元素，备受消费者青睐。在生产上，藁城已形成全国最大的小米加工集散地，90余家小米加工企业汇聚于此，年加工谷子33万吨，产出21万吨优质小米，畅销全国各地。同时，制作精良的统一品牌包装，以宫廷元素组合成传国玉玺印章样式，彰显其宫廷御用的高品质形象，从视觉上就牢牢吸引消费者目光。线上藁城宫米入驻各大电商平台，通过直播等形式拓宽销路，与"与辉同行"合作的直播，一天销售额便突破400多万；线下其销售范围辐射8省24市。此外，还围绕宫米开发了小米酒、小米醋、小米油、小米锅巴等深加工产品，进一步提升了产品附加值，让藁城宫米这一品牌更加深入人心，成为藁城农业的闪亮名片。

藁城宫米品牌标志

蔬菜品牌

围场胡萝卜：根正苗红，每一口都是自然的馈赠

承德市围场满族蒙古族自治西接丰宁，南接隆化。胡萝卜种植面积为9万多亩，年产超36万吨。围场县自然资源充裕，是河北蔬菜之乡、全国胡萝卜绿色食品原料标准化生产示范基地。冬季酷寒干燥，夏季凉爽无暑热，春秋两季多风沙，海拔750~2 067米，昼夜温差大，得天独厚的气候，土壤等自然条件，形成了北方蔬菜的最佳产区。围场胡萝卜型似"人参"，根长18~22厘米，单根重150~300克，整齐一致，皮、肉、心均呈橘红色，表面靓丽，口感香甜，不仅适口性好，而且营养丰富，为鲜食、加工兼用型的理想品种。围场胡萝卜营养丰富。经检测，和普通胡萝卜相比，围场胡萝卜中的蛋白质、维生素C、β-胡萝卜素、天冬氨酸、苏氨酸、氨基酸等含量均高于普通胡萝卜。

围场胡萝卜品牌标志

永年蔬菜：中国蔬菜之乡

永年位于邯郸市北部、太行山东麓，处低山丘陵与华北平原的交接地带，四季分明、光照充足、雨热同季、干寒同期。邯郸市永年区是中国北方地区最大的设施叶菜生产基地，蔬菜种植面积达24万亩，其中设施蔬菜种植面积23余万亩。永年蔬菜年产量112万吨，产值25亿元，涵盖永年大蒜、甘蓝、菠菜、生菜等100多种蔬菜品类。永年大蒜在2018年获得"国家地理标志产品"荣誉称号，进一步打响"永年蔬菜"区域公用品牌的知名度。在广泛育种的基础上，永年蔬菜发展深加工生产线来扩大产业规模，主要加工产品有速冻和冻干有机蔬菜、腌渍蒜米、酱菜等系列产品，年加工产品35万吨，产品主要出口日本、美国、欧盟等国家和地区。近年来，永年蔬菜乘着京津冀一体化发展的东风，建成长青合作社、喆兴合作社、裴氏家庭农场三个环京周边蔬菜生产基地，真正成为首都人民的"菜篮子"。

肥乡番茄：儿时的番茄

肥乡番茄有着"儿时的番茄"称号，鲜亮红润、表皮有少许茸毛、掰开汁水丰盈、内部有细密沙粒、入口软糯甘甜，受到业内外的喜爱。肥乡番茄以设施栽培为主，其中日光温室栽培面积4.3万亩，塑料大棚栽培面积0.7万亩，主要品种有凯德冬冠、天马系列、毛粉802、金科112、爱吉158、京研等。注册番茄商标8个，形成"邯肥""馨蔬源""希康""晶贵人"等知名品牌。经过多年的培育打造，肥乡番茄被授予多项荣誉奖励：2018年被第十二届中国农业品牌发展高峰论坛授予"中国番茄之乡"荣誉称号；2020年8月成立了肥乡区万亩番茄示范区；2020年12月被认定河北省肥乡番茄特色农产品优势区；2020年、2021年肥乡番茄在"京津冀鲜食番茄擂台赛"上连续两年取得了一等奖的优异成绩；2022年12月被河北省农业农村厅认定为"省级区域公用品牌"。

肥乡番茄

馆陶黄瓜：当年皇家稀罕物，如今百姓餐桌前

馆陶黄瓜味甜多汁，清爽可口，老少皆宜。馆陶县种植黄瓜历史已有1300余年。馆陶黄瓜常年种植面积10.23万亩，总产70万吨，年产值17.6亿元。2019年馆陶黄瓜参加第四届京津冀"蔬菜大会"，以黄瓜的自然形态为原型，设计符合品牌特征的标志，成功发布区域公用品牌，提升了品牌知名度，使馆陶黄瓜走向全国市场。在几百年前，馆陶黄瓜还是皇室的稀罕物件。唐高祖时期，十七女李万儿的封邑所在地在馆陶，史称"馆陶公主"。李渊在位时，全国各地每年都要向皇帝纳贡，然而纳贡时间正值农历一二月份，馆陶并没有新鲜的果品可以进贡，农民就把小暖窖种植的黄瓜作为贡品献给皇上，很多贡品都是平常吃惯了的东西，当品尝到馆陶黄瓜时，李渊赞叹于初春就能吃到黄瓜，并对儿女说，"馆陶黄瓜最好吃"，馆陶公主专程到馆陶来学习黄瓜种植技术，并把种植技术带到了皇宫。借助科技发展和政策支持，馆陶黄瓜培育新品种，提高产量，扩大销售市场，已然不是当年的皇室稀罕物，成了百姓的盘中食。

馆陶黄瓜品牌标志

魏县杏鲍菇：肉厚似鲍鱼，口感赛嫩肉

魏县是农业大县，农作物秸秆资源丰富，为食用菌生产提供了良好的原料基础，食用菌栽培已有30多年历史。魏县地处华北平原冀鲁豫三省交界处，农作物资源丰富，为杏鲍菇的生长提供了大量优质的秸秆等培养基原料，优质的培养基让魏县杏鲍菇在生长过程中获取更多的养分，菌肉更加肥厚、质地更脆嫩。种植户经过多年的实践和探索，在菌种选育、种植管理、病虫害防治等方面形成了一套适合当地的方法。这种长期积累的经验和技术优势，使得魏县杏鲍菇在品质和产量上具有一定的保障。魏县的杏鲍菇产业不仅有大规模的种植基地，还有相关的加工企业和完善的销售渠道。当地企业开发了以杏鲍菇为主要原材料的鱼香、香辣、麻辣、海鲜、烧烤五种即食食品，提高了杏鲍菇的附加值。

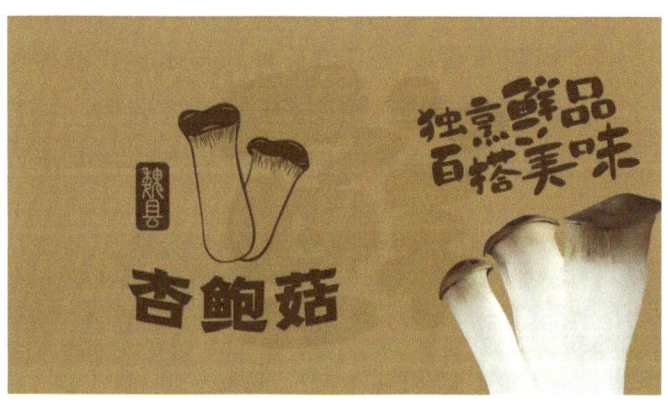

魏县杏鲍菇产品包装

永清蔬菜：京津冀的"菜篮子"

永清县，隶属河北省廊坊市，位于河北中部，北京、天津、保定三角地带中心，地处京畿重地、环渤海经济圈腹地。近年来，永清县依托区位优势，大力发展蔬菜产业。截至2022年底，全县蔬菜种植面积达到30.55万亩，总产量154.5万吨，产值超过27亿元，其中设施蔬菜种植面积达到25.65万亩，产量141.1万吨，产值26.1亿元。永清蔬菜品类繁多，涵盖13类120余个蔬菜品种，其中不乏众多特色蔬菜，如紫苏、香茅、罗勒、紫菜头、球茎茴香等。这些特色蔬菜具有独特的风味和营养价值，满足了消费者对多样蔬菜的需求，提升了永清蔬菜的竞争力。永清蔬菜产业拥有四大特色蔬菜生产基地——深冬蔬菜、早春速生菜、秋延后果菜、露地菜，基本做到四季生产、周年上市，稳定为市场提供新鲜蔬菜。为满足大规模的蔬菜交易需求，全县依循"依托产业建市场、发展市场促产业"的工作思路，建有农产品交易市场总面积达到5.3万平方米，年交易量达到20万吨，成交额突破8亿元，带动周边3.5万户农户共同致富，为乡村振兴做出卓越贡献。

永清蔬菜品牌标志

永清番茄：浓郁多汁，甜在心间

永清番茄是中国河北省廊坊市永清县的特产，以其色泽的天然红润、味道浓郁、酸甜多汁和品质上乘而闻名。永清县有着充足的光线，雨热同季，年日照时长高达2 740小时，平均日照率为62%，地势平坦，耕性好，水资源丰富且水质好，符合无公害生产要求，满足番茄日常生产需求。永清县开发引进推广设施土壤修复、无土栽培、病虫害绿色防控等多项技术，生产出的番茄适口性好，酸甜比适中。同时编制了绿色无公害番茄栽培技术，全县标准化生产技术普及率在95%以上，播种面积达到5万亩，产量30.38万吨，产值达6.88亿元，实现了产量和质量双提升。永清县番茄种植历史悠久，从20世纪90年代就有种植设施番茄的记载，永清县的番茄产业发展通过"柿柿红番茄小镇"产业园区的建设打造，逐步建设成环京津冀地区规模最大的鲜食番茄供给中心、集散中心。永清县独特的地理环境让本地产的番茄甜度高，浓郁且多汁，深受京津地区的消费者们青睐。

永清番茄品牌标志

永清胡萝卜：赤橙小人参，怡养八方人

永清县隶属河北省廊坊市，位于永定河流域，地处北京、天津、保定三角地带中心，温带大陆性季风气候，四季分明、雨热同季，地势平坦且土层深厚，其独特的半砂半胶土壤条件适宜胡萝卜的生长。永清胡萝卜以其甘甜多汁、个头均匀、皮细色好、味美且营养价值高的特点著称，生吃时口感甜脆，熟食则香甜可口，素有"平原人参"之美誉，是永清县颇具特色的地理标志产品。永清胡萝卜种植、初加工、冷藏和仓储等产业链已比较完备，一根根胡萝卜经过数次清洗和分拣后，被工人们整齐地装进袋子里，再进行低温贮藏，供应出口、大型批发市场、超市零售及大型蔬菜企业收储。经过多年发展，永清县已成为华北地区最大的胡萝卜初级加工集散中心，年吞吐量达到 80 万吨以上，是全国范围内具有影响力的胡萝卜价格形成中心。

永清胡萝卜品牌标志

平山平菇："香"飘中华，"菇"动天下

平山县生产平菇历史悠久，在清朝咸丰年间已有生产记载，并记入蔬菜类目。平山平菇产地生态环境优良、气候温差大、水源洁净，并以严格标准的组织生产，独特的气候环境使得产品口感脆嫩、清香鲜美、营养丰富，并且不含任何激素、农药、化肥等有害物质，属于真正的绿色产品。近年平山平菇推行"菌棒集中高效化生产+农户分散标准化种植"产业化发展模式，把技术含量高、投资大、适宜机械化生产的菌棒制作环节集中到食用菌生产园区的菌棒制作场，把技术含量低、投资小、易操作、劳动力密集的出菇环节放到周边农户，并大力推广标准化生产，推行健全有效的产品质量安全控制体系、环境保护体系，建立了运行良好的产品质量追溯制度。

平山平菇品牌标志

平山平菇

玉田包尖白菜：田园翡翠 舌尖传奇

玉田包尖白菜是河北省唐山市玉田县特产，中国国家地理标志产品。因其菜体呈圆锥型，顶部稍尖，也叫作玉田包尖白菜。玉田县被誉为"中国大白菜之乡"，玉田包尖白菜有着悠久的种植历史，据清光绪《玉田县志》记载，"白菜，一名菘，有十数斤者，干脆，甲他邑"。多年来玉田县委县政府高度重视玉田包尖菜的产业发展，被誉为"供京蔬菜"品牌，加之其产量高、耐储存、品质好、颜色深绿，味甜嫩脆，清新爽口，素有"玉菜"的美称。正宗的玉田包尖大白菜，出产地为县城南大王庄、水王庄、贾庄、真武庙、田水园，简称五王庄。玉田包尖白菜分为大包尖、二包尖两种，品质相近，栽培特点相同，生长期一致。据2009年经天津市质量监督检验站第十九站检测，包尖白菜蛋白质、维生素C、全糖以及铁、锌、硒等六项营养物质含量高于其他同类产品，特别是硒含量达到0.02毫克/千克，达到了富硒蔬菜的含量标准，成了为数不多的富硒白菜。菜叶做馅，清鲜宜人，去油腻，引人入食，菜帮溜炒不乱汤，嫩叶和菜心可生食，甜脆鲜嫩，清心爽口，去油腻、解酒，是酒席宴上的美味佳品。

遵化香菇：北纬 40°的鲜香传奇

遵化香菇种植历史可追溯至 1994 年。到 2013 年，遵化香菇获得农业部农产品地理标志认证。遵化成为中国北方最大的食用菌生产基地，香菇产业成为当地农村经济增长、农民增收的支柱产业。遵化香菇菌盖直径一般可达 4~6 厘米，在香菇品种中相对较大。菌盖中部往往有深色鳞片，边缘常有污白色毛状或絮状鳞片，这一独特的外观特征使遵化香菇区别于其他地区的香菇。生长在北方寒冷气候下的遵化香菇，口感更为鲜嫩，较大的昼夜温差有利于香菇积累养分，使其肉质肥厚细嫩，无论是鲜食还是烹饪后食用，都能让人感受到独特的鲜美滋味。遵化香菇的药用价值相对较高，含有丰富的蛋白质、维生素 B_1、维生素 B_2、铁、氨基酸等营养成分，对人体健康有益。当地在香菇种植过程中，注重绿色生产，施用有机化肥，实现了绿色无污染生产，资源利用率高；并且菌袋、棚膜等塑料制品实现 100% 回收再利用，绿色、可持续、健康发展。

遵化香菇品牌标志

迁西栗蘑：栗下珍馐

迁西县凭借其优越的地理环境和气候条件，为栗蘑的生长赋予了得天独厚的优势。迁西县地处暖温带大陆性半湿润季风气候区，四季分明，热量充足，年降水量丰富，且多集中在6—8月，此时段正是野生栗蘑生长的旺季。迁西县高山丘陵交错，土壤富含铁、硒等元素，特别适合栗蘑的生长。迁西栗蘑的质地较为独特，肉质厚实但不失脆嫩，咬下去有明显脆感，仿佛咬在脆嫩的玉兰花瓣上一般。同时，迁西栗蘑自身并无特殊的味道，使其在烹调中便于调味，且能够充分的吸收调料和其他食材的香味，从而呈现出丰富的口味。迁西是栗蘑人工栽培发源地，在1994年通过省级技术鉴定并被国家科委列入"星火计划"，有着深厚的技术积累和历史传承。迁西也是"中国板栗之乡"，栗蘑生长在迁西板栗树下，与板栗文化紧密相连，成为独特的农业文化符号，承载着历史文化和农耕智慧。

玉田供京蔬菜：小蔬菜成为"大产业"

玉田县隶属于河北省唐山市，地处燕山南麓冲积平原，土壤富含有机质且拥有优质的矿泉水脉，为蔬菜的生长提供了得天独厚的自然条件。作为传统蔬菜生产大县，玉田县的蔬菜产业占据了农业70%的比重，蔬菜种类齐全，包含35个种类，180多个品种，全年蔬菜播种面积达40万亩，产量214万吨，是华北、东北地区蔬菜市场重要供应基地。玉田县先后被授予"全国菜篮子产品生产先进县""中国大白菜之乡""中国蔬菜产业龙头县"等称号。玉田县制定了6项高于行业的供京蔬菜标准，建立了供京蔬菜示范基地10万亩，培育出白菜、甘蓝、马铃薯、萝卜、辣椒、大葱六大优势品种。打造贯通产前、产中、产后管理的"玉田供京蔬菜"品牌管理体系，和一套科学完善的涵盖蔬菜种植、收获、销售全生命周期管理体系和农产品质量安全追溯体系。玉田供京蔬菜以露地种植与设施种植交替补充、四季常青、周年供应。运用频振式杀虫灯、蓝板、黄板等病虫害绿色防控技术，有效减少了化学农药的使用，生产的农产品绿色又健康。

玉田供京蔬菜产品包装

隆尧鸡腿葱：尧耕圣地，葱香千年

隆尧鸡腿葱主要栽培于隆尧县西部，坐落于冀南平原的太行山东麓地带，四季更迭清晰、光照条件优越。年均降水量达到524毫米，灌溉主要依靠优质的地下水，非常适宜长期的农田灌溉需求。大葱的主要种植土壤为石灰性褐土，质地疏松且肥沃，被当地农民亲切地称为"蒙金地"。隆尧"鸡腿大葱"是全国著名特产蔬菜之一，具有辣香浓郁、肥厚柔嫩的特性，味道鲜美、多浆，粗纤维比较少，富含蛋白质、糖类、脂肪、维生素、钙、磷、铁，还有硫化丙稀、葱油、苹果酸、无机盐等营养物质，是一种较好的调味蔬菜。因其体短色白，上细下粗，没有分叉，状似鸡腿，故称"鸡腿大葱"。隆尧大葱具有悠久的历史，《尧山县志》记载"葱味辛性冷宜沙，此地种植最多"，尤见此地种植大葱之广泛。

隆尧鸡腿葱产品标志

宁晋羊肚菌：菌中之王，晋如人意

宁晋县形成了以凤凰镇为中心，贾家口镇、侯口乡、北河庄镇和换马店镇四个基地连片发展的格局，种植面积达5 000亩，是北方最大的设施羊肚菌种植基地。"宁晋羊肚菌"先后荣获"河北省优质农产品公用区域品牌""河北省气候好产品""邢农上品十大好礼""河北省食用菌十大食用菌精品""十佳邢农上品"等荣誉称号，还被纳入"全国名特优新农产品"名录。宁晋羊肚菌个大、色深，菌体黑白分明，外形美观。菌盖饱满，菌柄粗壮，整体形态较为规整，与其他地区的羊肚菌相比，具有更高的辨识度。宁晋县有着近40年食用菌种植历史。2009年，当地试种羊肚菌成功，实现"南菇北移"。如今，宁晋县采用"公司+专业合作社+协会+种植大户"等多种发展模式，形成了较为完善的产业链条；总结出适应北方的"冀中南羊肚菌设施高产栽培技术"，使宁晋羊肚菌的产量和质量都得到了极大的提升。宁晋羊肚菌种植面积不断扩大，形成特色产业格局，"宁晋羊肚菌"成为河北省农产品区域公用品牌，传承着宁晋人在食用菌种植领域的不懈努力与创新精神。

曲周种苗：小种苗托起大产业

曲周县是全国蔬菜产业发展重点县、河北省蔬菜产业化种苗大县。当地蔬菜种植历史悠久，据曲周县志记载，早在明朝，滏阳河两畔的居民就以"营菜为生"。曲周种苗是全国最大的县级育苗单位，提供各种蔬菜苗，包括茄子、辣椒、番茄等。现在的曲周育苗产业园已经发展出甘蓝、菜花、白菜、铁蓝、油菜、菠菜等1 500多个品种，均来源于全国各地种子公司和科研院所十字花科类蔬菜，该产业规模大，效益好，通过技术指导和培训，确保育苗质量。曲周县培养种苗女子嫁接队，坐着飞机、乘着高铁，全国接单搞嫁接。曲周县成为全省唯一蔬菜育苗特色优势产区、首批农产品特优区。为了规范曲周育苗产业的发展，曲周县政府出资1亿多元建设育苗产业园，同时5家合作社成立了一个联合社，注册了曲周种苗区域公共品牌。曲周育苗产业效益较好，规模较大，目前是全国育苗量最大的一个县级单位。

曲周种苗品牌标志

固安番茄：品质非凡味美，舌尖上的甜蜜

固安番茄是河北省廊坊市固安县的特色农产品，种植面积达 3 万亩，年产量超过 10 万吨，年产值突破 15 亿元，是中国北方设施番茄的核心产区。固安县地处天安门正南 50 千米，位于京津冀经济圈的中心地带，气候适宜，土壤肥沃，拥有悠久的番茄种植历史和成熟的种植技术。固安番茄以其色泽鲜艳、果肉厚实、酸甜适口、营养丰富而闻名，被誉为"京南第一鲜"，是省级农产品区域公用品牌，其原味番茄被评为省级高端精品。独特优势在于得天独厚的地理位置，紧邻京津冀大城市群，能够快速将新鲜番茄输送到市场，形成了强大的市场竞争力。口感丰富独特，皮薄肉厚、多汁酸甜，现有品种如"原味一号""七彩西红柿"等深受消费者喜爱。在品质管控方面，采用绿色和有机标准种植，建立了农产品生产加工可追溯体系，增加了消费者的信任度。此外，固安番茄不断推新培优，与科研机构合作研发新技术、新品种，为品牌注入新活力，品牌声誉良好，知名度和美誉度高。自 1989 年种植以来，固安番茄经历了从传统种植到现代科技农业的转型，形成了完整的产业链。通过科技赋能和创新驱动，固安番茄构建了面向京津地区的高端精品蔬菜产业供应体系，开辟了农超、农餐、电商等多种供应渠道，不断提升市场知名度和竞争力。

固安番茄品牌标志

水果品牌

高碑店黄桃：又见黄桃熟，犹闻紫燕生

高碑店黄桃已有百余年的栽培史，据《高碑店市志》记载，自清乾隆十二年（1747年）起，就有王氏家族在此地看管桃园，并最终定居立庄，形成了以黄桃种植为特色的农业文化。独特的资源禀赋，造就了高碑店黄桃的肉质纯厚。2014年，高碑店黄桃获得了国家农产品地理标志登记保护，核心面积共1 000亩，分别分布在泗庄镇和张六庄镇。黄桃单果重160~185克，果型近圆，果顶圆或有小突尖，果皮黄绿色，果肉黄色，口感好，味酸甜，成熟后甜度增大，肉质纯厚，色味俱佳。高碑店黄桃拥有多种产品类型，例如，黄桃罐头、桃汁、桃酱等，将黄桃切片晒干或烘干，制成黄桃干，是一种受欢迎的休闲食品，保留了黄桃的自然甜味和口感。黄桃榨汁后可以制成果汁饮品，是一种营养丰富、口感清新的天然饮品。

顺平苹果：国宴佳品

保定市顺平县位于太行山东麓，保定市西部；顺平县苹果种植面积广泛，达到了 6.6 万亩，年产量超过 10 万吨，被誉为"中国苹果之乡"。独特资源禀赋，孕育了顺平苹果的"清香爽脆"。顺平县属于半山区，地势西北高，东南低，海拔 30~1 060 米，年平均气温 12.2℃，年日照总时数 2 523 小时，无霜期 190 天，平均年降水量 580 毫米，属温暖带半湿润大陆性季风气候，四季分明，光照充足，山区及沿山特有的小气候，孕育了顺平苹果肉质细腻无渣，口感酸甜适中，清香爽脆。在种植过程中遵循绿色、环保、有机的种植理念，富含钙、磷、铁、维生素 B_2、维生素 C 等，被誉为"全科医生"和"第一健康食品。顺平县的苹果种植历史可以追溯到 2 000 多年前的秦汉时期，当时人们称之为"柰子"，在古籍中称为林檎。到了明朝初期，苹果的名字才真正出现，顺平县的苹果在明朝中期被选为贡品，进贡给朝廷。

顺平苹果品牌标志

泊头桑椹：千年古桑·泊头椹好

"泊头桑椹"是河北省特色农产品，于2019年获得地理标志证明商标。"泊头桑椹"色泽黑紫，外形似肾，饱满光亮，果肉肥厚，汁溢鲜嫩，味甘如蜜，回味醇香，内在营养丰富，种植严格按照绿色食品标准执行。2020年泊头市（桑椹）被认定为河北省特色药材产业县、"泊头桑椹"获得河北省农业品牌创新设计大赛区域公用品牌最佳设计奖、被评为第六批河北省"二十大"名优农产品区域公用品牌；2023年被农业农村部认定为第七批中国农业重要文化遗产，主产区获得河北省特色农产品优势区、河北省定制药园、河北省休闲农业精品园区等称号。"泊头桑椹"鲜果在销往京津冀商超同时，与安徽、山东、浙江桑椹加工厂建立合作，拳头产品桑椹干分为药用和食用，药用级桑椹干主要销往河北药都安国、南方药都安徽亳州等药材市场。此外，宇清生物科技有限公司流转桑椹园进行了有机认证，并与中国农业科学院团队研发了桑椹酵素、桑椹芝麻丸等产品。开发桑椹加工产品十余种，包括桑椹（叶）茶、桑椹酒、桑椹挂面、桑椹（叶）粉等，产品销往全国各地，桑椹产业已成为当地经济社会发展的重要补充。

泊头桑椹品牌标志

泊头桑椹

宽城苹果：国光经典，红星闪耀

  宽城满族自治县位于河北省东北部燕山山脉东段。气候适宜，年平均气温9~14℃，冬季极端低温不低于-12℃，夏季最高月均温不高于20℃，利于苹果生长，保证品质与产量。地理位置独特，处于承德、秦皇岛、唐山与辽宁朝阳交界处，在环渤海与环京津经济圈核心，交通便捷。宽城苹果品种多样，国光适应性强等特点显著，果实扁圆均匀，黄绿底色，果粉多，果肉白或淡黄，口感脆嫩酸甜；红星受多种因素影响，个头大、色泽艳、皮薄、果肉香甜。1993年成亚运会指定果品，1995年被宽城县列为农业"八龙"之一，1996年于国际果品博览会获"优质产品"与"中华名果"奖，1997年再被中国果品流通协会评为"中华名果"，彰显其不凡品质，有力推动宽城苹果区域公用品牌发展。

宽城苹果

围场沙棘：从荒山野岭到致富"金豆豆"的生态奇迹

沙棘堪称"荒漠斗士"与"营养宝库"，固氮力强，能改良土壤，因维生素 C 含量高，有"维生素 C 之王"美誉。围场具有优厚的地理优势，全县有野生沙棘 60 万亩，还有 7 万余亩标准化宇璐沙棘示范基地，被赞为"水的源头、云的故乡、花的世界、林的海洋"。沙棘果实中含有 190 种以上的生物活性成分，具有增强免疫力、清除自由基、改善心脑血管性能、抗肿瘤、保护消化系统、抗辐射、抗过敏、抗炎症、抗疲劳等功能；是少有的集蛋白质、不饱和脂肪酸、维生素、类黄酮物质（芦丁）于一体的神奇植物，被称为"维生素宝库"。沙棘营养全面，可入中、蒙、藏药，已有悠久的医用历史和民间服用历史，中国唐代的《月王药珍》《四部医典》、清代的《晶珠本草》等历史医药典籍均有记载。1977 年沙棘正式被列入《中华人民共和国药典》，国家医药局和卫生部联合公布沙棘为药食同源植物。

围场沙棘

双滦葡萄：葡香四溢，葡醉人心

双滦区属中温带半湿润大陆季风性气候，年平均气温 8.9℃，昼夜温差达 15℃，无霜期 150 天，年平均降水量 585 毫米，水资源充沛，非常适宜葡萄的生长。得益于优异的地理环境，双滦种植葡萄的种类也各种各样，其中以巨峰、巨玫瑰、红地球、辽峰等品种为主。葡萄果粒饱满，色泽鲜浓，穗大粒重，果浆多而浓，含糖量高，风味物质丰富，香味浓郁纯正，深受人们喜爱。在双滦区，有一个特别有名的葡萄观光采摘园——双滦区达意种植专业合作社葡萄观光采摘园，位于承德市双滦区偏桥子镇达连坑村，占地面积 260 余亩，分设施栽培和露地栽培两个种植区。采摘期从 5 月中旬一直持续到 10 月中旬，吸引了大量游客前来采摘品尝。此外，双滦区还特别注重葡萄品种的改良和新品种的引进，以提高葡萄的品质和产量。当地政府也加大了对葡萄产业的扶持力度，为葡萄种植户提供技术指导和资金支持，推动葡萄产业的持续健康发展。

双滦葡萄

成安草莓：甜蜜的红宝石

成安草莓，是邯郸市成安县的地理标志产品。成安县位于太行山山前平原，属于暖温带半干旱半湿润大陆性季风气候区，具有四季分明、光热充足、雨量集中、昼夜温差大的特点，有利于草莓花芽分化和有机物质的合成与积累。土壤以轻壤土和砂壤土为主，通透性好，保水保肥，适宜草莓生长。全县种植草莓面积3万余亩，莓农3 000余户，年产鲜果7万余吨，产值6亿多元，被称为"河北草莓之乡"。成安草莓果实较大，长圆锥形，鲜红色且有光泽，果形整齐美观；果肉淡红色，髓心小，肉质细，风味甜酸浓，硬度特大，果皮韧性强，广受消费者欢迎。采用露地栽培、间作套种、地膜、拱棚、日光温室等多种种植模式，灌溉设施配套齐全，可充分满足草莓生产用水需要。生产管控措施完善，按照标准化生产，保持自身品质及特色。建立农产品"从农田到餐桌"的全过程追溯管理体系，再现生产过程，实现产品可追根溯源。成安草莓种植至今已有40年的种植史，注册了"兆辉""琅玉""映雪红""天琛""邯成""鑫谷雨"等多个商标品牌，并大力发展绿色采摘休闲农业，成功举办了两届草莓采摘文化节。

成安草莓品牌标志和包装

永年葡萄：串串晶莹，诉说甜蜜传奇

永年葡萄作为河北省邯郸市永年区的特色农产品，种植面积颇为广阔，全区葡萄种植面积达一万多亩，种植户多达 2 600 余家。永年葡萄屡获殊荣，2021 年被评为市级区域公用品牌，2023 年更是荣膺省级区域公用品牌称号。永年地处河北南部，拥有独特的地理和气候条件，土壤肥沃，富含多种矿物质和有机质，为葡萄的生长给予了丰富的养分；气候四季分明，昼夜温差大且光照充足，促使葡萄充分进行光合作用，合成更多糖分与营养物质，使永年葡萄的口感更为甜美；水质优良，为葡萄生长提供了清洁水源，进一步增进了葡萄的品质。当地果农高度重视科学种植与管理，运用先进的栽培技术以及病虫害防治方法，有力确保了葡萄品质的稳定。永年葡萄涵盖巨盛一号、KM183、巨峰、腾稔、玫瑰香、无核 8611 等 20 多个品种。各个品种皆具独特风味与特点，充分满足了不同消费者的需求。比如巨峰葡萄，果粒硕大，口感甘甜；玫瑰香葡萄散发着浓郁的玫瑰香味；夏黑葡萄穗形紧凑，味道甘美、果实香甜。

永年葡萄

饶阳葡萄：中国设施葡萄之乡

饶阳葡萄产自河北省饶阳县，饶阳县地处冀中平原，地形平坦，县境内为海河冲积平原区，饶阳县境内海拔约为 25 米。饶阳县属于暖温带亚湿润季风气候，冬季寒冷降雪少，春季干旱风沙多，夏季高温多雨，秋季天气晴朗，冷暖适中。年平均气温 12.5℃，年降水总量 510 毫米左右，能够为葡萄提供良好的生长环境。全县设施葡萄种植面积达到了 11 万亩，形成了高村、万艾、桑园万亩大方 3 个，娄庄、孔君道等千亩大方 14 个，成为全国最大的设施葡萄生产基地。葡萄性平，味甘酸，入肺脾肾经，有补气血、益肝肾生津液、强筋骨、止咳除烦、补益气血、通利小便的功效，葡萄皮中的白藜芦醇、葡萄籽中的原花青素含量都高于葡萄的其他部位，也高于其他大多数果品，具有极高的药用价值已经成为世界重要的营养兼药用的商品。

饶阳葡萄

武邑红梨：梨界的"红宝石"

武邑红梨是国内首个全红型红梨品种，产自河北省衡水市武邑县，由武邑县武罗农产品专业合作社引进种植。武邑县已发展红梨4.2万亩，成为全国规模最大的单品红梨生产基地，总产量可达1 060万千克，亩产优质红梨3 000千克，亩收入达到3万元。武邑红梨市场占有率65%以上，在全国种植规模和技术上有着不可替代的引领作用。武邑红梨无论是枝干、新叶、花朵还是果实，皆呈现出特殊的红色，在众多梨品种中辨识度极高。其外皮红紫，鲜艳夺目恰似红宝石，具有很强的视觉冲击力，与常见的青皮或黄皮梨形成鲜明对比。果实形状较为规整均匀，观赏价值颇高，堪称水果中的"颜值担当"。武邑红梨甜度高，含糖量高达14%以上，品尝起来香甜可口，梨味浓郁醇厚。在口感上，武邑红梨果肉细密，质地酥脆，咬上一口，汁水四溢，给人带来愉悦的食用感受。与普通梨品种相比，武邑红梨的石细胞较少，使果肉更加细腻，不会有明显的颗粒感，食用起来更加顺滑。为确保红梨的优质品质，武邑县精心制定了"优质红皮梨生产技术流程"。从整地开始到种植阶段，再从管理环节到采摘过程，共63道工序，全部实行标准化生产。严格把控每个环节，切实保障果实的品质和口感。

武邑红梨品牌标志

漫河西瓜：切一刀脆响，咬一口汁淌

漫河西瓜是衡水阜城县漫河乡的传统种植作物，其生产区域多为砂壤土，其速效钾、有效铜、有效铁、有效锰等微量元素含量丰富。西瓜生长期内，光照充足，降水少且集中，十分利于西瓜的生长。阜城县西瓜常年种植面积已达12万亩，年产量约60万吨，年产值近13亿元，集中产于阜城县漫河乡、古城镇沿古屯氏河道。早在2002年，阜城县就被命名为"河北西瓜之乡"，漫河西瓜连续10年被评为"河北省名特优农产品"。漫河西瓜果皮薄，一般果皮厚度在0.5~1.0厘米，果皮韧性较强，具有很好的抗裂性。西瓜瓤色鲜红，肉质脆沙无空洞、纤维少、不倒瓤，口感清脆爽口。蛋白质含量1.2克/100克，比普通西瓜高0.2克/100克，可溶性固形物含量8.5克/100克，比普通西瓜高0.5克/100克。衡水市阜城县西瓜种植历史悠久，可追溯到清朝。据雍正年间（1923—1935年）《阜城县志》记载，"西瓜，味甲于他县，石井所产尤佳于他乡。"文中说的石井就是指现在的漫河乡一带，可见早在300多年前，漫河西瓜就因品质卓越远近闻名。

漫河西瓜

冀州蟠桃：桃香浓郁，乃桃中佳品

冀州蟠桃，果实新鲜洁净、无病害、无虫蛀、无锈斑、着色面50%以上，单果重不低于200克。冀州区引进了瑞蟠、中油蟠、金霞油蟠、风味天后等多个优良品种，其中袖珍小油蟠桃，也称为纽扣蟠桃，外形像纽扣般精致小巧，果实扁圆，颜色鲜红，令人垂涎，自然成熟后自带果香，咬上一口，桃香浓郁，具有甜、大、糯、香的品质特征。冀州蟠桃的种植基地生态环境良好，大气、土壤、灌溉水经检测符合国家食品产地环境标准。灌溉水源主要为金沟河、宁家河，土壤质地为灰漠土，以施用农家肥为主，为蟠桃喷施牛奶叶面肥，使其肉质致密，蜜香多汁，树势健壮。冀州实现了蟠桃的规范化、标准化种植，所生产的蟠桃达到绿色食品的质量标准、有机农产品质量标准等。冀州区通过发展特色"采摘游"，有效促进了农旅互动发展。北内漳村油蟠桃采摘节已经连续举办了三届，在集聚人气的同时，也有力促进了农业增效和农民增收。

冀州蟠桃

衡水饶阳厚皮甜瓜：甜蜜滋味，源自自然的馈赠

饶阳厚皮甜瓜以细腻平滑、果肉白色、肉厚腔小、汁多味甜、香味纯正等特点而闻名。种植模式以设施为主，利用日光温室和塑料大棚进行保护地栽培，病虫害发生率较低。多数是春茬生产，秋延后茬口有很少量种植，主要品种有小蜜25、玉菇、瑞红等，主要销往国内40多个大中型城市，尤其是在京津冀市场上占有较大比重。饶阳厚皮甜瓜，以其果形长锥形或弯角形，果皮白绿相间，皮薄肉厚、肉质酥脆、清香可口而著称。每一颗甜瓜都蕴含着自然的馈赠，它们不仅外观诱人，更是口感绝佳，咬上一口，甜美的汁水瞬间在口中迸发，让人回味无穷。单瓜重通常在600~800克，可溶性固形物含量高达10%以上，总酸含量则控制在0.2%以下，确保了其卓越的品质和口感。经过多年发展，"饶阳厚皮甜瓜"形成了规模化种植、标准化生产、产业化经营的生产格局，全县播种面积达到了7.5万亩，年产量33万吨，年销售额达11.2亿元，占农业总产值的20.6%。

安次甜瓜：甜蜜的象征

安次区属于典型的冲积平原地段，地势西北高、东南低，甜瓜生产基地处在西北部的杨税务乡。安次区属于暖温带半干旱半湿润大陆性季风气候，阳光充足，光照时日较长，昼夜温差较大，无霜期181天，降水主要集中在夏季，降水量占全年的80%，土壤主要是永定河流泛滥淤淀而成，以中性砂壤土为主，土壤质地疏松，适于甜瓜栽培。安次甜瓜以其独特的口感著称，其果肉质地细密，脆爽似梨，甜美多汁，香甜可口，以天蜜脆梨为主，是我国唯一一种具有脆梨风味的甜瓜品种。其总糖含量高达7.6%，远高于普通甜瓜，而纤维素含量则明显低于普通甜瓜，这使得它在口感上形成了独特的脆爽和甜美的品质。自1987年开始，安次区引种了厚皮甜瓜品种，形成了以"金都"牌蜜瓜为主的厚皮甜瓜系列，大力推广脆梨、久红瑞甜瓜品种，在1997年被中国特产研究会命名为"蜜瓜特产之乡"。

安次甜瓜品牌标志

新乐西瓜：瓜瓤甜、酿口沙，小巧酥脆顶呱呱

新乐市地处太行山东麓，属山前倾斜平原，四季分明，昼夜温差较大，年平均降水量 428.9 毫米、平均气温 12.2℃、日照率 61%；水资源丰富，水质甘甜清冽；土壤系河水冲积淤滞而成，表层为砂壤质和轻壤质，有机质含量大于 14.1 克/千克。土质疏松、通透性好，形成了新乐西瓜瓤沙、甘甜、汁多，口感好的独特品质特征。新乐西瓜采用"腐熟锯末+土壤改良剂"的方式改良土壤，使土地保持松软，并用煮熟的黄豆拌红糖后，掩埋到西瓜的坑位中，增加西瓜的含糖度。瓜苗栽植时，在土壤中事先埋上加热线，为土壤加热；发芽后在苗床上加盖拱棚，采用吸光膜、补光灯等为农作物采光，保证日照，控制温度。新乐西瓜重量在 4 千克左右，水分足、瓜瓤甜、果肉粉红、果皮薄，以品质好、酿口沙等优势远销海内外。新乐西瓜组建全产业链专家团队，围绕西瓜产业关键技术，开展科技创新，形成本地化、成熟化产业技术体系，做到增产、增收，使"新乐西瓜"成果率亩产达到 99%。

新乐西瓜品牌标志

元坊苹果：太行明珠里种出山地"苹果王"

元坊苹果出产在太行山革命老区平山县，素有"太行明珠"之称的孟家庄镇元坊村一带，地理位置为东经 11°3′~114°51′、北纬 38°9′~38°45′，地貌属山地类型，四季分明，季节性强，光照充足，降水量偏少，温差较大，优越的地理环境为苹果种植提供了重要的条件。元坊苹果种植有不同成熟期的品种 53 个，通过对品种进行植物学和经济性的调整，优中选优筛选出表现适合当地优良的新品种石富短枝、冀红、冀艳等。果实颜色鲜艳，果面光滑，果肉细腻，酸甜适中，口味独特，品质优良。由于果品生长期长，采收期为霜降后，又称"霜里红"。种植过程使用天然山泉浇灌，使用农家肥，生物防治虫害，严格执行国家制定的绿色、有机食品生产标准，建立果品管理源头追溯制度，取得绿色食品认证和有机认证。如今的元坊村早已是"山顶油松盖帽，半山干果绕腰，苹果栽山脚，田间地埂花椒"的立体生态种植模式。

元坊苹果品牌标志

元氏石榴："元"汁"元"味，"榴"连忘返

元氏县位于河北省石家庄市，种植石榴已有千年的历史，素有"中国石榴之乡"的美称。元氏县石榴种植区土壤中的磷、锌、镁、铁、铜、钠等元素的含量与石榴品质的空间分布具有显著的对应关系，这些元素的丰富含量为元氏石榴提供了丰富的营养。元氏县所产的石榴粒大核软，汁多味甜，清醇爽口，品质优良。元氏县石榴种植面积可达4万亩，是华北最大的石榴基地，总产量10万吨左右，主要栽植太行红（单果重最大3斤）、满天红等品种，产品销往京津沪等各大城市，一般石榴都是礼品包装销售比较多，4个石榴便能卖到100多元，适合送亲朋好友，寓意也特别好，籽粒众多象征子子孙孙永世盛昌，籽粒和红宝石一样象征收入高，事业过的红红火火。经过科技改良，现在元氏县全部种植优质石榴品种，亩均收益1.5万元以上，元氏石榴成为河北省区域公用品牌，并通过了绿色食品认证。

元氏石榴品牌标志

唐山酸梨：酸甜好滋味

　　唐山酸梨，学名安梨，产自河北省唐山市，2019 年唐山酸梨荣获河北省公用品牌。燕山一带长城脚下的迁安市北部山区是酸梨的重点分布区，山村散落着上万余株上百年的古酸梨树。酸梨在唐山栽培历史悠久，迁安布有一株树龄在 200 年以上的古酸梨树，这棵古酸梨树虽年岁已大，但挂果量却丝毫未减，每年结果都在 1 000 斤以上，果实皮薄肉细、酸甜适口。《本草纲目》中记载，酸梨具有"润肺凉心、清痰降火、解疮毒、酒毒、镇咳、止渴"的功效，在我国已有 300 年的历史。唐山酸梨果形不大，约 200 克，外观扁圆形，成熟时带有独特的酸甜口感。酸梨表面淡黄中稍带一丝浅绿，果皮表面零散分布着小小的黑点，具有润肺清燥、止咳化痰、养血生肌等功效，对高血压、心脏病、肝炎、肝硬化等症状大有裨益。与市面上常见的梨品种不同，唐山酸梨的酸度较高，吃起来酸味较明显。但醋酸度较低，有甜味，用来拌凉菜别有味道。酸梨贮藏数月后，果肉会变得柔软，酸度减少，味道更佳，但颜色更差，似有腐烂之象，故北京、天津等地也称烂酸梨。

唐山酸梨品牌标志

乐亭大桃：桃香盛宴，一口惊艳

唐山市乐亭县是著名的"中国桃乡"，桃树种植面积广泛，历史悠久。乐亭大桃种植面积遍布乐亭镇、毛庄镇、汤家河等全县14个镇乡街道，当地拥有的桃树品种众多，有京红、北京1号、雨花露、北京14号、重阳红、红甘露等。2018年"乐亭设施桃特色农产品优势区"入选河北省特色农产品优势区名单（第一批）。外观出众，乐亭大桃个头大，果形美观，色泽艳丽，果实圆润饱满，果肉为红色，观赏性较高，吸引了众多消费者购买品尝。口感丰富，桃子果肉脆香甜，甜而不腻，品尝时爽脆可口，甜度较高，一般甜度能达到12左右，桃香浓郁，惹人喜爱。富含多种营养物质，具有健脾开胃，增进食欲，促进营养吸收代谢，美容保健的功效。成熟时间与供应期有着明显的优势。每年的3—6月是设施桃成熟上市期，6—10月是露地桃成熟上市期，通过冷藏技术，11月到12月也有鲜桃供应市场，实现了鲜桃的周年供应。这种错季供应的特点，使乐亭大桃在市场上具有很强的竞争力，能够满足不同时期消费者对鲜桃的需求。

乐亭甜瓜：脆嫩多汁，邀您畅享甜蜜之旅

乐亭县位于河北省唐山市东南部，是中国北方最大的棚室薄皮甜瓜生产基地。乐亭甜瓜栽培历史长达400余年，乐亭县大力实施区域、企业、产品"三位一体"品牌战略，优选出"汀香""呔城""顺程"3个甜瓜商标作为乐亭甜瓜外销时重点使用商标。2015年，乐亭甜瓜通过国家质检总局地理标志产品保护专家评审，成为全县首个通过地理标志产品保护的产品。乐亭甜瓜的主要经营主体有雷刚果树专业合作社、万事达生态农业发展有限公司等。果形多为阔梨形或圆形，果皮光滑，着色均匀无斑皱，色泽盈润，果型和色泽的均匀度优于很多其他甜瓜。乐亭甜瓜皮薄肉脆，甜度高，甜而不腻，口感独特，具有浓郁的瓜香。乐亭甜瓜已形成酥脆花色、酥脆浅绿灰白、绿皮绿肉等五大系列，200余个品种的产品体系，能够满足不同消费者的需求。

威县葡萄：黄金纬度，甜在威县葡萄

威县地处古黄河与古漳河泛滥淤积而成的冲积平原，土壤质地偏沙、疏松、排水良好，土壤毛管作用强，有机质含量在0.93%以上，速效钾含量丰富，对葡萄根系的生长十分有利。威县葡萄产区光照充足、雨热同期，平均日照2 575小时，有效积温超过4 000℃，有利于葡萄种苗的快速生长，果形更加圆润饱满，促进成熟期糖分的积累和着色，平均糖度达到18%。威县葡萄在灌溉方面采用滴灌技术，种植过程中精准地控制水分供给，减少水资源的浪费，并且有助于保持土壤结构，避免板结；威县葡萄在基肥、追肥时均使用有机肥，基肥使用量可达1 500千克/亩，追肥使用量60千克/亩，有助于提高土壤的有机质含量，改善土壤结构，保证了葡萄的品质和甜度。目前全县葡萄种植面积10万余亩，是河北省最大鲜食露地葡萄主产区，年产量15万吨，总产值达到15亿元。2013年被中国经济林协会授予"中国葡萄之乡"称号；2020年成为省级区域公用品牌；2021年被农业农村部认定为"全国农产品地理标志登记产品"。威县葡萄的历史悠久，是"中国葡萄之乡"。2018年，威县举行了葡萄区域公共品牌发布会，"黄河故道，沙土葡萄"成为威县葡萄的宣传名片。

威县葡萄品牌标志　　　　　　　　威县葡萄

平乡桃：醉心甜

平乡桃源自邢台市平乡县，文化底蕴深厚。2020年该品牌荣获国家农产品地理标志保护认证及地理标志商标注册，2022年更被评为河北省知名的农产品区域公共品牌。平乡桃种植地域广泛，已建立多个蜜桃示范园区，并展现出较高的旅游开发价值与潜力。平乡桃果实近圆形，侧径大，果顶微凹，缝合线浅，茸毛少。果肉白色，近果皮有红色素，果肉不溶质，风味酸甜，离核，核小，单果重200~300克。平乡桃富含丰富的营养成分，其中铁元素含量不低于2.4毫克/千克，具备促进血液循环、润肠通便、生津养肝等显著的药用及保健功效，因此深受消费者的喜爱与推崇。宋朝祥符年间，平乡遭水灾，刘家庄刘员外搭粥棚救济。一日，瘸腿乞丐来，只食粥中豇豆，倒掉稀粥。众人不满，告知刘员外，刘员外却宽容以待。乞丐自称住天上，称刘员外善行感动天庭，王母派其赠桃核一枚，能治病延年，需次年蟠桃会前种下。次年，刘员外种桃核，长成桃树，三年后果实累累，甜美异常，后广泛种植于滏阳河两岸，有"夹岸桃花十里红"之美誉。平乡人爱桃种桃同时传承着桃文化的善良，当地有个不成文规定，路人摘桃解渴不算偷，主人还会主动分享。

平乡桃品牌产品

平乡桃

隆尧小孟甜瓜：小孟瓜，甜万家

隆尧小孟甜瓜瓜形圆润，表皮光滑，色泽诱人。该品牌甜瓜生长在肥沃土壤和适宜气候中，采用绿色种植方式，确保品质安全。目前，隆尧县共发展大棚甜瓜种植 5 500 余亩，年产量达 4 500 万千克，产值 1.2 亿元，每年带动 2 000 户农民增收 8 500 万元。它不仅是一种美味水果，更成为隆尧的一张特色农产品名片，为当地农民带来可观经济收益，也为推动乡村振兴发挥着积极作用。隆尧小孟甜瓜口感独特，甜度高却不腻，汁水丰富，果肉脆嫩与软嫩兼具。外观上，形状规则优美，多为近圆形或椭圆形，果形饱满圆润，大小均匀，色泽鲜艳且表面光滑带有自然光泽。当地光照充足、昼夜温差大的种植环境以及独特种植技术，成就了小孟甜瓜的优良品质。隆尧县"小孟甜瓜"形成统一流转土地、统一建棚、统一育苗、统一管理、统一销售"五统一"的发展模式，走出一条"龙头企业+基地+农户"党建引领发展特色产业之路，隆尧县小孟村成为中国北方知名的甜瓜之乡。

隆尧小孟甜瓜品牌标志

邢台贡梨：奇果誉天下，无过马场梨

邢台贡梨又名马场梨。生长于大沙河北淤积岸，其砂壤土通风透光，水质甘甜，矿物质丰富。主要产区位于邢台市信都区李村镇，种植面积超过 1 000 亩，种植梨树 8 万多棵，年产量已达到 1 000 万斤，成为当地经济的重要支柱。2023 年邢台贡梨被评为河北省第七批农业区域公用品牌。邢台贡梨品种优良，果形端正、皮薄肉厚、酥脆爽口、汁多味甜，有秋月、玉露香、红香酥、七硒红等 20 多个品种，其中秋梨为果中之王，被誉"奇果"。茬口儿细嫩雪白，任凭在太阳底下暴晒，久不变色，味道不减，并且可以用手掰成两半，独一无二，极为奇特。邢台贡梨含有丰富的蛋白质、脂肪、果酸及多种维生素、矿物质，具有滋补身体、降低血压、软化血管、防止肥胖、滋阴养颜、延缓衰老的功效，"生者清六腑之燥，热者滋五脏之阴"之神奇功效。邢台贡梨有 500 多年的栽培历史。相传明朝崇祯皇帝的贴身侍从王承恩，在大沙河北边的洛阳村为皇上放羊，秋天的时候，他在马场上采了几颗梨子，觉得味道极佳，便向崇祯皇帝献上了一颗，皇帝吃了之后，赞叹道："奇果誉天下，无过马场梨"。从那以后，马场梨就成了皇帝享用的贡品。

邢台贡梨品牌标志

金珠玉果：宣化葡萄

宣化自古以来就以盛产葡萄而远近驰名，被誉为"葡萄城"。地处北纬40°左右，四季分明，光照充足，降水适中且集中，为葡萄的生长提供了得天独厚的自然条件；土壤多为褐土，富含多种矿物质，为葡萄的生长提供了丰富的养分。近年来，宣化以"公用品牌+企业品牌+产品品牌"的模式，构建了葡萄品牌体系，注册了"宣化牛奶葡萄"等商标，并通过国家地理标志产品认证。2013年，宣化城市传统葡萄园更是被联合国粮农组织正式批准为全球重要农业文化遗产保护试点，进一步提升了宣化葡萄的国际知名度。全县葡萄种植面积达1 500余亩，年产量2 300余吨，产值3 400万元。其中，传统葡萄园500亩，产量800吨，产值1 200万元。宣化葡萄的口感独特，令人回味无穷。牛奶葡萄是宣化的主栽品种，以其果粒光洁玉润、粒大皮薄、肉脆多汁、清爽甘甜的独特品质而著称。据史书记载，宣化从唐僖宗年间开始引进和栽培葡萄，并培育出了特有的"白牛奶葡萄"品种。历经宋、元、明、清等朝代的繁衍和发展，宣化葡萄逐渐形成了独特的栽培技艺和文化。在宣化这片古老的土地上，当地人民世代耕耘传承着葡萄产业，并成功将宣化城市传统葡萄园列入全球重要农业文化遗产。

宣化葡萄

昌黎葡萄酒：渤海之滨的"馥郁酒香"

　　昌黎葡萄酒生长地位于与法国波尔多同处的北纬39°酿酒葡萄黄金种植带。优质的原料，昌黎县的葡萄种植基地采用先进的种植技术，严格控制产量，提高品质，确保每粒葡萄都达到最佳成熟度和品质。精湛的酿造工艺，昌黎葡萄酒的酿造过程严格遵循传统工艺，结合现代技术，确保葡萄酒的口感和风味达到最佳状态。昌黎葡萄酒具有纯正浓郁的果香，口感细腻圆润，酒体透明晶亮，玫瑰香葡萄以其浓郁的玫瑰香味、肉软多汁、酸甜适口的口感备受青睐，是昌黎葡萄中的佼佼者，用它酿制的玫瑰香葡萄酒酒体明亮，呈浅桃红具有典型的麝香型香气。多样化的产品线，从普通的干红、干白到高端的庄园酒，昌黎葡萄酒拥有多样化的产品线，满足不同消费者的需求。昌黎县不断完善葡萄酒产业集群创新生态，形成了集葡萄种植、葡萄酒酿造、橡木桶生产、休闲旅游为一体的葡萄酒产业集群。合理的价格，相比国内其他地区的葡萄酒，昌黎葡萄酒的价格更为合理，消费者可以根据自己的预算选择合适的葡萄酒。

昌黎葡萄酒品牌标志

沙城葡萄酒：沙城佳酿，葡韵流芳

沙城位于张家口市怀来县，地处北纬 40°左右，与法国波尔多等世界著名葡萄酒产区处于同一纬度带，拥有适宜葡萄生长的气候条件。气候干燥，昼夜温差大，有利于葡萄果实积累糖分和风味物质，为酿造优质葡萄酒提供了良好的基础。全县现有葡萄种植面积 5.9 万亩，酿酒葡萄 3.3 万亩，酿酒葡萄品种为 96 种，有中粮长城葡萄酒、桑干酒庄等享誉全国乃至国际的知名葡萄酒企业，具有颇高的知名度和影响力。沙城地区特有的龙眼葡萄品种，历史悠久，果粒大，含糖量高，为沙城葡萄酒带来了独特的果香和醇厚的口感。沙城还种植赤霞珠、蛇龙珠、品丽珠等国际知名酿酒葡萄品种，在沙城的气候和土壤条件下生长良好，能够充分展现出各自的特点，为酿造不同风格的葡萄酒提供了丰富的原料。沙城堪称中国现代葡萄酒产业的摇篮，其酿酒历史能够追溯到 800 多年前，这里孕育出了中国第一瓶自主研发的干白葡萄酒，是中国干型葡萄酒的发源地。多年来，不断推出各种优质葡萄酒产品，使得沙城葡萄酒的酿造工艺和文化得以延续和传承，其深厚的历史文化底蕴为沙城葡萄酒增添了独特的魅力。

沙城葡萄酒品牌标志

深州蜜桃：千年香甜人"桃"醉

深州蜜桃是河北省深州市特产，栽培历史已有 2 600 余年，是中国国家地理标志产品，被誉为"桃中之王""群桃之魁"，其产地涵盖深州市 7 个乡镇，果实长圆形，顶部突出有尖，果色鲜艳，向阳面有红霞，汁甜如蜜，分为白蜜和红蜜两个系列。深州蜜桃生长于北纬 38°的黄金种植区，气候温暖、光照充足、土壤肥沃，得天独厚的自然条件使其可溶性固形物含量达 17%以上，品质卓越。深州蜜桃历史悠久，早在西汉初年就已闻名天下，明清时期大量栽培，民国时期在京城家喻户晓。新中国成立后不断发展，20 世纪 80 年代迅猛崛起，进入 21 世纪更是屡获殊荣。其果实个大色美，平均单果重 350 克，最大可达 600~700 克，成熟时满园飘香，肉质鲜嫩多汁，含糖量高达 13%~18%，具有"刀切不流水，口咬顺嘴流"的独特口感，且富含葡萄糖、果糖、维生素、蛋白质等多种营养成分，还被发现含有新型抗衰老因子 SZMT-01。深州蜜桃采用古法种植，多用有机肥，减少化肥使用，注重绿色生态防控，废弃纸袋回收利用率 85%，废弃树枝回收利用率 91%。其深厚的文化底蕴和悠久的历史传说，如刘秀走深州、何仙姑吃蜜桃成仙等，使其成为历代皇室贡品，也是"满汉全席"四大鲜果之首。

深州蜜桃

干果品牌

阜平大枣：红动中国，太行山下的甜蜜馈赠

阜平县地处太行山脉，产枣区位于浅山丘陵区，平均海拔500米，年平均气温12.7℃，土壤pH值适中、有机质含量丰富，为阜平大枣提供了充足的养分和适宜的生长环境。阜平大枣品种丰富，包括婆枣、葫芦枣等10多种，其中婆枣最著名。阜平大枣以其个大（平均单果重8~10克）、皮薄、肉厚、核小（核肉比为1∶18）、可食率高（98%）、药用价值大、干枣含糖量高（67%左右）、富含多种氨基酸等特点而闻名。阜平大枣的种植与当地的农耕文化紧密相连。目前境内存有一棵1 000年以上的"枣树王"，被誉为"活化石"。在长期的种植过程中，阜平人民积累了丰富的种植经验和管理技术，流传下了宝贵的民间传说、民风民俗、诗词画作等，形成了独特的农耕文化。同时，许多名人和历史事件与之紧密相连。抗日战争时期，作为支前物资和子弟兵的干粮，为抗日战争的胜利做出了突出贡献，被誉为"功劳枣"。

阜平大枣品牌标志

阜平大枣

黄骅冬枣：百果之王，古今"贡"品

黄骅地处渤海之滨，属暖温带半湿润季风气候，略具海洋性气候特征，夏季气温较高，潮湿多雨，秋季晴天多，光照充足，昼夜温差较大，土壤多为稍偏盐碱的潮土，冬枣生长最为适宜，长期微盐碱环境，会激发冬枣抗逆反应，促进钙、钾等矿质元素的吸收富集和脯氨酸等营养成分生成。黄骅独特的地域环境，孕育出黄烨冬枣清甜酥脆，皮薄肉嫩，汁多无渣，含糖量高的优秀品质，经测定，黄骅冬枣白熟期含糖量为32.2%。黄骅冬枣已有3 000年的历史，上溯至秦汉之前，史载"燕赵千树枣""自古有鱼盐枣之饶""柳县章武皆植枣，以此物当食，家酿半斛，殷实富足"。元世祖时，黄骅冬枣形成规模化种植，黄骅市齐家务聚馆村的冬枣林即由此时种植发展形成。黄骅聚馆古贡枣园作为"全国重点文物保护单位"，是中国唯一一个植物类"国保"，存有全世界面积最大、年代最古老的原始冬枣林。

黄骅冬枣品牌标志

黄骅冬枣产品包装

宽城板栗：燕山深处"栗"久弥香

宽城铁矿丰富，板栗分布与之重合，含铁土利于板栗生长。宽城地处深山区，气候寒凉温差大，造就宽城板栗诸多优良特性与独特内在品质。此地有40余种板栗品种，6个本土种如大板红等，还引进39种县外良种。栽植史达3 000年，《史记》的记载表明宽城早为著名产地，现百年以上板栗树10万余株，最老的1 303年栽植，树龄711年，被称"板栗之王"，且形成独特栗文化。宽城板栗古树众多，单株或成片，树干粗巨枝展，生长季与成熟时果实形态各异，颇具观赏性。当地以山地为主，人民依自然差异将板栗林与油松林、农田等搭配，构成特色山地景观，兼具生态与美学意义，是人与自然和谐范例。多年来，宽城以板栗栽培为核心，形成梯田—板栗—作物—家禽复合种养体系，是可持续生态农业模式，板栗树与其他植被构成山地景观，在水土保持、水源涵养等方面成效显著，成为"绿水青山就是金山银山"的生动样本。

宽城板栗品牌标志

宽城板栗

兴隆板栗：龙脉传承

　　承德兴隆县地处京津唐承结合部，位于燕山山脉东段，是石质山区县，"九山半水半分田"，为全国优质板栗生产区。全县板栗栽培达58万亩，年产量超13万吨，享有"板栗之乡"盛誉。其地理位置优越，土壤肥沃、有机质高，属暖温带大陆性季风山地气候，温和湿润、光照降水适宜，孕育出兴隆板栗"香甜糯"的特性。风味独特且营养丰富，在国内外久负盛名，有"东方珍珠"之称。兴隆板栗药食同源，含多种糖分、淀粉及十几种微量元素与18种氨基酸，维生素C含量可观，养分高达98%，营养居全国板栗之首；含总糖14%、淀粉17.51%，堪称"干果之王"。兴隆板栗历史超2000年，《战国策》有相关记载，唐代孙思邈称其为"肾之果"，明代李时珍言其可益气血等多种功效，生食还能治腰腿酸痛等。

兴隆板栗品牌标志

涉县核桃：自然雕琢的醇厚滋味

提及乡村名品，涉县"三珍"之一的核桃必然榜上有名。涉县核桃作为中国国家地理标志产品，因其产自河北省邯郸市涉县而得名。涉县境内百年以上的核桃树众多，有"中国核桃之乡"的美称。涉县气候温和，光照充足，有利于核桃树进行光合作用，积累养分。同时，涉县土壤肥沃且富含多种矿物质，为核桃生长提供丰富的营养物质，使涉县核桃在品质和口感上优于其他品种。涉县核桃皮薄仁满，色泽金黄，口感醇厚，富含丰富的营养成分。与其他地区的核桃相比，涉县核桃的油脂含量适中，既不会过于油腻，又能保持醇香口感。涉县种植核桃已有两千多年的历史，枝繁叶茂的核桃树见证了岁月的变迁和地域的发展。深厚的历史底蕴赋予涉县核桃别样魅力，使其成为承载着地域文化传承的重要载体，百年核桃树更像是岁月守护者，见证了一代又一代涉县人民的成长与奋斗。这些核桃树不仅是自然的馈赠，更是涉县历史的活化石。

涉县核桃

青龙板栗：秦皇岛"人参果"

世界板栗看中国，中国板栗看燕山，燕山板栗看青龙。河北省秦皇岛市青龙县位于燕山山脉北段，土壤质地疏松、透气性好，是个种优质板栗的好地方。青龙板栗个大、饱满、色艳、味道甜。无论从味道还是从个头上都优于普通的板栗。据测定，每 100 克新鲜板栗中含碳水化合物 20 克、蛋白质 10 克、脂肪 4 克、含糖 18 克、淀粉 62 克，此外还含有胡萝卜素和钙等矿物质，口感好，水分含量低。青龙的栗子熟时香飘千里，被誉为"活的文物""天然优质营养食品"，素有"千年人参"之美称，是馈赠亲友的佳品。青龙县与农林科技院校合作，新建了板栗新品种试验园，推广"抓大放小""轮替更新"修剪技术，探索"公司+合作社+基地+农户"的板栗产业化发展新模式，建立板栗绿色生产基地，确保品种纯度。近年来，青龙满族自治县的板栗栽培面积超过 100 万亩，位居全国第一，年产量达到 5.89 万吨，年产值高达 12.9 亿元。

青龙板栗品牌标志

遵化板栗：东方珍珠

遵化板栗被誉为"干果之王"，是遵化市干果的支柱产业，更是迁西县、遵化市、迁安市北部山区农民的富民产业。遵化市板栗栽培面积达114.9万亩，年产量达12.3万吨，约占全省产量的1/3。遵化板栗的主要品种有京东板栗、燕山板栗等，果形端正、颗粒饱满、皮薄肉厚、质地细腻、甜度适中、糯性强等特点。其中，京东板栗更是被誉为"东方珍珠"，深受国内外消费者的喜爱。京东板栗果仁含蛋白质10.7%、脂肪7.4%、淀粉60%、糖20%，以及丰富的胡萝卜素、抗坏血酸、硫胺素、核黄素、尼克酸、维生素C、维生素B_1、维生素B_2等多种维生素和钙、磷、铁、钾等多种元素，营养成分居中国板栗之首，因此京东板栗素有"干果之王"的美誉。遵化板栗的种植过程严格遵守传统工艺，同时结合现代科技，从修剪、施肥、病虫害防治到采摘、晾晒、储存等各个环节，都力求做到精益求精。

遵化板栗

临城核桃：小小绿宝石，成就大产业

临城县位于太行山东麓，山区丘陵占全县总面积的85.2%，为核桃的生长提供了丰富的地形和气候条件。土壤构成以片麻岩为主，土质中性偏碱，钙质丰富，使得临城核桃在生长过程中能够充分吸收土壤中的养分，形成独特的品质和口感。临城薄皮核桃具有果面光滑美观、壳厚度仅0.8毫米、百斤出仁量高达67%以上的特点。与传统核桃相比，薄皮核桃不仅皮薄如纸，可以用手轻松捏碎，而且成熟期早，食用方便。此外，新品种核桃的膳食纤维、脂肪、蛋白质特别是钙、铁等多种元素含量高，营养价值丰富，具有健脑、益智的功能。这些特点使得临城薄皮核桃在市场上备受青睐，经济价值比传统品种核桃高出2~3倍。自1999年开始，临城县开始引种薄皮核桃，经过数年的规模推广和效益初显，已经形成了以绿岭核桃、绿蕾、新惠通等公司为中心，辐射全县8个乡镇的薄皮核桃生产基地。目前，临城县薄皮核桃已发展到10万余亩，其中进入盛果期的有10 000余亩，预计总产量达到80万千克，产值3 200余万元。这一产业已经成为临城县规模最大、效益最好，最具发展潜力的林业支柱和特色产业。

临城核桃

邢台酸枣仁：失眠救星，邢台酸枣甲天下

邢台内丘钟灵毓秀、人杰地灵，作为扁鹊文化发祥地，又是中华医德医道的摇篮，内丘获评"中国扁鹊文化之乡"。作为道地药材邢枣仁的原产地，内丘县具有山地、丘陵、平原三种地貌，沙质偏碱性土壤，当地的海拔、温差、光照、地形等为酸枣生产提供了得天独厚的环境。产出的邢枣仁中，助眠核心成分斯皮诺素、皂苷 A 平均含量高出《中国药典》规定含量的 80%。邢台酸枣仁是行业公认的道地药材，不仅药用成分含量高且各种有效成分配比和谐，素有"邢台酸枣甲天下"美誉。枣肉可以加工枣面、枣片、枣酱、酿制饮料，枣壳是制造糠醛、活性炭的原料，而最宝贵的酸枣仁，因其具有宁心安神、补肝和胃、敛汗生津的功效，是药食同源食品，亦可入药。从优质种质资源选育、标准化种植基地建设，到多元酸枣产品研发、加工生产，为了能把一颗小酸枣真正吃干榨净、物尽其用，邢台市不断在酸枣产业上建链、强链、补链、延链，探索新的酸枣加工方法——干法，加工烘干后直接脱肉脱皮，能有效减少能源消耗和废弃物排放，同时还能提高酸枣精粉的产量，提升酸枣产业经济效益，为农民增加收入渠道。

邢台酸枣仁品牌标志

清河山楂：酸甜交织的诗篇

　　清河县处黄河故道，土地土质疏松，保水、保肥性能好，为山楂树的生长提供了理想的自然条件。经过30余年的发展，逐步形成了以马屯红果种植专业合作社为核心，以葛仙庄镇马屯等13个村为重点，其中马屯红果种植示范基地山楂种植面积达2.9万亩，成为全国重要的山楂生产基地，中国北方平原地区最大的无公害山楂种植基地，被授予"中国山楂之乡"。清河山楂果大，果实近圆形、肉质紧密，皮薄色鲜红，果面光泽，口感绵软，酸甜适口，具有独特的风味；与其他同类产品相比，清河山楂硬度适中，酸甜比最优，最适合生产高端山楂酱等山楂深加工制品，产品远销20多个省市。以"清河山楂自然红"为宣传标语，打造骏英姐这一全新的品牌IP形象，紧跟发展潮流。依托万亩山楂观光旅游区和美丽乡村建设成果，连续成功举办山楂花节和山楂采摘节。山楂采摘节被纳入全国首届"中国农民丰收节"系列活动，通过举办山楂花和山楂采摘为主题的节庆活动，实现"以山楂为媒"带动农民增收致富，促进乡村旅游业的快速发展。

清河山楂品牌标志产品包装

畜禽品牌

白洋淀咸鸭蛋：芯似蟹黄，油黄味美

　　白洋淀是大清河流域中部的天然湖泊，是华北平原上为数极少的淀泊之一，素有"北国江南""华北明珠"之誉。白洋淀咸鸭蛋是中国河北省保定市安新县的特产，以其独特的风味和制作工艺而闻名，是中国国家地理标志产品。2011年7月，原国家质检总局批准对"白洋淀咸鸭蛋"实施地理标志产品保护，产自安新县11个乡镇现辖行政区域的鸭蛋叫做"白洋淀咸鸭蛋"。2023白洋淀咸鸭蛋入选全国地理标志助力乡村振兴短视频展示作品。白洋淀咸鸭蛋特点是蛋心为红色、营养丰富，富含脂肪、蛋白质以及人体所需的各种氨基酸，含有钙、磷、铁等多种矿物质和人体必需的各种微量元素及维生素，容易被人体所吸收，咸鸭蛋咸度适中、味道鲜美，老少皆宜。白洋淀当地人把本地的咸鸭蛋叫做"青果"，白洋淀咸鸭蛋蛋心为漂亮的红色，油脂十分丰富，蛋白却咸得恰到好处，口感沙糯，腌制料泥由腌制液、黄泥、红泥等按一定比例混合配制而成，在18℃至25℃的精准温控下，40天后，品质优良的白洋淀咸鸭蛋才能新鲜面世。

中华人民共和国地理标志

白洋淀鸭蛋品牌标志

唐县羊肉：鲜而不膻，金牌羊肉

唐县规模化肉羊产业已有40多年的发展历史，唐县肉羊以生产肥美的羔羊肉而著称。羊上脑色泽鲜艳，清晰的大理石纹路，肉质紧实羊腿，鲜嫩多汁。羊排肥瘦相间，羊蝎子骨髓饱满。唐县羊肉营养价值丰富，高蛋白、低脂肪，含有丰富的矿物质和维生素，其中蛋白质含量高达23%～25%，被市场誉为"金牌羊肉"。打造了"瑞得利""亲亲羊""青坡上""羊多多"等一系列羊肉品牌，提升了产品的市场竞争力，国富唐尧的"唐尧"牌羊肉获得"河北省著名商标""河北省名牌产品""河北省消费者信得过产品""河北省无公害畜产品"等荣誉；瑞丽的"瑞得利"牌商标被评为河北著名商标、中国名牌。目前唐县开发出羊肉皮、羊肉卷、羊排、熟食、预制菜等数十种系列产品，形成了育种育肥、屠宰加工、卫生防疫、饲料和有机肥生产的完整产业链条，年销售额突破160亿元。2022年唐县被指定为北京冬奥会羊肉定点采购基地，唐县肉制品占北京新发地市场份额近90%，成为全国最大的肉羊集散地。

唐县羊肉品牌标志

献县肉鸭：鸭滋鸭味，舌尖美味

献县拥有得天独厚的水资源条件，境内五河交汇，有"中国温泉之城"之称，地下水中含有丰富的微量元素，献县肉鸭依水生息，水韵鲜嫩。献县肉鸭采用"五统一"的养殖模式，保证鸭子的品质和安全。一是统一供鸭苗，由公司统一引进优质种苗，供应养殖户；二是统一供饲料，统一将本公司生产的饲料分发给各养殖户使用；三是统一疫病防治，由公司的专业技术人员深入养殖大棚，为养殖户提供疫病防治服务；四是统一技术指导，公司放养部设专人对养殖户提供全过程技术指导；五是统一成鸭回收，给付养殖户稳定的劳务工资。献县肉鸭在选鸭、制胚、烫胚和晾胚的工艺流程上具有严格标准体系。因乾隆皇帝食用，献县肉鸭被称为"御鸭"。献县肉鸭声名大噪，北京烤鸭、金陵烤鸭商家皆沿两京御道前来采购，因用献县肉鸭烤炙的烤鸭鲜香无比，献县肉鸭由此被誉为"两京御鸭，香献天下"。

献县肉鸭品牌标志

献县肉鸭

沧州海兴碱草羊：碱草山羊，越嚼越香

河北省沧州海兴拥有丰富的自然资源，盐碱地30万亩，肉羊以碱草为食，又叫海兴碱草羊。海兴碱草羊是海兴县羊产业的区域公用品牌，已成功申报评选河北省第六批区域公用品牌。"海兴碱草羊"是河北省重点打造提升的12个"小而特"县域区域公用品牌之一。以碱草为主要食物的羊，不仅肉质鲜嫩，而且奶香浓郁、不膻，口感较普通羊肉差别很大。从羊种繁育、饲草基地、活动场及现代羊舍至有机屠宰加工，实现全产业有机生产，避免了农药、抗生素及其他化学物质对羊体的影响，从源头确保羊肉的健康。"沧州有机羊"相较于普通羊肉富含更多的天然营养素，尤其在维生素B_{12}和矿物质铁和锌的含量上通常更高，羊肉在维持营养平衡方面表现出色。

隆化肉牛：隆化牛味，一步到胃

隆化县地处河北省北部，天然草场面积164.3万亩，是典型山区农牧业大县，享有"中国肉牛之乡"的美誉。隆化县"八山一水一分田"，具有一定的养牛资源优势，早在1978年就被列为全国商品牛生产基地县，是全国秸秆养牛示范县、省级肉牛标准化生产示范区。2017年荣获"2017年最受消费者喜爱的中国农产品区域公用品牌"，2017年10月被中国特产之乡推荐评审活动组委会授予河北省隆化县"中国肉牛之乡"荣誉称号。隆化位于"全球山地度假黄金维度线"，境内气候适宜、草丰水沛，自古便是北方游牧部落主要活动地区。同时，精湛生产工艺产出"素颜牛肉"，以西门塔尔、夏洛莱等品种改良黄牛，良种率超95%，牛食用天然草料、优质谷物与纯净山泉水，肉质鲜美；牛肉精确手工原切，保留天然口感风味。隆化养牛历史久，20世纪70年代开展黄牛改良，形成优质肉牛种群，使肉牛养殖成重要产业，带动经济发展，助农民增收，其优良品质与口感赢得了国内外市场认可，成为知名肉牛品种。

隆化牛肉品牌标志

定州白鹅：林海间的"天鹅绒"美味

　　定州市邢邑镇是河北省规模最大、最集中的鹅集散地之一，是定州白鹅的主产区，邢邑镇及周边鹅存栏量达500万只，总产值约6.2亿元，拥有鹅养殖企业7家。定州白鹅林下放养，运动量大，自然觅食搭配科学配比的饲料，养出的鹅肉紧实细嫩，熏制肥而不腻，满口留香，是滋补佳品。周期长，肉质更佳。定州白鹅的生长周期通常需要120~180天，比一般白鹅的生长周期长，依托于林区散养和优质的水源，使定州白鹅的肉质更加鲜美，品质得到市场广泛认可。定州白鹅的品牌文化融合了地域特色与文化元素，通过"林""水""慢""养"四大关键价值要素，提出"绿林白鹅，香飘九州"的广告语。标志将定州的绿色生态环境与白鹅的纯净形象相结合，一"绿"一"白"色彩上形成鲜明对比，有画面感，给人生态优、白鹅净的美感；又融入文化母体"九州"，赋予了定州白鹅独特的文化、美感和价值，使其风格独树一帜。

定州白鹅品牌标志

邱县羊肉：味蕾上的盛宴

邱县羊肉肥瘦相间，呈雪花状，烹饪后口感鲜嫩，香而不膻，无论是传统蒸煮，还是烧烤、煎、炸、焖、炖，都飘香四溢，令人回味无穷。养殖和加工技术也独具特色。邱县实施肉羊养殖、加工标准化工程，建立了现代化的养殖基地，如奥翔标准化养殖基地，聘请养殖技术员全程服务，进行科学的配料喂养、选育选配、分群饲养，采用自动刮粪机等现代化设备，确保了养殖环境的卫生与羊肉的品质。邱县羊肉加工企业采用先进的加工工艺，开发出多种深加工产品，如羊肉卷、羊肉串、清真水饺等，满足不同消费者的需求。邱县把引进的小尾寒羊、杜泊绵羊等优秀肉羊品种与当地肉羊进行杂交改良，采用"栈羊"式养殖，发挥地方特色产业优势，扩大产业发展规模，建设了标准化肉羊养殖基地。通过各种文化活动和节庆，如"食在金邱·百步串羊"主题活动，宣传邱县羊肉文化。

邱县羊肉品牌标志

武邑羔羊肉：国宝羔羊，相约武邑

"武邑羔羊肉"产自武邑这座千年古城。武邑羔羊肉以 6 月龄且体重在 100 斤以下的小尾寒羊羔羊肉为主。小尾寒羊是国宝级肉羊品种，结合黑龙港流域腹地衡水武邑拥有的饲料资源，以其肉色鲜艳、脂肪均匀、鲜而不膻、肉质细腻而闻名。目前，武邑羔羊 5 万余只，年出栏 10.86 万只，年出栏 500 只以上羊规模化场 35 家，形成了以龙头企业衡水志豪畜牧科技有限公司为核心，村集体经济肉羊养殖基地、家庭农场等 15 家主体参与的省级肉羊产业联合体"志豪肉羊产加销联合体"，按照"种养"循环生态养殖模式，统一开展标准化建设和标准化养殖，形成标准化产品。武邑县广袤的耕地为羔羊的生长提供原产饲料的可能，统一施用羊粪有机肥，并种植玉米、花生、苜蓿、燕麦等饲草料，尤其是花生种植饲喂小尾寒羊，可以使其身肥体壮、屠宰率高。其中钙质对小尾寒羊牙齿和骨骼的生长可起到促进作用，保证心肌活动正常，使其生理器官健康发育，肌体抗氧化能力强，羊肉蛋白质、钙含量高。

武邑羔羊肉品牌标志

大厂牛肉：品质之选，味蕾盛宴

大厂回族自治县地处燕山南麓，四季分明、气候温和、土壤肥沃、水草丰茂，为畜牧业的发展提供了优越的条件。大厂回族自治县以"公用品牌+企业品牌+产品品牌"的模式，构建了牛肉品牌体系，注册了多个商标，并通过国家地理标志产品认证。目前，大厂回族自治县拥有牛肉养殖专业合作社数十家，生产加工企业十余家，供销加工户上千户，从业人员超过万人。大厂牛肉肉质鲜嫩多汁，口感细腻，入口即化，具有浓郁的牛肉香味，易于消化吸收，适合各年龄段人群食用。饲养过程中，大厂牛肉采用天然草料喂养，保证了牛肉的纯正和健康，优质肉品率高达90%以上；烹饪过程中，大厂牛肉注重火候和调料的搭配，使牛肉的口感和味道达到最佳状态。大厂牛肉的营养价值丰富，富含蛋白质、脂肪、维生素及多种微量元素，尤其是富含铁、锌等矿物质，对人体健康具有显著益处。古医书曾记载"牛肉味甘性温，具有补中益气、滋养脾胃的功效"。大厂牛肉作为牛肉中的佼佼者，其独特的风味和卓越的品质赢得了人们的喜爱和赞誉。

大厂牛肉品牌标志及产品包装

金羽珍馐：安次肉鸡

安次区地处平原，气候温和，四季分明，为肉鸡的生长提供了稳定且适宜的环境。区域内水资源丰富，水质优良，为肉鸡提供了充足的饮用水源。同时，安次区肥沃的土地也为肉鸡饲料的生产提供了充足的原料，如玉米、大豆等，确保了肉鸡的品质与健康。安次肉鸡产业主要分布在东沽港镇等乡镇，全区肉鸡养殖规模不断扩大，年出栏量已达到数百万只，年产值数亿元。安次肉鸡以其独特的口感赢得了消费者的广泛赞誉。其肉质细嫩多汁，口感鲜美，风味独特，无论是炖煮还是烧烤，都能展现出极佳的口感和风味。安次肉鸡还富含丰富的营养价值。安次肉鸡富含蛋白质、脂肪、钙、磷、铁等多种营养成分，且脂肪含量适中，易于人体消化吸收。近年来，安次区通过实施"公用品牌+企业品牌+产品品牌"的发展战略，成功打造了以"康达基"为代表的多个知名品牌，并通过国家地理标志产品认证，提升了安次肉鸡的品牌影响力和市场竞争力。

安次肉鸡品牌标志

安次肉鸡

抚宁生猪：优质抚宁猪，健康新高度，生态养殖路，致富新支柱

秦皇岛市抚宁区位于河北省东北部，历史悠久、文化厚重，素有"中国生猪之乡"美誉。生猪产业作为抚宁区畜牧业的主导产业，连续14年荣获"全国生猪调出大县""生猪养殖"标准化示范区、省级精品园区"荣誉称号。抚宁生猪承载了长城和历史文化，河北境内的长城以秦皇岛下辖的抚宁区北部边境最为集中，抚宁区境内长城资源分别有石碑沟长城、罗汉洞长城、背牛顶敌楼和梁家湾长城等。抚宁的悠久历史文化底蕴为生猪产业提供了独特的文化背景。"抚宁生猪"在发展过程中，通过与当地深厚的历史文化结合，塑造具有历史特色的生猪品牌。长城文化和历史文化的发展可以与生猪产业有机融合，推动抚宁生猪产业多元化发展。

抚宁生猪品牌标志

青龙绒山羊：肉质鲜红，营养丰富

  青龙县位于燕山山脉东端，地势呈马鞍形，为绒山羊提供了丰富的采食环境。山地和丘陵地带生长着多种适宜绒山羊食用的植物，有利于绒山羊的生长和绒质的提高。该县属于暖温带亚湿润气候，年均气温为8.9℃，年降水量达到了741毫米。气候条件为绒山羊提供了适宜的生长环境，四季分明，日照充足，有利于绒山羊的健康成长和绒产量的提高。青龙绒山羊是燕山山区本地山羊经过30多年选育形成的，具有独特的地方遗传资源。青龙绒山羊合群性强、食性广、耐粗饲、抗病力强，适合放牧和舍饲，使得青龙绒山羊能够在多样化的饲养条件下生长。而且青龙县在种羊场建设方面投入了大量资源，包括品种选育、设施完善、设备配置、制度建设、人员配备等，提升了种羊供种能力和养殖效率。2021年，"青龙绒山羊"被评选为河北省名优农产品区域公用品牌。

石家庄太行鸡：太行山间的金凤凰

太行鸡主要分布在河北省境内邯郸以北、涞源以南的太行山区及周边地区，中心产区位于河北石家庄。太行鸡体型矮小、结构匀称，羽毛紧凑，骨骼纤细，适应了当地多变的气候和粗放的饲养条件，具有耐粗饲、抗逆性强、适应性强等特点。太行鸡蛋肉品质优良，鸡蛋口感细腻，醇香，蛋白、磷脂含量比高产蛋肉鸡品种高3倍，有利于儿童大脑发育和老年营养需要，广受消费者喜爱。鸡肉口感醇香，滑嫩多汁，有咬劲，熬制的鸡汤风味更浓。河北有丰富的太行鸡文化渊源，《晋书·祖逖传》的典故"闻鸡起舞"即为太行鸡前身。以太行鸡为主要原料的名菜"鸡里蹦"、马家鸡曾为清朝皇家贡品、"金凤扒鸡"是国家商务部认定的首批中华老字号品牌，成为驰名省内外的"土特产"。

石家庄太行鸡产品标志

辛集深县猪：岁月沉积的美味传奇

华北地区黑猪的祖源可追溯至辛集深县猪，该品种历经 8 000 余年传承，构成了当地的传统畜种，并且是京津冀区域内硕果仅存的传统地方猪种。直至 20 世纪 80 年代初期，辛集市的 31 个乡镇广泛饲养着辛集深县猪的母猪，数量占比超过母猪总饲养量的 90%。相较于市场上普通猪肉通常含有的 1%~2% 肌内脂肪，深县猪的肌内脂肪含量高达 12% 以上，这一指标在中国乃至全球猪肉产品中均处于领先地位。深县猪依据头型差异，深州猪可被划分为"黄瓜嘴型""大五花头型""小五花头型"，其中"大五花头型"占据多数。地理分布上，产自宁晋、赵县地区的深州猪体型相对较短，而饶阳、安平一带的则体型较长。深县猪肉展现出独特的雪花状纹理，其肌间脂肪含量超过 12%，赋予了肉质柔嫩细腻、风味醇厚的特性。与此同时，肌内脂肪占比达到 11%，氨基酸总量高达 38.84%，其中鲜味氨基酸含量占据 15.83%。深县猪肉的纹理极为精致，犹如牛肉中的大理石花纹，不仅在视觉上极具吸引力，更是高品质猪肉的象征，彰显出脂肪分布的均衡与细腻。

辛集深县猪品牌标志

肃宁裘皮：肃宁毛皮甲天下，举步可揽天下皮

肃宁县位于华北平原中北部，被誉为中国的裘皮之都。拥有丰富的畜牧业资源，包括充足的饲料资源、清洁的水源以及适宜的气温，为裘皮动物的健康成长提供了良好环境。京九铁路、朔黄铁路以及大广高速、保沧高速在肃宁交叉过境，形成了独特的双"黄金十字"交通区位优势。在独特的地理条件和区位优势下，用特殊工艺制作的"肃宁裘皮"（貂皮、狐狸皮、貉皮）具有轻柔美观、色泽艳丽、舒适保暖、无灰无异味等特点，堪称"裘皮软黄金"。肃宁的皮毛产业历史悠久，可追溯到明末清初，距今已有300多年的历史。肃宁裘皮自改革开放以来，取得了显著发展，现已形成一条完整的产业链条，涵盖毛皮动物养殖、市场集散、原皮鞣制染色、裘皮加工、制衣制件、成衣销售及出口贸易等多个环节。肃宁裘皮采用现代化鞣制工艺和染整技术，毛质细腻柔软，触感极佳；色泽自然鲜亮，不易褪色；皮质柔韧耐磨，经久耐用。

肃宁裘皮

昌黎皮毛：貉皮之乡

昌黎从 20 世纪 80 年代初开始发展以貉、狐、貂为主的皮毛动物养殖，至今已有 30 多年的历史。县域养殖量全国第一，貉皮总产量居全国首位。昌黎县独特的滨海气候条件，十分适宜皮毛动物生长，昌黎皮毛有着较大的体型、丰富的毛绒感、满是细腻的针毛等优点著称。昌黎投资数亿元建成昌黎皮毛交易市场和华夏新农泥井皮毛市场两个功能完善的现代化皮毛交易市场，形成了"买当地、卖全国"与"买全国、卖世界"的国内外销售格局。昌黎皮毛产业注重环保和可持续发展，推动清洁生产和环境保护，来实现产业绿色发展。清洁养殖、动物福利、自然生态、微循环构建以及加工环节的绿色操守都是产业建设的重点课题。多年来，注重动物粪便与种植用肥的结合，注重养殖环境与林下生态的结合。参照国际标准，积极关注动物福利、饲料添加禁用，并形成行规予以执行。目前，昌黎是全国影响最大，品牌最响的"中国毛皮产业基地""中国养貉之乡""昌黎貉皮"已获得国家地理标志证明商标，并被确定为全国乡村特色产品。

昌黎皮毛品牌标志

昌黎皮毛

水产品牌

黄骅梭子蟹：一次"蟹"逅，一生守候

  黄骅梭子蟹是河北省沧州市黄骅市的特产。渤海三疣梭子蟹是黄骅沿海最主要的海产品。2017年4月20日，农业部正式批准对"黄骅梭子蟹"实施农产品地理标志登记保护；2018年黄骅梭子蟹被定为第一批河北省特色农产品优势区；2023年8月1日，国家知识产权局发布批准对黄骅梭子蟹等产品实施地理标志产品保护的公告。黄骅自古以"渔盐之利雄天下"而闻名，是黄河最早的入海口，为"九河下梢"之地，悬浮体的含量高于远海大洋，有丰富的卤虫资源，是珍贵的天然活体饵料库，是渤海三疣梭子蟹重要的索饵场、产卵场和越冬场，独特的水质和淤泥质环境，造就了黄骅梭子蟹独特的鲜美度，其肉色洁白，肉质细嫩，膏似凝脂，味道鲜美，蟹黄色艳味香，食之别有风味。肥满蟹黄，恰似红榴新拆，晶莹欲滴，色艳味香。营养成分丰富，富含蛋白质、半微量元素铁、微量元素硒、多种氨基酸等。据《本草纲目》记载：三疣梭子蟹具有滋阴养血、解毒疗伤的功效，主治血枯经闭、漆疮、关节扭伤、结核病等。

黄骅梭子蟹品牌标识

昌黎扇贝：海洋的瑰宝，味蕾的盛宴

  昌黎县，位于河北省秦皇岛市，坐拥全长64.9千米的海岸线，这里气候温和，四季分明，年均日照时数高达2 809.3小时，为扇贝的生长提供了得天独厚的自然条件。昌黎县沿海大部分水域底质为泥沙质，适宜天然饵料及藻类繁殖生长，流缓浪小，为扇贝养殖创造了理想的海域环境。特别是滦河入海口附近，海水盐度适中，pH值适宜，成为昌黎扇贝养殖的黄金地带。昌黎扇贝以其肉质细嫩爽滑、汁水充沛、富有弹性而著称。其鲜贝出肉率大于30%，性腺指数大于8%，软体部分皆可食用，特别是闭壳肌肥大味美，口感极佳。昌黎扇贝不仅肉质鲜美，而且营养丰富，锌含量达40%~50%，蛋白质含量更是高达60%以上，远高于其他地区同类产品，为消费者带来了极致的味蕾享受。昌黎扇贝不仅含有丰富的蛋白质、脂肪、钙、磷、铁等营养成分，还富含镁、钠、钾等多种微量元素，对人体健康具有多种保健功能。近年来，昌黎县以"公用品牌+企业品牌+产品品牌"的模式，构建了昌黎扇贝品牌体系，通过国家地理标志产品认证，进一步提升了昌黎扇贝的市场竞争力。

昌黎扇贝品牌标志

昌黎扇贝

曹妃甸对虾："对虾之乡"对虾香

　　曹妃甸是河北省唐山市的重要渔区，以对虾养殖业闻名，对虾肉质紧实，营养丰富，味道甘甜可口。近年来，该地区成功推出"兴妃"中国对虾和"落潮湾"南美白对虾等品牌，市场占有率、销售占比及覆盖广度均居国内前列。曹妃甸对虾蕴含丰富的矿物质和维生素族群，每百克曹妃甸对虾中的钙含量超过140毫克，磷含量则高达200毫克以上，铁含量亦超过1毫克。尤为突出的是，曹妃甸对虾富含高浓度的虾青素，这是一种极具抗氧化能力的物质，能有效中和自由基，保护细胞和组织免遭氧化损害，进而实现延缓衰老、预防疾病的效果。昔日曹妃甸渔人售虾，不以秤量而以"对"计，通过虾针串连，按"对数"结算，称之为"情侣虾"。相传贞观年间，唐太宗与曹妃东征高句丽，途中遇到渔民晕船，曹妃求情，渔民获救。为表感激，渔民将煮熟的红虾摆成心形，祝愿皇上与皇妃心心相印。从此，当地渔民售虾便以"对"为单位，并亲切地称对虾为"情侣虾"，这一传统流传至今。

曹妃甸河豚：味美鲜绝，品牌卓越

曹妃甸河豚先后被命名为"河北省河豚鱼标准化出口示范县""国家级出口食品农产品质量安全示范区""河北省特色农产品优势区（第一批）"，并获得"第二届河北省名优农产品区域公用品牌""中国河豚鱼（红鳍东方鲀）之乡"等荣誉称号。曹妃甸区河豚产业总产值达1.2亿元，养殖面积稳定在1.9万亩。曹妃甸河豚的主要养殖品种为红鳍东方鲀，曹妃甸海域的优质环境和充足的食物资源，使得红鳍东方鲀肉质饱满、滋味鲜美，被誉为"河豚王"，其体内富含丰富的蛋白质、脂肪酸和多种微量元素，对人体健康有着诸多益处。在烹饪方面，曹妃甸河豚的烹饪方法多样，可采用清蒸、红烧、炖煮等多种方式制作。曹妃甸的河豚养殖历史可以追溯到20世纪90年代，经过数十年的辛勤耕耘，曹妃甸的河豚养殖业逐渐发展壮大，成为了国内最大的河豚养殖基地。

曹妃甸河豚品牌标志

唐山河鲀：水中珍馐，鱼中之冠

唐山海岸曲折，滩涂广阔，岩礁密布，岛屿众多，适宜养殖河鲀。唐山境内的滦河、青龙河、陡河、还乡河、蓟运河、沙河等冲泻入海，为唐山河鲀的繁衍生息提供了营养物质，光照充足且不强烈、气候温和稳定，适宜唐山河鲀繁育生长，河鲀因气候突变产生的应急反应少，有利于河鲀正常摄食生长，为唐山河鲀提供了气候生长条件，造就了唐山河鲀在同样生长周期内平均个体要比大连、丹东等地个体大这一特点。唐山河鲀体态延长，体长一般为30~40厘米，大者可达70厘米，呈近圆柱形，前部粗大，后部渐细而稍侧扁。头大，宽而圆，吻端圆钝，口小，前位，平裂；唇发达，下唇较长，两端上弯，上下颌约等长。2019年6月24日，农业农村部批准对"唐山河鲀"实施农产品地理标志登记保护。

唐山河鲀品牌标志

玉田甲鱼：品味生态之美，共享滋补盛宴

  玉田县属东部季风区暖温带半湿润地区，大陆性季风显著，四季分明，地形北高南低，地质结构稳定，地势平缓倾斜，形成了北部丘陵、中部平原、南部洼地的格局，地形地貌为甲鱼的生长提供了得天独厚的自然条件。玉田县地表水资源丰富，地下水水质优良，富含多种矿物质和微量元素，为甲鱼的生长提供了丰富的营养和无污染的水源。玉田甲鱼以其"三黄一肥"的特点而著称。玉田甲鱼体椭圆形，背甲与腹甲外缘均有较厚的肉质裙边，背部为黄绿色，腹面泛黄，脂肪黄色，裙边肥厚。独特的外观不仅令人赏心悦目，更彰显了其卓越的品质。玉田甲鱼肉质细嫩，口感鲜美，具有鸡、鹿、牛、羊、猪五种肉的美味，不仅味道鲜美，而且富含蛋白质、无机盐、维生素 A、维生素 B_1、维生素 B_2、烟酸、碳水化合物、脂肪等多种营养成分，是提高母乳质量、增强婴儿免疫力及智力的滋补佳品，故素有"美食五味肉"的美称。在养殖过程中，玉田县坚持使用无污染的水源，养殖区域远离工业区，无大噪声，阳光充足，为甲鱼提供了良好的生长环境。采用无公害温室养殖模式，严格控制养殖密度和饲料质量，确保甲鱼的健康生长。

中药材品牌

滦平中药材：传承皇家药庄荣耀，黄芩之香飘四方

滦平县素有"北京后花园"之称，是康乾盛世的"皇家药庄"，尤以"热河黄芩"最为出名。该县以"正宗国医、道地药材"为品牌定位，大力培植热河黄芩、柴胡、穿山龙、苍术、桔梗等极具代表性的道地药材，着力推动品牌创建，打造了"奇滦""山知话""济世""鹤鹿春"等特色中药材农产品品牌，"滦平中药材"被评为省级区域公用品牌，"滦平黄芩"获批农产品地理标志证明商标。滦平县海拔为213~1 750米，高差变化大，气候冷凉，昼夜温差大，自然条件得天独厚，适宜多种药用植物生长，所产药材有效成分高、品质好，该县境内野生中药资源有420余种，人工栽培道地大宗中药材品种20多种。滦平黄芩是河北省承德市的名特产之一，滦平自明代始便有御药御医的渊源，至康乾盛世被封立为皇家药庄，拥有悠久的药材种植历史。滦平黄芩产品从原料种植、采集到产品制成的一系列过程中，始终贯彻"零"污染标准，采取采摘不落地、加工不落地、包装不落地的"三不落地"一条龙有机生产工艺，特殊的地理人文环境造就了"滦平黄芩"特定品质。

滦平黄芩品牌标志

隆化苍术：生态育好药，好药好疗效

隆化县地处承德市燕山山脉，地理位置与气候独特。苍术种植面积5.35万亩，总产量1.7万吨，总产值11.9亿元，屡获殊荣，如入选"河北省十大道地中药材产业县"等，还注册"隆化苍术""隆化柴胡"地理标志证明商标。隆化野生资源极为丰富，药材种类达400多种，可开发利用的有50多种，主要有黄芩、柴胡等，苍术更是道地药材，质地坚、色泽正、疗效佳，有"热河黄芩""热河柴胡"美称。气候利于苍术有效成分积累，质地、色泽、朱砂点及有效成分含量均优，干制品苍术素含量0.32%~0.88%，受药企与市场青睐。隆化重点推广苍术生态种植模式，玉米—苍术间作套种1.6万亩，林下种植3 000余亩，亩均经济效益超1万元。苍术药用历史久远，始载于《神农本草经》列为上品，汉代有"避一切恶气"记载，陶弘景称能"除恶气，弭灾沴"，历代医书多有提及，在隆化这片土地上，苍术传承着古老的药用文化与价值。

隆化苍术品牌标志

涉县柴胡：草原之宝，中药界的珍品

涉县是北柴胡的道地产区，是历史上著名的"津柴胡"原产地。涉县生态环境良好、气候适宜、土壤肥沃是人工种植道地柴胡的三大关键因素。涉县地处太行山深山区，森林覆盖率高达54%，被誉为"太行山最绿的地方"，整体达到国家环境空气质量二级标准，是人工种植药材的理想地。涉县柴胡根粗大、呈圆柱形或长圆锥形。根头膨大，顶端残留茎基或短纤维状叶基，下部分枝。表面黑褐色或浅棕色。质硬而韧，不易折断。气微香，味微苦。研究发现柴胡还具有明显的解热、抗炎、抗病毒、抗惊厥、降脂、保肝等作用。经河北省食品药品检验院检测，涉县柴胡含柴胡皂苷a、柴胡皂苷d总量0.69%，是药典规定（0.30%）的2.3倍；浸出物为18.3%，是药典规定（11.0%）的1.67倍。在战火纷飞的抗日战争年代，八路军129师的卫生工作者在卫生部长钱信忠的带领下，于1942年在涉县成功研制了世界上第一个中药现代制剂——柴胡注射液，救治了无数指战员和人民群众的生命。直至今天，涉县的柴胡仍是制定《中华人民共和国药典》的标准药材。

安平白山药：山药山药，山中之药

安平县土质疏松，土层深厚，适宜白山药种植，得天独厚的水土造就了安平白山药白润细腻、软糯香甜的口感和药食同源的品质。常年种植面积2.5万亩，总产量达5.5万吨以上，总产值5亿元左右，亩均收入1万元以上，是名符其实的"万元田"，有"白山药"之乡的美誉。"小白嘴白山药"是白山药的优质品种。其表皮光滑，毛须少，掰开之后，断面拉丝丰富，拉丝主要是甘露聚糖与黏蛋白汇合而成。该品种营养价值极其丰富，每百克中含有碳水化合物19.9~21.5克，蛋白质1.9~2.25克，铁、锌、铜、锰的含量也很高，除此之外还富含黏液汁、胆碱、蛋白质、多酚氧化酶、维生素C等多种营养成分，可以补脾健胃，自古就有"山药山药，山中之药"的说法，常食有益身体健康。安平白山药种植历史悠久，《神农本草经》更把山药列为上品，兴盛于唐朝。在汉唐时期，当地著名的名门望族崔氏家族历来喜欢品食小白嘴白山药，崔氏家族出了20余位宰相，小白嘴白山药被赞誉为"宰相山药"。

安平白山药品牌标志

冀州中药材：千年传承的本草智慧，续写健康传奇

冀州中药材生长在千年古城河北衡水市辖区的土地上。冀州的黄芩有效成分含量较高，具有更好的清热燥湿、泻火解毒功效；白芷粉质细腻、香气浓郁，在中药材市场上具有较高的认可度。除传统品种外，冀州还引进了草红花、艾草、灵芝、菊花等多个品种，满足消费者的多种需要。同时，冀州中药材产业紧跟"中式养生"的潮流，积极延长产业链，将"药食同源"的药材端上餐桌，调动周边餐饮业发展，提升品牌知名度。冀州区是药王邳彤的故里，其行医事迹在冀州地区广为流传，北宋宋徽宗于1101年始为邳彤建"药王庙"，供世人纪念。清朝时体仁阁大学士刘墉又特为"药王庙"书匾，如今此庙还成为国家级保护文物。近年来，冀州依托其得天独厚的自然条件和悠久的中药材种植历史，大力推动中药材产业发展，逐步形成了集种植、加工、销售于一体的完整产业链。截至目前，冀州中药材种植面积已达到6 200亩，年销售达2亿元。

冀州中药材品牌标志

青龙北苍术：青龙北苍术，道地好药材

　　青龙县地处燕山山脉，地形复杂多样，小气候环境丰富，为中药材的生长提供了得天独厚的自然条件。青龙县特有的气候条件和土壤结构，使得这里出产的北苍术"朱砂点密，香气浓郁"，根、籽道地质优，成为北苍术中的上品。经承德医学院中药研究所测定，青龙所产北苍术的苍术素含量平均为0.3529%，远超国家药典标准。青龙县种植北苍术的历史悠久，据史书记载，青龙所产北苍术以其优良的品质和独特的药效而闻名遐迩。历史上，青龙就是全国北苍术道地药材的主产区之一，所产北苍术"朱砂点密，香气浓郁"，根、籽道地质优，是北苍术中的上品。这一传统优势一直延续至今，为"青龙北苍术"品牌的形成和发展奠定了深厚的历史基础。青龙满族自治县是一个多民族聚居的地区，满族文化在这里得到了很好的传承和发展。在"青龙北苍术"品牌的打造过程中，青龙县充分挖掘和传承满族医药文化精髓，将其融入品牌建设和市场推广之中，使"青龙北苍术"品牌不仅具有高品质的产品属性，还蕴含着深厚的文化底蕴和民族特色。

青龙北苍术品牌标志

巨鹿金银花：药食茶俱佳，有金有银有钱花

巨鹿金银花，承载着四百余年的种植历史，巨鹿县地处黑龙港流域，充足的光照以及沙质碱性土壤，为金银花的生长提供了得天独厚的自然条件。巨鹿金银花的种植面积达13万亩，雄踞全国三大主产区之首，年产量高达1.4万吨，占全国总产量的60%，成为我国最大的金银花种植区与集散地。当地自主培育的"巨花一号"品种，优势显著，易栽培、产量高，年可产花3~4茬，盛花期亩产最高可达300公斤。经权威测定，其含有16种氨基酸、17种矿物质，绿原酸含量超4%，木犀草苷含量超0.1%，远超国家新药典规定的入药标准，药用价值极高。巨鹿金银花产业已形成完整链条，研发、种植、交易、加工、特色旅游等环节协同发展，90多家深加工企业开发出30余种产品，涵盖食品、饮片、花茶、饮料等领域，与多家"国"字头科研机构合作，成立科研平台，推动产业升级。此外，电商直播为其销售插上翅膀，上百个直播团队活跃其中，金银花产品畅销北京、天津、山东、江苏等地，真正成为巨鹿县的"致富花"，助力当地经济腾飞与乡村振兴。巨鹿金银花成绩斐然，成功注册国家地理标志证明商标，获评"中国自强农产品区域公用品牌""十大冀药"品牌等众多荣誉，品牌估值超34亿元。2024年，品牌宣传片登录央视8个频道，极大提升了品牌知名度与美誉度。

巨鹿金银花标志